ポーランド問題とドモフスキ

国民的独立のパトスとロゴス

宮崎　悠◆著

北海道大学出版会

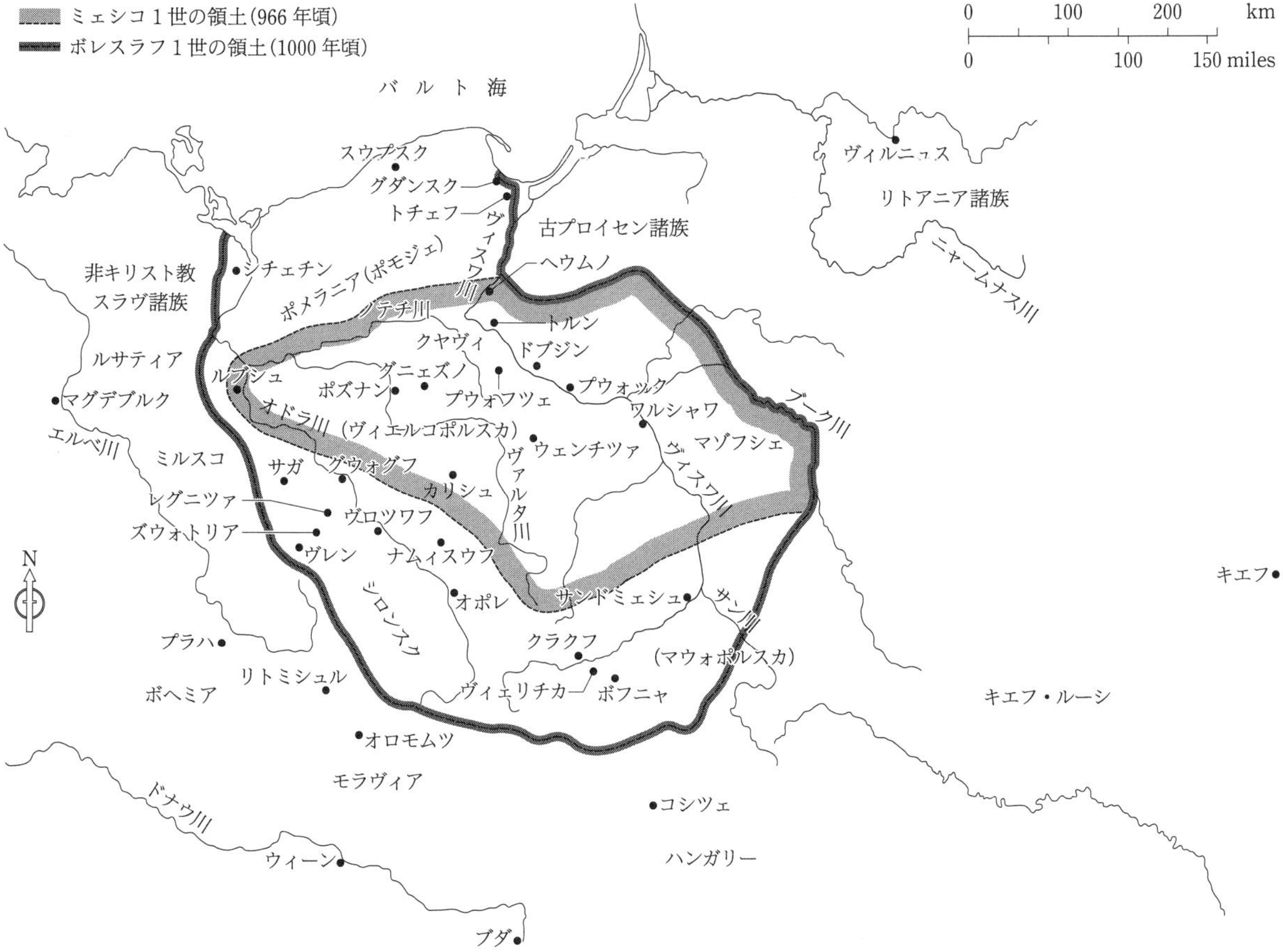

地図1　ピャスト王のポーランド(11世紀初頭)　出典：ルコフスキほか『ポーランドの歴史』22-23頁を一部改変

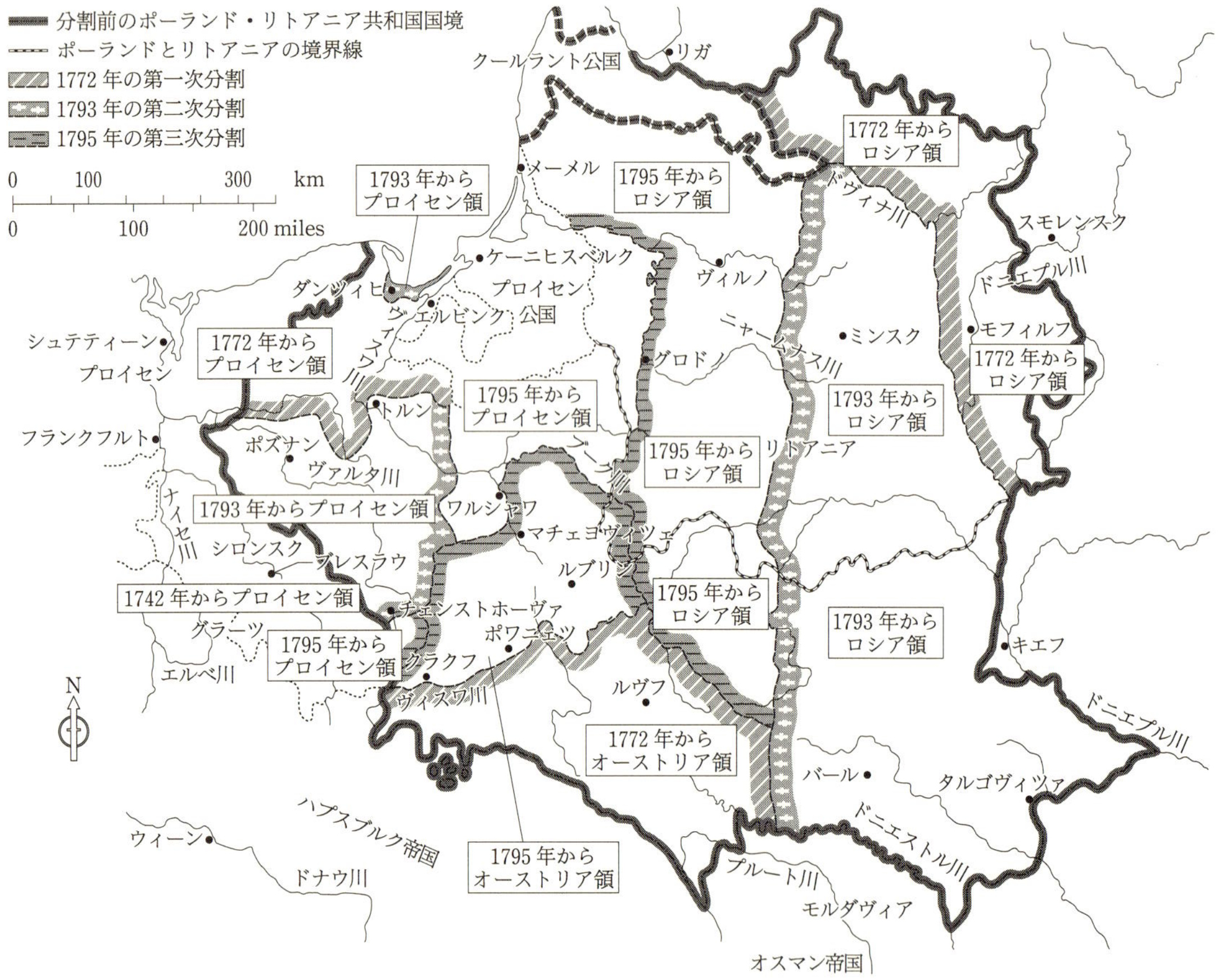

地図 2　ポーランド=リトアニア共和国(18 世紀)　出典：ルコフスキほか『ポーランドの歴史』140-141 頁を一部改変

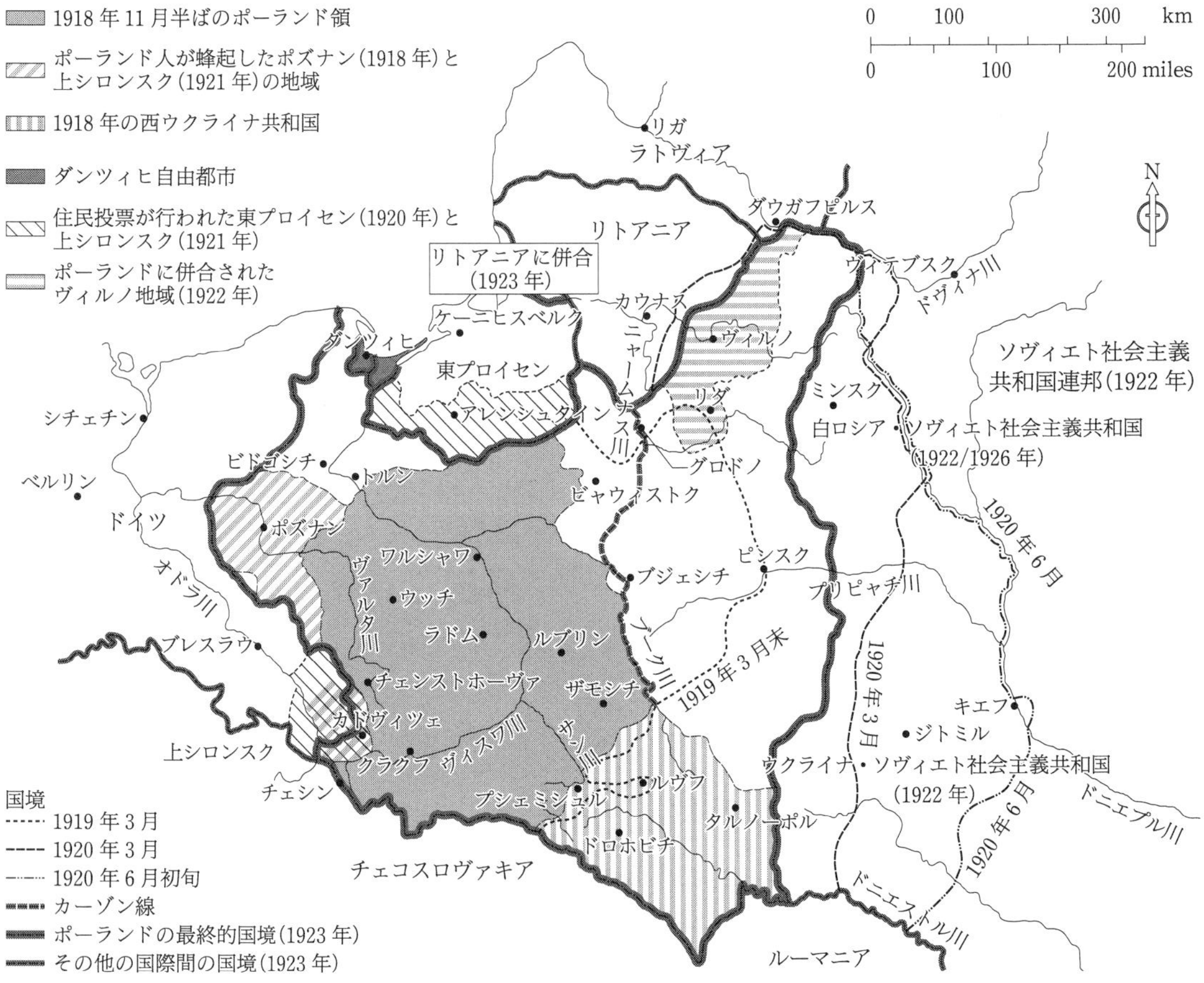

地図3　第一次大戦終結とポーランド(1918-23年)　出典：ルコフスキほか『ポーランドの歴史』274-275頁を一部改変

ワルシャワ大学の学生グループ，一列目左端にドモフスキ(第二章参照)**

国民民主党の組織した集会，ノヴィ・シフィアト通り，1905 年 11 月 5 日**

プロパガンダ用絵葉書，1919 年，フランスにおけるポーランド軍設立のため，合衆国からも志願者を募った（第七章参照）*

ドモフスキ（左）とパデレフスキ（右），1919 年，パリ講和会議（第七章参照）*

イグナツィ・パデレフスキ，1891年，最初のイギリス滞在中(第七章参照)*

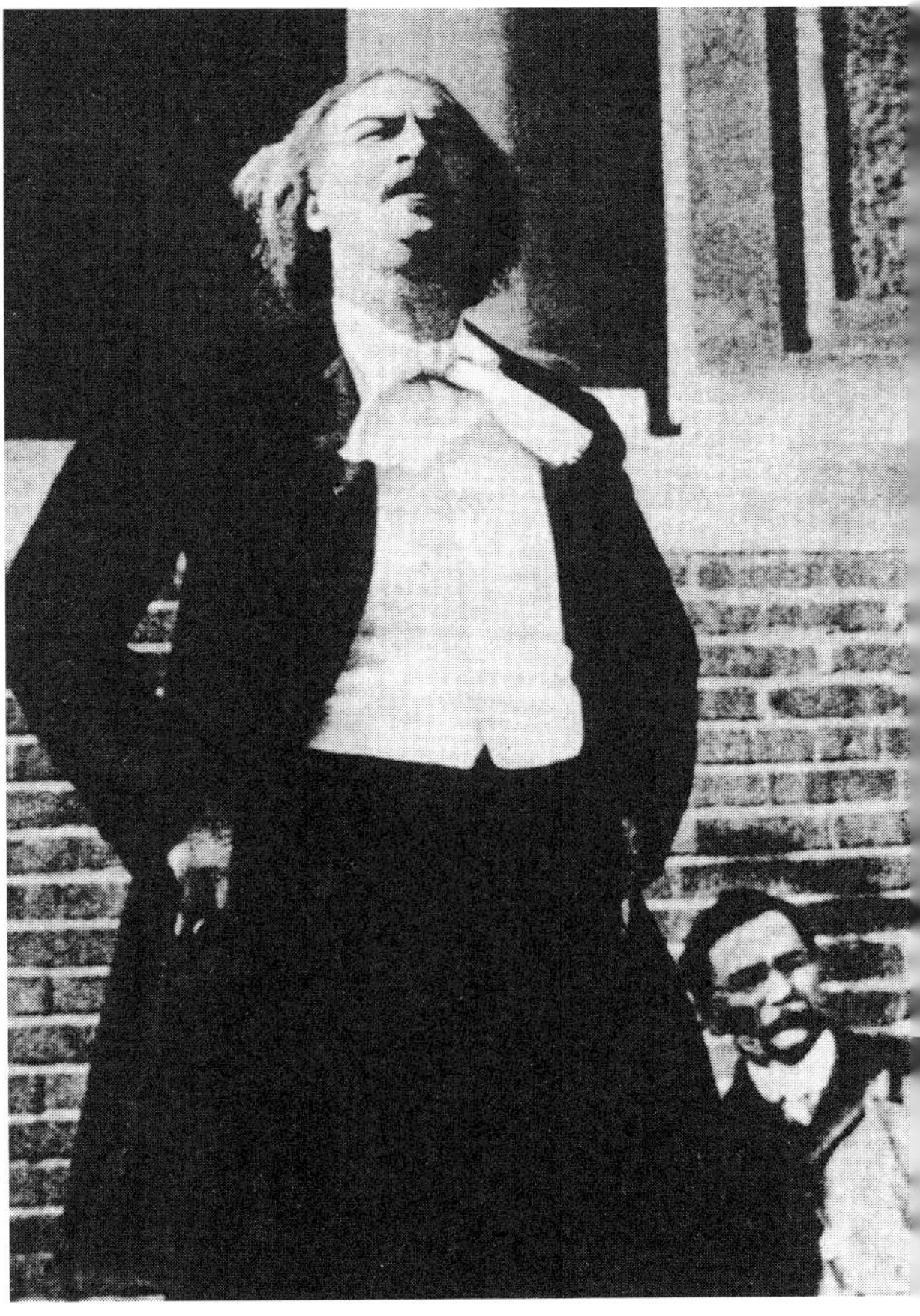

在米「ポロニア」に向け演説するパデレフスキ，1915年5月30日，シカゴ(第七章参照)*

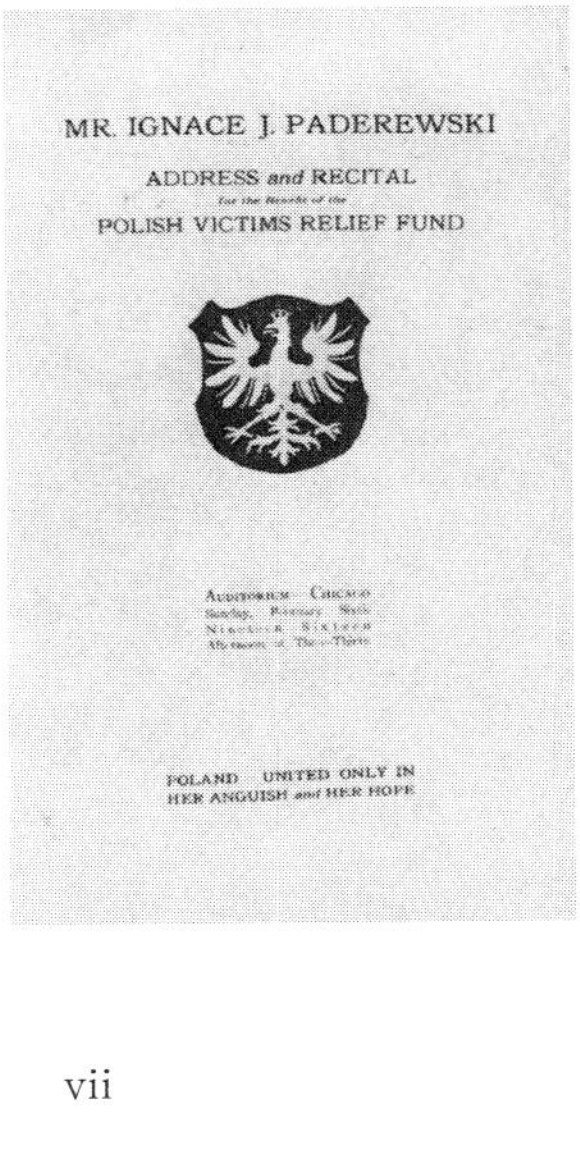
MR. IGNACE J. PADEREWSKI

ADDRESS *and* RECITAL

POLISH VICTIMS RELIEF FUND

POLAND UNITED ONLY IN HER ANGUISH *and* HER HOPE

ポーランド救済基金の募金活動の一環として，パデレフスキが行った演説と，リサイタルのプログラム，1916年2月6日，シカゴ(第七章参照)*

ポーランド国民委員会，1918年，パリ，一列目中央にロマン・ドモフスキ，二列目左端にスタニスワフ・コジツキ(第七章参照)**

* Drozdowski, *Ignacy Jan Paderewski* より
**Muzeum Niepodległości w Warszawie 所蔵
Andrzej Stawarz red., *Roman Dmowski (1864-1939): W 140. rocznicę urodzin* (Warszawa, 2004) より

目次

凡　例

・地名は、原則としてポーランド語の読みで表記したが、必要に応じてドイツ語等の読みも併記した。また、日本で定着している慣用的な表現がある場合（例：ワルシャワ Warszawa）には、それを用いた。

・人名の表記について、原語からラテン文字への転写については、主に『新版　ロシアを知る事典』（川端香男里ほか監修、平凡社、二〇〇四年）と『新訂増補　東欧を知る事典』（伊東孝之ほか編、平凡社、二〇〇一年）の方式に依拠した。

・引用部分内の括弧〔　〕は、すべて筆者（宮崎）による。

序章

本書は、世紀転換期から第一次大戦を経て、戦間期に至る激動の時代に生涯を送った、一人のポーランド人、ロマン・ドモフスキ(Roman Dmowski, 1864-1939)の政治思想を描き出そうと試みたものである。

ドモフスキは、一九—二〇世紀にかけての世紀転換期以降、特に第一次大戦中の欧米諸国において、「ポーランド問題」を国際政治の舞台の前面に提示すべく全力を傾けた政治家・外交家として知られている。また、その政治思想は、ポーランドの国民的な統一と独立を目指すパトリオティズムであり、戦間期ポーランドにおける国民形成過程を先取りするものであった。

第一次大戦終結が目睫に迫る中、ドモフスキは、ロンドン、ローマ、ローザンヌを活発に行き来し、独立後のポーランドにおいて首相となるイグナツィ・ヤン・パデレフスキ(Ignacy Jan Paderewski, 1860-1941)が、ウッドロー・ウィルソン米大統領(Woodrow Wilson, 1856-1924)に働きかけるのと大西洋を挟んで連動しつつ、パリを拠点にポーランドを代表する人物として活躍した。その外交活動は、最終的にヴェルサイユ講和条約において実を結んだとされ、大戦勃発以前には誰も予想していなかったポーランド国家の復活が現実のものとなる。名実ともに、国際社会において二〇世紀ポーランドを独立へ導いた一人であったとされる(1)。

それにもかかわらず、パリにおける講和会議の直後に健康を害したドモフスキは焦慮のなか数カ月間もパリでの療養を余儀なくされたため、自らが心血を注ぎ現実のものとした独立ポーランドにおいて政治の中心に立つことはなかった。ようやく一九二〇年三月に彼が帰国したときには、既にユゼフ・ピウスツキ(Józef Piłsudski, 1867-1935)率いる政治体制が動き出していたのである。一九二三年にヴィンツェンティ・ヴィトス(Wincenty Witos, 1874-1945)内閣で外務大臣を務めたものの、在任わずか六週間で退任している。一九二六年には「大ポーランド陣営」を組織し青年層の教育活動を始めたが、その反ユダヤ主義的な思想が問題視され、一九三三年にピウスツキ政権によって解散させられる。その後ドモフスキの健康状態は悪化し、かつての明晰な政治的理論展開を取り戻すことなくポズナンで晩年を送った。そして、恐れていたドイツによるポーランド侵攻を前に、一九三九年一月に没する。彼は分割されたポーランドの統一と独立を目標とし希望とし、劇的に変化する国際政治状況を鋭敏に察知し、独立への道筋をつけた。それにもかかわらず、ポーランドが独立をとげた後は、その国家像を自らの手では実現しえなかったのである。

同時代から現代に至るまで、ドモフスキの思想と行動に対しては、毀誉褒貶が激しく分かれている。研究史においても述べるように、第一次大戦後のポーランド国家再建から数えて独立九〇周年を迎えた二〇〇八年には、彼とその協働者についての研究会が活発に行われるなど、現在でも折に触れて注目を集める存在である(2)。その反面、彼の政治活動や政治思想に流れる「反ユダヤ主義」や排他的ナショナリズムゆえに、生前から今日に至るまでドモフスキは激しい批判の的となってきた(3)。

彼の思想は、ポーランドの独立が実現したことからすると、一見成功したナショナリズムであったかのようである。彼の示した国民概念は、本当は実体の無いものであるにもかかわらず、社会的背景のばらばらな「ポーランド人」によって一定程度共有された。他方で彼の思想は、生前から後世に至るまで、肯定・否定それぞれの立場から議論の的となっている。そして今日もなお、歴史・政治研究のテーマとしてのドモフスキの思想は、論争性を失っていない。

なぜドモフスキの思想は、議論を牽引できるのであろうか。彼の思想と行動に対して分析や評価を下す研究の蓄積はあるが、〈なぜ毀誉褒貶の激しい議論を持続させうるのか〉という点に目を向けている研究はあまりない。この観点からは、彼のナショナリズムがポーランドの政治思想史において占める特殊な位置を浮かび上がらせることができよう。また他方で、彼のナショナリズムがポーランド人以外の人々にとってどのような存在であったのかを検討することにより、「オリジナルなきレプリカ」(4)ともいわれるナショナリズムの本質的性格をも明らかにするであろう。

本書において取り上げるドモフスキの思想は、とくに断らない限り、大きな意味で「ポーランド問題」(5)の解決に向けられた思想をさす。後述のように、広義の「ポーランド問題」とは、「二重の帝国性」ゆえに失われたポーランドの独立をいかにして回復するか、という問題であった。これに対してドモフスキは、主に国民形成論と帝国論からなるナショナリズムの思想を新たに構築し、世紀転換期ポーランドに存在する「二重の帝国性」――つまり、ポーランドを分割した三国の帝国性と、共和国時代に由来するポーランド自身の帝国性と――を打破することにより、解を導き出そうとした。一八九〇年代から一九三〇年代に至る彼の政治的生涯において、彼の思想を支えるこれら二つの柱は、彼自身の政治的経験や、空間的・越境的移動に伴って、また国際政治の変動を受けて、段階的に変化しその強度を高めていった。

そこで本書においては、ほぼ時系列に沿う形で、彼の思想を支えた二つの柱である国民形成論と帝国論が、

「ポーランド問題」に対する解を明確化した過程をたどる。本書が目的とするのは、第一に、この過程について確定できる事実を歴史的・政治的史料をもとに批判的に再確認することにある。これは、彼の国民形成論や帝国論が、いかなる要因によって変化(転換)し、新たな要素(内容)を加えていったのかをより明確にするための基礎的な作業である。

それに基づき、第二の目的として、「ポーランド問題」に対してドモフスキが導き出した解の内容を明らかにする。その際、分割以前のポーランド=リトアニア共和国(いわゆるジェチポスポリタ Rzeczpospolita)[6]が、現象的にみて「帝国」であったこと、また分割後のポーランド独立運動において、かつてポーランド自身が「帝国」であった、という意識が抱かれていたことに着目する。[7]そうした帝国意識は、一方では、アダム・イェジ・チャルトリスキ(Adam Jerzy Czartoryski, 1770-1861)やアダム・ミツキェヴィチ(Adam Mickiewicz, 1798-1855)ら十一月蜂起以降の大亡命世代が目指したような、マルチエスニックな「共和国の再建」を目標とする思想的潮流を生んだ。[8]こうしたマルチエスニックな「共和国の再建」案は、単一の国民のための「国家」を目指すポスト一月蜂起世代のナショナリズムによって批判されることとなる。ヤン・ポプワフスキ[9](Jan Popławski, 1854-1908)の考えを引き継ぎドモフスキが展開した全ポーランド主義は、その代表といえよう。この文脈において、全ポーランド主義は、当時彼らが直面していた二重の帝国性——つまりポーランドを分割した三国の帝国性ばかりでなく、ポーランド自身の過去に起因する帝国性をも乗り越えることを課題としていた(二重の帝国性について後述)。

そして最後に、第三の目的は、ドモフスキが示した「ポーランド問題」に対する解の限界を示すことにある。それは、先述のポーランド自身が持つ帝国性を克服する過程において顕わになった、彼のナショナリズム思想の限界でもあった。

以上の三点が、本書の目的である。

ポーランドの歴史的事情の概観

ここで、ドモフスキの時代のポーランドが負っていた歴史的背景と「ポーランド問題」の起源を概観しておきたい。

ポーランド=リトアニア共和国[10]は、一七七二年、一七九三年、そして一七九五年の三次にわたる分割を経て、隣接するロシア、プロイセン、オーストリアに併合され、ヨーロッパの地図上から消滅した。

中世以降のポーランド「王冠」をみるなら、一三世紀のモンゴル来襲に対してその統一をかろうじて維持した後、一四世紀のポーランド王冠継承者は、ドイツ騎士団、ボヘミア、ハンガリー、リトアニアといった、ときに協力者でありつつも場合によってはポーランド王位をうかがう対抗者にも急変しうる諸アクターとの関係を巧妙に維持することを求められた。一五世紀にはモスクワ大公国との緊張が高まり、長い戦いの間に国境線は揺れ動いた。一五六九年のポーランド=リトアニア共和国の成立は、とりわけモスクワ大公国に対して、ポーランド貴族(シュラフタ)とリトアニアの騎士・貴族階層が共に戦う必要に迫られ、後者が前者の思想や政治を受容していった延長上の政治的統合であった[11]。

分割以前のポーランド=リトアニア共和国の領域は、複合国家としての最盛期には現在のポーランド、リトアニアだけでなく、ベラルーシ、ウクライナ、ロシアにまで及んでいた。この共和国は、多重的なエスニック・言語・宗教・文化集団から構成され、その中で複数の支配領域に分かれており、(とりわけ東方について)絶えず膨張と流動を繰り返す辺境を有するという点からすれば、ある種の「帝国」であった[12]。

歴史的な「ポーランド」の領土には、「ポーランド人」と称する人々ばかりでなく、ドイツ人、ユダヤ人、リトアニア人、ウクライナ人、ベラルーシ人、タタール人などが居住し、少なからず異なる集団間で婚姻し、互いの文化や信仰を吸収し融合させていた。すでにポーランド人とドイツ人との集団間で、差異化が進んでいた一八五〇年代になっても、ポーゼンでは、結婚する五組に一組はポーランド人とドイツ人のカップルであったとされる。[13] 長い時間をかけ、広大な、領土内で、ポーランド人やリトアニア人、ウクライナ人、ベラルーシ人の間での結婚が、少なくともこのポーゼン以外の場所においても行われていたであろうことは想像に難くない。[14] 今日のポーランドの人の姓に、タタールの出自を示唆する例など、多様な言語や民族に由来する名を持つ人があるのは、数世紀にわたる交流の名残であろう。[15]

「ポーランド問題」の発生

ポーランド分割により共和国は消滅したが、それは「ポーランド問題」の始まりであった。その特徴は、それ自体かつて「帝国」であったものが、ロシア、ドイツ、オーストリアという三つの帝国によって分割された点に起因している。それだけにこの「問題」は、ポーランド政治にとどまらず、分割と併合を行った三帝国の政治や、その領内にある他の民族的集団、また一九〇八年のバルカン危機以降はヨーロッパの国際政治に関わる極めて多面的・複合的な問題群として立ち現れることとなった。[16]

一八世紀から二〇世紀初頭にかけてのポーランド消滅から国家的独立へと至る過程は、帝国から国民国家へ、マルチエスニックな帝国や複合国家の分裂・崩壊から国民国家の台頭へ、というヨーロッパ近代史という大きな歴史潮流の一部をなしていたといえる。ポーランド=リトアニア共和国の分割からポーランド再建までの経緯は以下のように整理することができる。

(一)ポーランド=リトアニア共和国は、域内の諸民族集団の独立志向・競合によって解体・分裂したのではなく、まずロシア、ドイツ、オーストリアという近隣の三帝国によって分割・支配され、諸集団の有り様とは関係なく外的圧力により分断された。

（二）分割支配されていたおよそ一二〇年の間（とくに一九世紀後半）に、各分割領内において個々にまたは国境を越える形で複数の民族集団が形成され、諸支配帝国内において協力ないし競合・対立し、諸帝国内における分裂と紛争を引き起こす火種となった(17)。

（三）そして第一次大戦とロシア革命の結果、ポーランドを支配していた三つの帝国がほぼ同時期に敗北・崩壊・分裂し、その中からポーランドやリトアニアなど複数の国民国家が再編・統合・再生した。

隣接する三帝国によって分割され共和国が消滅した後も、ポーランドの言語・宗教・文化上の帝国的構成は維持されていた。ドモフスキが政治活動を行った一九世紀後半以降（ポーランドにおいてナショナリズムが伸張し始めた時期）には、外部から三分割され、内部においては多様に亀裂の入った内外二重の帝国的構成が、ドモフスキらの運動と意識の両面に影響を及ぼしたと考えられる。ドモフスキ自身の国民形成論や帝国論の思想的形成過程もまた、その例外ではない。それは、分割と同時に発生した〈「ポーランド問題」をどのように解決するか〉という課題に対してドモフスキらが導き出した答えに反映されている。

本書の構成

ドモフスキの思想とはどのようなものであったのか、その詳しい内容や政治的前提については次章以降に述べることとし、以下では彼の思想の主要な特徴に触れつつ本書の構成を示していく。

本書は、「第Ⅰ部　全ポーランド主義」と「第Ⅱ部　帝国と革命」から構成されている。第Ⅰ部から第Ⅱ部はほぼ時系列に沿って彼の思想的展開と政治活動の過程を追っており、第Ⅰ部と第Ⅱ部はそれぞれ、彼の思想的支柱である国民形成論と帝国論とを主に論じている。ただし、比重の違いはあるものの、国民形成論と帝国論は彼の思想の諸段階に一貫して現れる論点であるため、各章において言及されている。

本書においては、彼の思想的展開が大きく三つの段階を経たものとし、各章の議論はこれらの段階に合わせて進んでいる。第一の段階である「全ポーランド主義」は、一八九〇―一九〇〇年代前半に形成され、ロシア領ポーランドで受けた抑圧的支配の経験から、当初は分割された国民及び領土の再統合を主張する内容であった。それが、オーストリア領ガリツィアへの亡命後、彼の地での自由な政治活動の空気に触れて視野が広がり、分割前の状態への回帰という単なる統合論にとどまらない積極的な国民形成論へと変化することになる。第二の段階である、社会ダーウィニズムの影響を受けた国民観・国家観は、彼が西洋体験をきっかけにして、ロシアだけではなくドイツとの関係、とりわけドイツの脅威とそれへの対応について、本格的に考察した所産であった。ここでは、かつてのシュラフタのみで構成される国民ではドイツ国民に対抗できないことを警告する国民形成論が示される。また帝国論については、「影響圏」という言葉を用いて、表面的な国境線を越えて東方へと広がるドイツの力とその危険性について論じている。そして最後に、これらの諸段階を経て、第三の段階である、共和国という枠組みの打破に到る。この結論の段階においては、「ポーランド問題」への解となる国民形成論と帝国論が論じられる。本書の結論においては、このドモフスキの最終的な結論が直面せざるをえなかった限界を示すと共に、そこから見えてくるナショナリズムの本質的性格を示唆したい。

・第Ⅰ部

第Ⅰ部においては、ドモフスキの政治活動の初期(一八九〇―一九〇〇年代前半)に現れた、国民形成論と帝国論それぞれの諸特徴を検討する。

彼の思想的展開における第一の段階「全ポーランド主義」は、当時彼が理想としていた、望ましい国民統合と領土統合のあり方を示すものであった。まず国民形成論の観点からすれば、これは、三支配帝国によってポーランド社会の上に引かれた分割線を超越し、さらに、階級間の格差を克服するという、ポーランド国民の再統合を目指す考えであった。つまり、マグナートやシュラフタといったポーランドの貴族階級(前者は大地主を指し、後者はそれよりも規模の小さな貴族を指す)や農民や労働者といった諸階級の超克を目指すという、国民統合の思想である。他方で、領土の観点からすると、ロシア領・プロイセン領・オーストリア領に三分割されたポーランドの地理的・社会的統合を目指すものであった。

一八九〇年代、「全ポーランド主義」は、それまでの思想潮流のいずれとも異なり、しかしそれらを統合するようなパトリオティズムの主張として受け止められた。その理由は、「全ポーランド主義」が、ポーランド社会の再統合を訴える点においても、地理的統合を訴える点においても、「三面忠誠主義」に反対する挑戦的概念であったことにある。ここでいう「三面忠誠主義」とは、今すぐ独立することを諦めてロシア、ドイツ、オーストリアの三帝国に忠誠を誓い、それぞれの帝国内で経済的・文化的にポーランド人の地位を高めようとする考え方を示す。これは、一月蜂起が壊滅的に鎮圧された後の一八七〇—八〇年代、抑圧により屛息させられた人々の間に敗北主義的な空気が漂う中で勢いを得た論であった。これに対して、ポスト一月蜂起世代であるドモフスキは、一月蜂起の失敗で痛手を受け政治活動から撤退した人々を「服従派 ugodowcy」と呼び、彼らが、経済的・文化的活動に専念しようとすることに反発し、三帝国に分割・併呑されている現状には甘んじず政治的な抵抗を行うと表明したのであった。

従って、当時主流であった思想潮流とは対立しつつも、「全ポーランド主義」は、潜在的に、かつてなく広い層の人々に理解されうる思想であった。その理由は、国民形成論において、この主張が、ポーランド国家を構成するポーランド国民の中に、シュラフタだけでなく農民や労働者も含めた点にあった。一四世紀以降、ポーランド国民を構成できるのはシュラフタに限られてきた。「シュラフタの共和国」、「士族共和制」といった表現の由来はそこにある。このとき、「ポーランド国民」の中には、農民など他の階級の人々が含まれずにいた。これに対し、ドモフスキの主張する全階級の統合は、ポーランド国民の基盤を大きく変化させるものであった(18)。また、一四世紀から分割までの歴史的背景をみるなら、シュラフタ(特にマグナートと呼ばれる大貴族)は共和国の構成員として、王権による侵害を嫌い、たとえ中央集権化を阻む結果となろうとも王権を弱めておくことで自分達の「自由」や権利を守ろうとしてきた。自己の「自由」(およびそれによって守られる権利)を擁護することは、シュラフタの価値観において非常に重要な位置を占めていたとされる。それゆえ共和国時代に国家的基盤は弱められ、結果として共和国の弱体化と近隣諸国による干渉と分割を招いた。更にシュラフタは、ナポレオン戦争後には厭戦的にロシア支配下に入ることを受け入れながら、ロシア皇帝がポーランド会議王国の憲法を遵守せずに権利を侵害するようになるとそれに反発して不用意に十一月蜂起(一八三〇―三一年)を起こし失敗した。そうした(ポーランドの、ではなく)自己の「自由」と諸権利の擁護を基準としたシュラフタの行動全体に対する批判が背景にあった(19)。

この「全ポーランド主義」は、一八九三年に執筆されたドモフスキ最初の政治論文『我々のパトリオティズム(20)』にその起源が見られる。そのため第二章において、『我々のパトリオティズム』の構成内容から、この思想について詳述することとする。

この段階においては、しかし、彼の国民形成論も、帝国論も、既存の分断を回復する、ないしは乗り越えるという発想であり、新しいポーランド国民を創出する、という展望には至っていなかった。いまだ、表面的な統合論にとどまるものであったといえよう。

さて、「全ポーランド主義」がポーランドの内的環境から生じた、萌芽的な国民形成論・帝国論を表したものであったのに対し、第二の段階である社会ダーウィニズムの影響を受けた国民観・国家観は、外的環境によって生み出されたものといえる。ただし両者は無関係なわけではなく、後者は「全ポーランド主義」の重要な論拠となっていく。

ドモフスキは『一現代ポーランド人の思想』(21)において述べて、ポーランドのシュラフタは巨人であったが、しかし、ライバルがいなかったがために繁栄したドードー種の鳥と同類の巨人であるとし、ポーランドのシュラフタも、突然の人間の乱入と共に消滅したドードー鳥同様、新しい状況に適応できず消滅していくものであるとなした。これは、それまでシュラフタのみで構成されていたポーランド国民が、自然界における淘汰に引照される国際社会のもとでは、他の諸国民との競合において生き残ることができずに国を分割されてしまった、という解釈であった。ドモフスキはもともと、三帝国に分割支配されているポーランド国民は消滅の危機に瀕していると いう厳しい認識を持っていた。それに加えて、社会ダーウィニズム的な観点からの解釈を導入することによって、ポーランド国民の生存を一層危機的に捉えた。彼は、諸国民との関係において自分たちがすでに「淘汰」されつつあり、滅亡しつつある存在なのではないか、と危惧の念を抱いたのである。それだけに、ポーランド国民が「弱肉強食」の国際社会において生存を維持するためには、「全ポーランド主義」という思想的基盤をシュラフタだけでなく、農民や労働者も含む全ての階級を巻き込んで形成し、改めて国民的規模において共有することが生き残るために絶対不可欠な変化であると結論付けた。そのために彼は、国民観の大転換を必要としたのである。

より具体的に、生存競争の主な相手となるドイツ人やロシア人との関係においては、ドモフスキは、双方に対して対照的な評価を示している。彼は、ドイツ人のポーランド人に対する国民的・文化的優位を認めており、ドイツ人はポーランド人を同化しうる手強い国民であるとして畏怖し警戒しつつ、敬意を払っていた。他方で、ロシア人に対しては低い評価を下し、それゆえに、政治活動領域としてのロシア領ポーランドを重視していた。なぜなら、ロシア人は、文化的に優位にあるポーランド人を同化しえない、従って、優れたドイツ人の支配下に置かれるよりも、ロシア人の支配下にあった方がポーランド国民としての自立を獲得しやすい、と考えたためである。こうした社会ダーウィニズムの思考様式は後年、本書第II部の基調をなす帝国論、とりわけドイツ脅威論に基づく帝国論へと展開していく。社会ダーウィニズムに深く影響された彼の国民観・国家観とその成立については、第三章において、彼の西洋体験もふまえ詳しく論じることとする。

こうして第一、第二段階を経て、彼の国民形成論は第三の段階、共和国という枠組みの打破に到る。既に、ここまでの国民形成論において、分割されたポーランド社会を統一し、さらにシュラフタのみで構成されていた共和国時代の国民のあり方を転換して、生存競争に耐えうる国民を創出する必要性が説かれている。その上で、第三の段階においては、新しいポーランドにおける「ポーランド人とは誰か」という問題、つまり国民の条件・定義が問題となる。この点については、まず第四章において論じる。ただし、ポーランド国民の定義は第II部において論じる彼の帝国論と不可分の関係にある。そこで、国民形成論の最終段階については、彼のドイツ脅威論と合わせて第II部において検討する。

・第II部

こうして、第I部において彼の国民統合論の理想や論拠、手段を分析した上で、「第II部　帝国と革命」においては、彼の帝国論とりわけ「ドイツ脅威論」に基づくそれが、一九〇八年のバルカン危機以降の国際政治的な文脈においてどのように展開したのか、そして、彼が「ポーランド問題」への解となる最終段階に至ったのかを検討する。そして結論において、彼の国民形成論がどのような困難と限界に直面したのかを明らかにする。

既に述べたように、彼の思想的展開の最終段階である第三の段階は、共和国という枠組みの打破にあった。先に何度か触れたように、十一月蜂起・大亡命世代以降、ポーランド独立運動が最終目標としてきたのは基本的に一七七二年国境での国家再建であった。これに対し、ドモフスキらはこの悲願を破棄し、ポーランド領土を大きく西へずらす構想を示した。これは、一七七二年国境での国家再建にこだわり、域内の諸民族からなる共和国を構想するチャルトリスキらとは大きく異なる点であった(22)。ドモフスキは、一七七二年の歴史的ポーランドの国境にポーランドを再建するのは今日では不可能であるとし、歴史的領域に再建されたポーランド国家は強力な国家になりえないと考え、豊富な鉱物資源とポーランド人住民を含むドイツ領への西進を訴える一方で、東方領域(いわゆるkresy)の縮小が必須であるとした(23)。将来のポーランド領土の範囲をポーランドにとって固有とされる地域に限定し、それによって「ポーランド人」の集団的輪郭を明確化し、東方領域(24)のウクライナ人や、ユダヤ人といった身中の他者を排除しようとした点に注意が必要である(25)。これはいわば、かつての広大な東方の領土とそこでの政治的影響力を失った後にも、ポーランド人活動家たちについてまわった、残像のような「帝国」としての自意識を克服し、近代的な国民国家へと脱皮しようとする試みであった。

この際に鍵となるのが、分割後のポーランドが体現した「二重の帝国性」である。「二重の帝国性」とは、(一)ポーランドに隣接する、ロシア、ドイツ、オーストリアの三帝国が、ポーランドに対して(ないしポーランドにおいて)示した帝国性、(二)ポーランド自身が、特に東方の諸民族(ウクライナ人、ベラルーシ人、ユダヤ人など)に対して有していた帝国性の重なりをさす。なおここでいう帝国性とは、帝国としての決定的な諸特徴、またそれらの具体的な表出をさす。厳密にいって帝国とは何かという問題を論じることは本書の任ではないため、さしあたり、ポーランドとそれを分割した三帝国が第一次大戦以前に共通して有していた（ないし行っていた）、以下の諸点を帝国性の具体的な表出と位置付ける。まず、他国民や他国の領土の分割、併合を行い、支配すること。次に、マルチエスニックな住民を内包し、支配していること。そして、言語・文化的に被支配集団より優位に立つこと。以上の三点である。

「二重の帝国性」のうち第一のそれは、ポーランドを分割した三帝国の持つ帝国性であり、既述のように、一七七二年、一七九三年、一七九五年の三次にわたるポーランドの分割・併合と、その後の支配のあり方に現れている。

また第六章において詳しく述べるが、第二点目のマルチエスニック性は、「旧い帝国」の特徴といえ、ポーランドを分割した三帝国にも共通していた。しかしマルチエスニック性は、一九世紀後半以降のナショナリズムの興隆する時代にあって、国民国家が台頭する中で帝国が瓦解していく一因となる。その典型例が、第一次大戦終結後のオーストリアの崩壊であった。他方ドイツの場合は、他の民族集団を排除しそれらと競合するタイプの「新しい帝国」を形成する進化型へと進んだため、マルチエスニックな旧帝国が崩壊する時代を生き延びることとなった。またロシアの場合は、ソ連という過程を経ることによって崩壊が遅れたが、二〇世紀末のソ連の崩壊は、長期的にはマルチエスニックな旧い帝国の崩壊であったともみることができる(26)。

そして第三点目の支配者の言語・文化的優位性は、ドモフスキが社会ダーウィニズムと絡め、「ドイツ脅威論」を確立する上で重要な論拠とした点であった。つまり、異国民の帝国による領土の分割・併合とそこに住む人々の支配が行われるとき、例えば被支配集団がもともと用いていた言語の公用語としての使用が禁じられるなどし、脱国民化や同化が行われる。ドモフスキはこの観点からドイツによる支配とロシアによる支配とを比較し、ドイツ国民がポーランド国民よりも強く優れており、その支配が自分たちの脱国民化を招くのに対し、ロシア国民については自分たちのほうが（軍事的には劣るものの）文化的に優位にあり、ロシア支配下のほうが「安全」であるとした。つまり、前者を「絶対的脅威」、後者を「耐えうる脅威」と見なしたのである。一八世紀末までにポーランド=リトアニア共和国は消滅した。上述の「第一の帝国性」から見る限り、ポーランドは三帝国に支配された、帝国の拡張的政策の「犠牲者」であった。しかし松里公孝が指摘するように[27]、分割以前のポーランドは最盛期には広範な東方領域を含んでおり、そこに住むウクライナ人やユダヤ人にとっては、ポーランドもまた「帝国」として存在していたのである[28]。

複数の民族集団を抱え、多重的な言語・宗教・文化集団から構成されるという帝国性をポーランドは具えていたのであり、それは三帝国によって分割された後も残存した。そして、とりわけ東方領域においては、主としてポーランド人が少数の大地主を構成し、分割後も(少なくとも一月蜂起の敗北まで)変わらず文化的な優位が持続していた。ドモフスキは、例えばウクライナ人について、いまだ「国民」になる前のいわば準国民集団と位置付け、ポーランド国民よりも弱いが、その発達次第では将来的にポーランド国民と競合する可能性があると認識していた。

一九世紀から世紀転換期にかけてのナショナリズムが伸張した時代において、外部から諸帝国により三分割され(第一の帝国性)、内部においては多様な集団を抱え込み(特に東方領域においては)それらに文化的に優位する(第二の帝国性)という内外二重の帝国的構成が、そこで展開される運動と思想の背景となっていたのである。ドモフスキの思想もまた例外ではなく、そうした背景のもとに成立した。そして、ロシアによるポーランド支配から、より広くオーストリア帝国とドイツ帝国によるポーランド支配へ、そしてヨーロッパ規模での外交、さらには、第一次大戦とロシア革命に目を向ける中で、その政治的意味を展開・変化させていった。

そこでまず第五章においては、ドイツ、ロシア、オーストリアの支配のあり方の違いを比較し、ロシア領ポーランドの政治から他の分割領(とりわけガリツィア)へ、ひいてはロシア政治(内政)へと「越境」していったドモフスキの政治と行動を追う。またその反面において、彼の思想が各分割領のポーランド人社会および非ポーランド人集団にどのように受け入れられたのかを見る。特に後の点については、ドモフスキの思想に見るドイツ脅威論およびドイツ・ナショナリズムを模範とするドイツとポーランドとの関係の構図が、例えばポーランドとウクライナの関係のように、ポーランド人と他の集団との関係において鏡写しになっていたと仮定し、見られる側としてのドモフスキの思想にも着目する。

第五章第一節においては、プロイセン領におけるドモフスキの思想(国民民主党のイデオロギー)の受容過程を検討する。プロイセン領においては、文化闘争を背景として、ポーランド・ナショナリズムの構成要素としてカトリシズムが重要な位置を占めていた。そうした背景をふまえ、ロシア分割領やオーストリア分割領との比較という観点から、国民民主党のイデオロギーの受容にどのような違いが出たのかを概観する。

第二節・第三節においては、オーストリア領のポーランド人政治家たちとドモフスキの関係の変遷を糸口に、当時ガリツィアにおいて伸張しつつあったウクライナ・ナショナリズムの概要をおさえる。その際、ドモフスキ思想を含むポーランド・ナショナリズムが、ウクライナ・ナショナリズムにとってどのような位置を占めていたのかを検討する。

第四節においては、全ポーランド主義が、ウクライナ・ナショナリズムとの対抗関係を背景に、ガリツィアのポーランド人政治家とロシア領由来の国民民主党イデオロギーの接近に成功したのに対し、ウクライナ人との緊張を先鋭化させていかざるをえなかった過程に注目する。一九世紀末以降、旧い帝国としてのポーランド自身が持つ帝国性は、より一層鋭い形で表出しつつあった。そして、ポーランドが内包する文化・言語・宗教的に多重の諸集団が、全ポーランド主義と同じ論理を展開し、ウクライナ・ナショナリズムやシオニズムへと発展し出した。この時、全ポーランド主義はそれに対処しえず、一つの限界を明らかにしたのである。

そして第六章第一節において、「ポーランド問題」とは何か、その歴史的・国際政治的文脈を整理し、ドモフスキの思想と彼の目指した「ポーランド問題」の解決を理解する際の一助としたい。後述のようにポーランド問題は、分割期のポーランド人活動家の誰もが課題とし、それぞれが解決法を模索した問題であった。ドモフスキもまた例外ではなく、彼の国民統合論である「全ポーランド主義」と帝国論である「ドイツ脅威論」は、ポーランド問題を生んだ国内的・国際的要因に対応したものであったと考えられる。彼の思想と行動は、大目的としてのポーランド問題解決に常に向けられていた。(29)

先述のように、ポーランドが分割された原因の一つは、シュラフタのみで構成される国民の脆弱性にあった（国内的要因）、とドモフスキは考えていた。そして、「全ポーランド主義」による諸階級の統合をもってそれに対応しようとした。他方で、この問題を創出したもう一つの直接的要因は、近接する三カ国による分割であった（国際的要因）。そのため「全ポーランド主義」が唱える領域的統合を実現するためには、この問題を分割支配を行う三国の内政領域から国際政治の場に引き出すことが不可避であった。そしてそこにおいて、「ドイツ脅威論」に基づく外交を通じ、国際的要因の再現を防ぎうる形でのポーランド国家の成立について国際的承認を得ることが必要であった。

これに関連して第六章の第二節以降においては、ドモフスキが初めてドイツ脅威論を明確に説明した『ドイツ、ロシアそしてポーランド問題』（一九〇八年）を取り上げる。そこで詳述するように、分割された旧い帝国であるポーランドは、近隣帝国のうちいずれかを選び、その枠内においてまず統一し自立しなければ存続できない、と（少なくとも第一次大戦の帰趨が明らかになり始めるまで）彼は考えていた。これは、三帝国のうちいずれを選ぶのかを統一的スキームで分析した概念論であり、彼の「新しい帝国」論であった。(30)

最後に第七章においては、第一次大戦前後のロシアおよびイギリス・フランス・アメリカにおけるドモフスキおよび国民民主党陣営の外交を分析する。現実の外交過程において、彼らの短期的目標は戦況の変化や参戦各国の動向によって刻々と変化したが、しかし一貫していたのはドイツ脅威論を原則とした点であった。この章においては、第一次大戦中のドモフスキらの活動が、連合国側においていかなる過程を経て承認され正統性を付与されたのか、また、独墺側と協働するポーランド人諸派との正統性をめぐる競合がどのように収束したのかを検討する。なお、従来の研究においては、彼の外交的成果はヴェルサイユ講和条約にあるとされてきた。しかし、本書においては、一九一七年革命を契機として、連合国側がドモフスキを中心とするポーランド国民委員会を正式に承認し、将来のポーランド国家を代表する正統性を付与するまでの一連の流れに最大の成功があったと仮定し、この過程に焦点をあてている。

ここで再度ポーランド問題という観点から本書全体を俯瞰するなら、「第Ⅰ部　全ポーランド主義」において検討される彼の国民統合論は、旧共和国の東方領域を(部分的にとはいえ)放棄する事によりそこに住む多様な諸集団がポーランド国民の枠内に入らないようにし、かつ枠内においては階級を超克した国民の創出を、ポーランド問題の国内的な要因に対処する解として提示した。また「第Ⅱ部　帝国と革命」においては、国際的要因の解決つまり三分割領の統合という課題を受けて、彼がドイツ脅威論に基づく外交を展開し、新しい帝国であるドイツに対応しうる形でのポーランド再建を国際的要因への解としたことが示される。ここにおいて、彼の思想における二つの支柱は、一応ポーランド問題を解決するものであったかに見える。

しかし他方で、二重の帝国性という観点から見た場合、第一次大戦後の独立に伴う分割の解消によって「第一の帝国性」は一旦は消滅したものの、ドモフスキの思惑に反して、旧い帝国としてのポーランド自身が持つ帝国性(「第二の帝国性」)は、保持されていた。むしろ、より一層先鋭な形で表出したとさえいえよう。そして、一九世紀末以降、ポーランドが内包する文化・言語・宗教的に多重の諸集団が、彼の国民形成論と同じ論理を展開し、ウクライナ・ナショナリズムやシオニズムへと発展した時、「ポーランド問題」の内的要因は、一層先鋭さを増して表出した。それが、「ポーランド問題」の解決を目指したドモフスキの思想における、一つの限界であった。

小括

ドモフスキの思想においては、権力政治の現実を冷徹に認識するリアリズムと、国民という共同体への献身を厭わないパッションとが、彼の思想の中に共存していた。これは換言するなら、「ポーランド問題」を解決するための手段を、現実とも理想とも折り合いをつけられる形で彼が模索した結果であったといえよう。

一九世紀末のロシア領ポーランドにおいて、独立を目標とする政治活動と、ロマン主義的蜂起主義とは、密接不可分の関係にあった。とりわけパリやロンドンに逃れた十一月蜂起の参加者たちは、安全な西欧にあって、ポーランドの現状を離れて自由に(時に誇大に)国家再建計画を構想し、かつて命の危険を顧みずポーランドのため自由のために英雄的に戦ったという蜂起の記憶を美化する傾向があった。そのため、亡命者の間では、ヨーロッパ規模の戦争に合わせて蜂起することが独立につながるという考えが絶えなかった(31)。これに対しドモフスキは、ロシア帝国が持つ圧倒的軍事力の前に、武装蜂起を独立に到る手段として有効とは認めなかったばかりか、非現実的であると考え、あえて勝算のない武装蜂起に訴えて命を落とすことがあってはならないと結論付け、無謀な武装蜂起を繰り返したシュラフタを痛難した(32)。これは、ロシア人やドイツ人といった競合する諸国民と比較した場合のポーランド人について、なんらの自己過信もない判断であった。こうしたリアリズムについては、社会ダーウィニズムの影響もうかがわれる。

しかしその一方で、ドモフスキはポーランドの独立を諦めていたわけではなかった。それどころか、「全ポーランド主義」という一見不可能なポーランド統一・独立の構想を主張していた。これは、ポーランド国民の生存と独立に対するいわば情念であった。「民族的独立についてのパトスとロゴスとをあわせてもっているものが、ほんとうの愛国者であったのではないか」とナショナリズムの思想について岡義武が述べているとおり、ドモフスキのそれもまた、冷徹な合理性と、ときに不可能を可能にする情念とを合わせ持つものであった。「独立への意識というものは、現実には一種のパッションの形をとる。しかし、このパッションが真に民族的独立に役立つためには、パッションをもっているというだけでは、もちろん足りない。その主張するプログラムが歴史的意味で合理性を具えていなければならない。そのいみで、いわばロゴスに副っていなければならなかったのである」[33]。ドモフスキのパトリオティズムに内包されるロゴス的側面、リアリズムは、彼が指導した国民民主党[34]のプログラム転換(一九〇三年)や日露戦争(一九〇四―〇五年)への対応、ロシア政府に対するある種の妥協路線といった現実政治における対処の中に、常に存在していた(第四章参照)。いわば彼は、プログラム的合理性と理想を損なわない形で維持したといえよう。

先行研究に関して第一章で述べているとおり、ピウスツキに関する研究に比べ、ドモフスキに関する研究は、なお内容的なばらつきが大きい。第一次大戦後、独立したポーランド国内で不遇であった彼は、ロシア帝国に協力した裏切り者と見られたり、反ユダヤ主義の唱道者として世上の批判を浴びたりした。しかし、第一次大戦以前の状況を考えるなら、ドモフスキに対する一九九〇年代までの評価において、触れられなかった側面も多い。本書では、ドモフスキの思想が形成された時期を中心に、彼自身や同時代人の政治的・歴史的著作に即してその思想を追い、再解釈と批評を試みたい[35]。

いまこのように、三帝国に分割されたポーランドの世紀転換期をあらためて考察し、そこで政治家・思想家としてドモフスキがいかに思考し、行動したのかを跡づけるのは、それにより、彼の政治思想を再評価し理解することが可能となるためである。しかし、それだけではなく、彼の政治思想の検討を通して、それを涵養した環境たる分割期ポーランドにおいて顕在化した二重の帝国性や、第一次大戦前後の国際政治情勢を一面からであれ説明しうるのではないだろうか。それ故に、ドモフスキの生涯をたどるなら、世紀転換期から戦間期にかけての国際政治情勢ひいてはその中で重きをなした「ポーランド問題」、そしてポーランド史に、政治思想という限られた視角からとはいえ、光をあてることに資するであろう。

（1）ドモフスキを「建国の父」と呼んだ米国ブランダイス大学の東欧史家アントニー・ポロンスキー(Antony Polonsky)は、単に戦間期の独立に至るまでのドモフスキの尽力のみを念頭に置いているのではない。それに加えて、ドモフスキの描いていたポーランド国家像と、第二次大戦後に成立した「単一民族の国民国家」ポーランドとの、紆余曲折を経ての類似にも着目している。Antony Polonsky, "Roman Dmowski and Italian Fascism," in R. J. Bullen, H. Pogge von Strandmann and Polonsky eds., *Ideas into Politics: Aspects of European History 1880-1950* (London, 1984), pp. 130-146.

（2）例えば Marek Białokur, Mariusz Patelski i Andrzej Szczepaniak red., *Roman Dmowski i jego współpracownicy* (Toruń, 2008).

（3）二〇〇六年一一月一〇日、ワルシャワにドモフスキの銅像が設置され賛否両論の中で除幕式が行われたが、「ポーランド独立記念日」にあたる翌一一日に像にペンキがかけられていた事例について、Tomasz Urzykowski "Roman Dmowski ze swastyką", *Gazeta Wyborcza*, 13. 11. 2006〔「ロマン・ドモフスキと鍵十字」二〇〇六年一一月一三日〕。ここでは、ドモフスキに批判的な人々が、彼の思想をナチスのそれと類似したものとして捉えている。

（4）Benedict Anderson, *The Spectre of Comparisons: Nationalism, Southeast Asia, and the World* (1998; repr., London, 2002), p. 26; ベネディクト・アンダーソン(糟谷啓介ほか訳)『比較の亡霊——ナショナリズム・東南アジア・世界』作品社、二〇〇五年、四二頁。

（5）「ポーランド問題」の歴史的背景や定義については、第六章第一節を参照。分割期のポーランドにおいては、広義には、ポーランド再建を、いかなる方法において行うか、また、何を最終目標とするか(例えば領土・国境設定等)、という問題をさす。ドモフスキも含め、ポーランド人の政治活動家が用いる場合、それはポーランドの国家的独立を最終目的としていることが多い。ただし、「ポーランド問題」は、独立とそれに伴うあらゆる諸問題（対外関係、国境設定のほか、住民の民族的構成、経済的基盤、等々）と親和性を持つ複合的問題群であり、歴史的状況や「誰を当事者とするか」によって意味が異なるため、その内容を一面的に特定することはできない。

（6）ジェチポスポリタの概念について、井内敏夫「シュラフタ共和政とポーランドのお国柄」和田春樹、家田修、松里公孝編『スラブの歴史（講座スラブの歴史三）』弘文堂、一九九五年、九九—一二五頁。白木太一『近世ポーランド「共和国」の再建——四年議会と五月三日憲法への道』彩流社、二〇〇五年、三九頁。ポーランド=リトアニア共和国は、ルブリン合同（一五六九年）で成立した。これにより、リトアニアが事実上ポーランドの従属領となったという見方もあるが、形式的には対等な〈二国民の共和国〉として、一種の連邦国家の形で成立した。その後ポーランド分割で解体するまで、リトアニアはおおむねポーランドと運命を共にした。

（7）Andrzej Nowak, "From Empire Builder to Empire Breaker or There and Back Again: History and Memory of Poland's Role in East European Politics," *Ab Imperio*, no. 1 (2004), pp. 255-288.

（8）このとき、旧共和国が保有していた広大な東方領域（いわゆる一七七二年国境）の回復が当然と考えられていたことに注意が必要である。これは、一方では分割後にもロシアがポーランドを依然脅威と意識し続ける要因となり、他方では、一月蜂起（一八六三—六四年）へと至る抵抗の思想的動因となった。

（9）ポプワフスキは、ルブリン近郊の地主の家庭に生まれ、一月蜂起やロシア帝政との戦いをじかに記憶に留めている世代の一人であった。一八七三年に当時ロシア支配下にあったワルシャワ大学に入学すると、学生サークルにおいてパトリオティックな立場を代表し、社会主義的な立場を批判した。しかしこの活動がもとで逮捕され、ワルシャワ要塞監獄の一〇号棟に拘留された。その後警察の監視下に置かれ、約九年間地方に送られた後、カザンでの学業継続と大学卒業を許可された。しかし彼はこれを拒否し、ワルシャワに戻ってジャーナリズムの活動を始めた。当初は農村や農業に関する経済について執筆していたが、次第に政治問題へと移行していった。ただし、農村に対する関心は後年も継続しており、農民に対する啓蒙運動などを実地で行っている。この点は都会育ちのドモフスキ（理論的には農民を「ポーランド人」に変えようと論じたものの実際には農村へ赴かなかった）と異なっていた。ポプワフスキの思想的特徴としては、第一に幼年時から培われた反ロシア帝政志向が挙げられる。また、そこから派生して、当時広く議論されていた汎スラヴ主義に対して反対する立場をとった。第二の特徴は、地政学的観点からヴィルノを含むかつての東方領域を放棄し、ポズナンやグダンスクを含む西方への領土拡大を重視する姿勢にあった。それゆえに、西方におけるポーランド人住民の防衛を重視し、ドイツを主敵とみなした。第三の特徴としては、武装蜂起主義や、社会主義に反対し、その有害性を説いた点にある。ただし、ポーランド国民の最終目的として独立を掲げ、分割列強間の戦争勃発に独立の可能性を見出していた。こうしたポプワフスキの思想は、後述のように一八九六年以降のルヴフでの協働を通じて、かなりの部分がそのままドモフスキに受け継がれた。ただし、最晩年にはロシアのドゥーマにおける、ドモフスキを代表とするポーランド議員サークルの活動の有効性を疑問視し、ポーランド王国の自治獲得方針に対し警鐘を鳴らしていた。Piotr Eberhardt, *Twórcy polskiej geopolityki* (Kraków, 2006), s. 23-35.

(10) 一六―一八世紀のポーランド=リトアニア共和国は、ポーランド王国とリトアニア大公国が合同した複合君主制の国家(複合国家)であった。これは多言語、多宗教、多民族の人々が共有する国家であり、その歴史もまた、現代的な意味でのポーランド人やリトアニア人のみの歴史(例えば一国史としてのポーランド史やリトアニア史)のみならず、他の人々によって共有される歴史でもあることに留意する必要がある。国境の枠組みを超える、「東中欧」という広域的な地域史研究の試みと課題について、小山哲「よみがえるヤギェウォ朝の記憶――ヨーロッパ統合と東中欧史の構築」谷川稔編『歴史としてのヨーロッパ・アイデンティティ』山川出版社、二〇〇五年、一七二―一九六頁。

(11) 「王冠」概念について、井内敏夫「一四―一五世紀前半のポーランドにおける王と国家と社会――共和主義の起源に関する一考察」『スラヴ研究』三七号、一九九〇年、一五五―一七三頁。

(12) 松里公孝は、分割以前のポーランド=リトアニア共和国が東方領域(分割後のロシア帝国西部諸県)に拡大する「大帝国を建設」していたと指摘する。従って、ロシア革命以前のポーランド人は、「通常の民族学的意味での民族」ではなく、共和国の臣民として構成される「政治的民族」であったとする。そのため、一九世紀にロシア帝国西部諸県において展開されたポーランド人とロシア帝国との争いは、「抑圧民族と被抑圧民族の間の闘争ではなく、二つの帝国理念・帝国文化の間の闘争」であったと位置付け、ロシア支配に対抗するポーランド人の政治活動を「民族解放運動」とすることに異議を唱えている。松里公孝「一九世紀から二〇世紀初頭にかけての右岸ウクライナにおけるポーランド・ファクター」『スラヴ研究』四五号、一九九八年、一〇一―一三八頁。Cf. Andrzej Nowak, "Between Imperial Temptation and Anti-Imperial Function in Eastern European Politics: Poland from the Eighteenth to Twenty-First Century," in Kimitaka Matsuzato ed., *Emerging Meso-Areas in the Former Socialist Countries: Histories Revived or Improvised?* 21st Century COE Program Slavic

Eurasian Studies, no.7 (Sapporo, 2005), p.248. 帝国の類型について山本有造「「帝国」とはなにか」山本編『帝国の研究——原理・類型・関係』名古屋大学出版会、二〇〇四年、一〇—一一頁。

(13) イェジ・ルコフスキ、フベルト・ザヴァツキ(河野肇訳)『ポーランドの歴史』創土社、二〇〇七年、五—六頁。

(14) そうした諸集団の混在する状況は一八世紀のポーランド分割後も継続したが、一九世紀末以降のナショナリズムの勃興と諸「国民」の誕生を受けると、人々に自らのアイデンティティの選択を迫るようになった。ポーランド人貴族とウクライナ人農民の家系に生まれ、ポーランド人としての教育を受けて育ちながら、青年期にウクライナ・ポピュリズムの活動家としてのアイデンティティを選択した例について Bohdan Klid, "Volodymyr Antonovych: the Making of a Ukrainian Populist Activist and Historian" (PhD diss., University of Alberta, 1992).

(15) ヴワディスワフ・ブーハク「近代初期のポーランド民族と新しい近代ポーランド人」宮崎悠編『世紀転換期におけるポーランド政治(研究推進ボード主催公開ワークショップシリーズNo. 4)』北海道大学法学研究科「魅力ある大学院教育」イニシアティヴ研究推進ボード、二〇〇七年、八—九頁。

(16) 例えばロシアにとってはこの問題がロシア政治を構成する主要素の一つであり、表面的な民族問題ばかりでなく、教会分裂、農民問題、ウクライナ問題つまり東スラヴ人の民族的分化の問題、革命運動との戦い)といった諸問題に関連付けられる問題であった。また、ロシアの政治エリートの意識においては、ポーランド問題の性格をナショナリズム・地域主義の火種のあらゆるものに投影できるため、この問題が帝国各地の政治的分離主義に対する不安・警戒心を呼び起こす「マトリックス」となった、とゴリゾントフは位置付けている。レオニード・ゴリゾントフ(山本健三、松里公孝訳)「ロシア帝国の「致命的問題」群におけるポーランド問題(一八三一年〜二〇世紀初頭)」『ロシア史研究』七四号、二〇〇四年、六〇—七二頁。

なお、ロシア帝国内においてポーランド問題と類似の問題とみなされたものに、バルト・ドイツ人貴族の問題(いわゆるオストゼイ問題)があった。山本健三によれば、アレクサンドル一世もニコライ一世も「忠実で有能な軍人と官僚の供給源」及び西欧文化との架け橋として評判の高いマイノリティであるバルト・ドイツ人との対立を望まず、原則として一八六〇年代後半には彼の地の自治を尊重する立場にあったという。山本健三「オストゼイ問題における『ロシアの辺境』の衝撃——一八六〇年代後半のユーリー・サマーリン」『ロシア史研究』七六号、二〇〇五年、九九—一一七頁。

興味深いのは、ポーランド貴族が、バルト・ドイツ人貴族と同様の地位を帝国内で占めることも可能であったであろうと推測される点である。例えばポーランド語(口語も文語も)は、一九世紀に至るまで、ロシアと西欧の自然な仲介言語であり、科学・文学など諸分野において影響を与えたとされる。Alexander V. Issatschenko, "Russian," in Alexander M. Schenker and Edward Stankiewicz eds., *The Slavic Literary Languages: formation and development* (New Haven, 1980), pp. 126-127. また、ロシア宮廷とポーランド出自の貴族との人的・文化的交流も古くから存在した。一例として、土肥恒之「近代の閾に立つツァーリ権力――一七世紀末のロシア」網野善彦、樺山紘一、宮田登、安丸良夫、山本幸司編『統治と権力（天皇と王権を考える二）』岩波書店、二〇〇二年、一三一―一三二頁。また、アレクサンドル一世時代のペテルブルクにおいて、西欧帰りの若手貴族であったチャルトリスキが行政改革に参与したことは、限定的であれ帝国内での地位確立に成功した例であったといえよう。池本今日子『ロシア皇帝アレクサンドル一世の外交政策――ヨーロッパ構想と憲法』風行社、二〇〇六年、三三―三四、三九―四五頁。

しかしポーランド貴族は、分割以降ロシア帝国において「陰謀」の担い手として脅威視され、またポーランド側も実際に（期待に違わず）一八六三―六四年の一月蜂起に至る一連の武装反乱を起こした。おそらくその背景には、分割後も「ポーランド王国」に対して十分な自治を認めているというロシア帝国側の意識と、かつて東方領域に展開した帝国としての記憶（自己イメージ）を残像のように抱き続けた一月蜂起世代までのポーランド貴族の意識の相違があったと考えられる。上述のチャルトリスキ自身、十一月蜂起（一八三〇―三一年）後に亡命したパリにおいてポーランド人亡命者の中心となり、共和国を再建すべく広大な東方領域を含む連邦を構想し蜂起の機をうかがい続けたのである。

（17）　例えば、ロシア領ポーランド王国における十一月蜂起の際、当時自由都市として三帝国の管理下にあったクラクフから、多数の志願兵が王国へ向かった事例がある。クラクフ市民は、戦闘に参加しただけでなく、資金集めも行い、さらにワルシャワ陥落の後には退却する兵士たちを援助した。しかし、十一月蜂起を「自由をかけたポーランド人の戦い」と位置付けてクラクフ市民が積極的にそれに参加したことで、三分割帝国の警戒感は高まった。十一月蜂起が続いている間に、ロシア軍が予防的にクラクフを占領したことがその表れである。三帝国による協議の結果、一八三三年五月三〇日、自由都市クラクフに新たな立憲体制がしかれた。その結果、導入された条項の一つは、他の分割領における民族問題に干渉することを禁じていた。Marek Borucki, *Konstytucje polskie 1791-1997* (Warszawa, 2002), s. 70.

（18）　ポーランド独立のためにシュラフタと農民を融合させる必要があるという議論は、大亡命世代の一部によっても既に論じられていた。早坂真理「ヴァレリアン・カリンカの保守主義思想――農民解放とホテル・ランベール（一八五二～一八六一）」『スラヴ研究』二三号、一九七八年、一九三―一九六頁。ただし、こうした議論においては、シュラフタの優位や権利の擁護が前提とされていた。また、ホテル・ランベール派の場合、あくまでも共和国時代の国境を保持し東方領域を放棄しない立場であったことから、そこに居住するウクライナ人など非ポーランド人の農民も包含しようとした点においてドモフスキ案とは異なる。

(19) ただし、シュラフタの全てが共和国時代を通して国力の弱体化に無頓着であった訳ではない。また、一口にシュラフタといっても決して均質ではなく、地方の実質的な支配者であった大貴族(マグナート)やその配下となっていた零細シュラフタ、それに対抗するために王権を擁護する中流シュラフタなど、保有する権限や地所の有無等によって国政への関わり方は様々であった。ドモフスキがここで主たる批判の対象としている「巨人」は、歴史的文脈からいえばマグナートに属する人々であろう。第一次分割直前に完成しつつあったシュラフタ自身による改革の試み、またタルゴヴィツァ連盟と分割の誘発の経緯、シュラフタに特有の「自由」の擁護について、白木『近世ポーランド「共和国」の再建』を参照。

(20) Roman Dmowski, *Nasz patriotyzm* (Warszawa, 1893)(以下、Dmowski, *Nasz.* と表記する)。

(21) Roman Dmowski, *Myśli nowoczesnego Polaka* (Warszawa, 1934)(以下、Dmowski, *Myśli.* と表記する), s. 48.

(22) ただし、ドモフスキは東方領域の全てを放棄したわけではなく、コヴノやヴィルノ、グロドノの各県やミンスク県の一部、ヴォルイニといった、ポーランド人が数の上では少数派でも「文化的に優位」にある地域は独立ポーランドに含めるものとした。その際、域内の他民族集団については同化することを意図していたと考えられる。Piotr Eberhardt, *Polska i jej granice: z historii polskiej geografii politycznej* (Lublin, 2004), s. 120-121.

(23) *Ibid.* なお先述のように、ポーランド領を西へずらすという考えは、ポプワフスキの影響による。

(24) ポーランド=リトアニア共和国は、最盛期には現在のポーランド、リトアニアのほか、エストニア、ラトヴィア、ベラルーシ、ウクライナといった地域を含んでいた。

(25) 早坂真理『革命独裁の史的研究——ロシア革命運動の裏面史としてのポーランド問題』多賀出版、一九九九年、五〇—五五頁。

(26) カペレルは、「一九九〇年代のソ連崩壊は、マルチナショナルな共産主義者の帝国政治の七〇年間に終止符を打った。それは、ロシア・マルチエスニック帝国の四世紀以上にわたる歴史を終わらせもした。このため、ロシア帝国の遺産を考慮しない一方で、ソ連崩壊の原因を社会システムの危機に帰する説明は、明らかに不十分である。この種のより広い見方からすると、ソ連の崩壊は、マルチエスニック帝国の分離・分割と国民国家の台頭という全般的プロセスの一部をなしていた」と指摘している。Andreas Kappeler, *The Russian Empire: A Multiethnic History* (Harlow, 2001), trans. by Alfred Clayton, p. 1.

(27) 松里「一九世紀から二〇世紀初頭にかけての右岸ウクライナにおけるポーランド・ファクター」一〇一—一二八頁。また、ディヴィスは、最近の歴史から説き起こし、それ以前の歴史へ遡る、という通常の歴史叙述とは逆の順序をとり、それによって、世紀転換期以前の歴史も、ロシア帝国、ドイツ帝国、オーストリア帝国という周辺の帝国によって分割され、犠牲になった存在というポーランド・イメージを通して回顧される。ただしこれは、「連帯」運動が始まった中で、反ソ連運動を支援する意図からの言説でもあった点に留意する必要があろう。Norman Davies, *Heart of Europe: The Past in Poland's Present*, rev. ed. (Oxford, 2001)（以下、Davies, *Heart*. と表記）.

なお、ソ連崩壊までは、(旧ポーランド領にあたる)ウクライナやベラルーシはソ連と同一視されていたため、「ウクライナ人」や「ベラルーシ人」といった視点からの歴史観が出てきにくかったという指摘もある。つまり、先述のディヴィスの著作が上梓された時点では、かつてのポーランドの「帝国的」支配の「被害者」がはっきりしていなかったといえる。例えば、中井和夫『ウクライナ・ナショナリズム——独立のディレンマ』東京大学出版会、一九九八年、二三—三九頁によれば、ソ連が崩壊してはじめて、ロシア人、ウクライナ人、といった括りでのアイデンティティが模索され始めたとされる。

(28) アンジェイ・ノヴァク(Andrzej Nowak)は、「ポーランド=リトアニア共和国は帝国だった」という議論が「常識」となりつつあった中で、共和国そのものではなく、むしろ分割で国家が喪失された時期にこそ、ポーランドの「帝国性」(自意識としての「帝国意識」、「帝国としての記憶」)が育まれたのだと指摘している点で興味深い。Nowak, "From Empire to Empire Breaker or There and Back Again," p. 269.　また、実態として帝国性はあったのか、という問いに対しては、おそらく「被支配者」(例えばウクライナ人)の側の歴史や民族意識も、ポーランドの「支配者」史が生じるのとパラレルで生じ、それぞれのナショナリズムの台頭によって強化され、支配者・被支配者双方の側が補完しあう形で歴史解釈がなされるようになったのではないかと考えられる。

(29) ポーランド分割がなぜ生じたのか(ポーランド没落原因論)をめぐっては、長い論争がなされてきた。一九世紀後半のクラクフ学派においては、その原因をポーランド自身に求め反響を呼んだことがよく知られている。一般的には、国際的原因と国内的原因の両方からの検討が必要とされている。伊東孝之『ポーランド現代史(世界現代史二七)』山川出版社、一九八八年、三一—三三頁のほか、クラクフ学派について白木『近世ポーランド「共和国」の再建』一九頁。

なお、没落の原因としてシュラフタを批判している点など、クラクフ学派のヴァレリアン・カリンカ(Walerian Kalinka,

1826-86)らの主張とドモフスキのそれとは共通点があるように見える。ドモフスキは、クラクフ学派の主要な一人であるミハウ・ボブジンスキ(Michał Bobrzyński, 1849-1935)に一度会っている(本書第五章参照)が、その際ドモフスキはボブジンスキの政策や歴史観を強く批判したとされる(ボブジンスキは、ポーランドがいかに多くの影響をドイツから受けてきたかを強調しており、その点がドモフスキだけでなく多くのポーランド人によって批判されていた。ドモフスキから見れば「三面忠誠主義者」の一人であった)。また、国民民主党に近い立場の当時の歴史家たちは、クラクフの保守派(スタインチクたち)と対立していた。概してロシア領ポーランドの知識人たちは、クラクフの保守派の歴史観を非常に批判的に見ており、とりわけボブジンスキが批判を浴びた。また内容に関していえば、ドモフスキの思想におけるシュラフタ批判は、ボブジンスキやカリンカのそれよりも、より詳細であり、かつ徹底されていた。スタインチクとの対立については、本書第三章第三節を参照。

(30) 後述のように、ドモフスキのドイツ脅威論においては「影響力 wpływy」という要素が重視されており、それはしばしばドイツの経済的な浸透力をさすものであった。こうした考えは、プロイセンによるポーランド分割の経験のみならず、一九〇〇年のブラジル渡航の際に目にした、プロイセンからの入植者の優勢に裏打ちされたものであった。またドモフスキは述べて、ロシア(そこにはロシア領ポーランドも含まれていた)は常に、経済的により発展している隣国ドイツに市場を提供し、将来的にはドイツに従属する状況に陥ることになる、となした。彼は、いわゆる中心―周辺構造を、ドイツ―ロシア関係に見出していたのであろう。

(31) 大亡命世代の蜂起路線について、早坂『革命独裁の史的研究』四八頁。

(32) ドモフスキは、伝統的な蜂起主義を受け継ぐピウスツキら同世代の社会主義者とも対立した。ドモフスキとピウスツキは、政治的抵抗の手法や、将来のポーランド領土の設定、国際情勢の評価等をめぐって、後年も対立し続けた。研究史においても、Davies, *Heart*. のように両者を対比して描くのが一般的である。ただし、両者の共通点についても目を向けるものとして、Tadeusz Piszczkowski, *Odbudowanie Polski 1914-1921: historia i polityka* (London, 1969)(以下、Piszczkowski, *Odbudowanie*. と表記)を参照。

(33) 岡義武の表現。岡義武、木村毅、遠山茂樹、吉野源三郎「国難の外交――幕末外交を担った人々」(座談会)『世界』一九五〇年一〇月号、八三頁。

(34) 国民連盟 Liga Narodowa と国民民主党 Stronnictwo Narodowo-Demokratyczne の関係については、以下の説明を参照。

後に詳述するように、『我々のパトリオティズム』(一八九三年)は、ロシア領ポーランドとくにワルシャワにおいて、有機的労働や服従派の考えに反発する若年層を中心に好評を博した。この成功によって、ドモフスキは国民連盟の中で指導的地位を占めることとなった。それは、国民連盟が、国民民主党(いわゆるエンデツィア)へと移行する第一歩であった。

この国民連盟という政治グループは、当初から、秘密組織としての側面と、デモのような公然の活動の組織者としての側面との、「二重性」を持つ組織であった。当時ロシア領ポーランドでは、政治的活動は認められておらず、ドモフスキらは専ら非合法的に活動を展開していた。そうした秘密組織としての活動と並行して、一八九一年から一八九五年には、公然のデモンストレーションが展開された。政治活動が認められていないロシア領ポーランドにおいて、「こんなところで合法的に活動する政党をつくるという発想はショッキングなものであった」と宮島直機は指摘している。地下活動としての秘密性という一面と、公然の活動を行う一面とが同時に存在する二重性の「新鮮さ」が、国民連盟の特徴であった。宮島直機『ポーランド近代政治史研究』中央大学出版部、一九七八年、三〇頁。

国民連盟に組織上の変化をもたらしたのは、「ロシア分割領における国民民主党のプログラム 'Program Stronnictwa Demokratyczno-Narodowego w zaborze rosyjskim'」であった。一八九七年六月に民族連盟の年次報告において示されたこのプログラムにより公然と政治活動を行う政党として国民民主党が結成された。その目的は、「ポーランド全体のための、一つの党を創出する第一歩」を踏み出すことにあった。Alvin Marcus Fountain, *Roman Dmowski: Party, Tactics, Ideology 1895–1907* (New York, 1980), pp. 41–44. 年代については、Mariusz Kułakowski, *Roman Dmowski w świetle listów i wspomnień* (Londyn, 1968–1972), t. 1, s. 299–301 参照。マリウシュ・クワコフスキは筆名であり、本名はユゼフ・ジェリンスキ(Józef Zieliński)、ポーランド国内において政府機関に勤務していたため、ロンドンで出版したとされる。

(35)　ドモフスキの生涯について語る際、避けることができないのが反ユダヤ主義の問題である。とくに、一九一二年にドモフスキが主導したユダヤ人が経営する商店に対する不買運動や、独立後の「大ポーランド陣営」における活動は、当然ながら激しい批判を浴びている。ただし、後述のように、独立以前の国民形成過程におけるドモフスキの反ユダヤ的言動と、独立後のそれとは、異質な論理から生じていたと考えられる(本書第五章参照)。戦間期以降のポーランドにおいてドモフスキの反ユダヤ的言動が持った意味合いや、その成立の背景については、他稿において詳しく論じることとしたい。

第Ⅰ部　全ポーランド主義

第一章　ドモフスキ研究の現状

本章においては、まずドモフスキの思想史上における位置を明らかにした上で、その思想と政治にアプローチする際の問題設定と分析枠組を、特に「ポーランド問題」との関係を軸に提示する。

第一節　問題設定と分析枠組

ドモフスキの思想史的位置付け

ここで、分割後のポーランドにおける様々な思想潮流と、そこでのドモフスキの位置付けや、思想史的役割について触れておく。

一八世紀後半から二〇世紀初頭にかけては、分割と蜂起に特徴付けられる時代であったとされる。中でもロシア領ポーランドにおいて生じた十一月蜂起や一月蜂起は、分割時代（一七七二―一八一八年）における歴史的影響の最も大きい武装蜂起であった(1)。

フランス革命とほぼ同時期に盛んとなったポーランドの独立運動においては、フランスの支援を得てロシアに対抗するという路線が一つの選択肢と考えられていた。それが、ナポレオン・ボナパルト(Napoléon Bonaparte, 1769–1821)のもとでのポーランド軍団の形成や、その後のワルシャワ公国の実現(一八〇七年)へとつながった。しかし、ナポレオンの敗北と共にこの路線は消えていき、かわってロシア皇帝をポーランド国王に頂く形でのポーランド王国再興構想が提案されるようになる。

この構想はウィーン会議(一八一四―一五年)において実現され、独自の憲法と軍を備えたポーランド王国(いわゆる会議王国Kongresówka)が、本格的な国家再建の第一段階と目されることとなった。

しかし、アレクサンドル一世(Aleksandr I Pavlovich, 1777–1825: 在1801–25年)をはじめ、その跡を継いだニコライ一世(Nikolai I Pavlovich, 1796–1855: 在1825–55年)らロシア皇帝が専制的な態度をとったことにより、これらの権限は無視され形式的なものに堕した。とりわけ一八二五年五月にポーランド王として即位した後者は、ポーランド王国憲法の破棄と国王軍の廃止を行おうとし、それがワルシャワ歩兵士官学校の愛国派と呼ばれるグループの危機感をつのらせ、蜂起を誘発する要因となった。

一八三〇年一一月二九日に愛国派グループが開始した十一月蜂起は、出だしから躓き、ポーランド王国の事実上の支配者となっていたアレクサンドル一世の弟コンスタンティン・パヴロヴィチ(Konstantin Pavlovich, 1779–1831)の暗殺に失敗して彼を取り逃がした。その後の空白においては、王国内では対ロシア戦争を主張する過激派と、ロシア皇帝との交渉による最終的な解決を望む保守派とが争ったが、ロシア側が静観の構えを見せたこと、また蜂起を起こした当の愛国派グループが政権担当の積極的な意思に欠けていたことなどから、王国内の保守派が一応の事態収拾を図った。

しかし、結局ロシア側が交渉による解決を拒否し、戦いによって決着をつける以外に選択肢がなくなると、大軍を投入したロシアに対してポーランド軍は敗北を続け、一八三一年九月七日のワルシャワの降伏をもって蜂起は事実上終了した。

十一月蜂起は、ロシア皇帝による侵害に対抗して特権を擁護するためにシュラフタが起こした戦いであった。しかし蜂起は完全な敗北に終わる。この失敗と、その後のロシア政府による弾圧は、会議王国に沈黙の時期をもたらした。強硬なロシア側の姿勢に変化が生じたのは、クリミア戦争の失敗とニコライ一世の死の後に大改革が始まってからであった。この時期に妥協的な対ポーランド政策がとられるようになったが、ロシアにとっては皮肉なことに、柔軟な対応は結果として過激派を助長して一月蜂起を引き起こす要因となった。

先の十一月蜂起がロシア対ポーランド会議王国という「国家間の戦争」的な性格であったのに対し、一月蜂起はロシア支配下の会議王国内で起こった急進的なシュラフタの地下組織による反乱であった。ロシア領ポーランドにおいては、既に一八五五年以降、ニコライ一世の死やクリミア戦争におけるセヴァストポリの陥落に刺激されて、ワルシャワを中心に十一月蜂起以前の体制復活を求める声が強まっていた。一八六〇年代に入って学生や職人を中心とする過激派の街頭デモが組織されるようになり、ロシア当局との緊張が高まると、それに呼応して地主を主とする穏健派もロシア当局との協力に消極的になっていった。そうした中、ロシア当局が一八五六年以来中止されていた徴兵の再開を公表し、過激派のメンバーからも徴兵を開始する。危機感を募らせた過激派は、準備不足のまま一八六三年一月二二日に蜂起を開始し、同時に農地解放令を発令した。これは農民を味方につけるためであったが、まもなく一八六四年三月にロシア政府も農地解放令を発するに至って過激派の農地解放令は意義を失い、農民の支持を得られないまま翌月指導者ロムアルト・トラウグット(Romuald Traugutt, 1826-64)の逮捕をもって蜂起は終結した。

ロシア政府は、ポーランドに対して妥協的な政策をとっても蜂起を防ぎえなかったことを受けて、その後の鎮圧を一層厳しいものに転じた。ドモフスキが生まれたのは、蜂起の指導者トラウグットがワルシャワ・ツィタデラで処刑された四日後であった。産声を上げたばかりの彼を迎え入れたのは、蜂起後の弾圧を知るがゆえの無力感に満ちた時代であった。

本書の文脈において一月蜂起が重要性を持つのは、それが一八六〇年代以降のポーランド政治および政治思想の展開に与えた影響ゆえである。上述のように、十一月蜂起さらには一月蜂起における敗北は、政治活動からの撤退や無気力の蔓延という一九世紀後半のロシア領ポーランドに特殊の事情を生じさせた。他方で、宮島直機が指摘するように、一月蜂起は「敗北するというネガティヴな形で新しい時代のきっかけをつくった」点にも注意が必要である。つまり、一月蜂起の敗北が、ポーランドにおける社会心理の変化も含め、近代化を進める契機となったのである。(2)

以降、シュラフタが支配した蜂起の時代への批判として、一月蜂起世代を中心に有機的労働(第三章第二節参照)が唱えられるようになった。さらに、そうした政治に消極的な姿勢に対する反発として、ポスト一月蜂起世代は「屈服せざる者たち」(第三章第三節参照)として急進的な政治行動への回帰を試みた。政治活動家としてのドモフスキが一歩を踏み出したのは、両者の対立のさなかであった。

彼もまた、一月蜂起とその後の経緯の影響を受けずにはいられなかった。それは、彼の主張の中に以下の諸点が盛り込まれていることからうかがい知ることができる。

・政治と武装蜂起との切り離し(ロマン主義的な武装蜂起を、政治活動の有効な手段として認めない)
・農民の理解を得られず失敗した蜂起への反省(国民の主体をシュラフタではなく農民や労働者とすること

を主張）

・東方領域を含む、広大な「歴史的ポーランド」つまり共和国再建志向への批判

こうした主張は、彼が一月蜂起を起こしたグループの手法や思想、また目標とするポーランド像に対して非常に批判的であったことを示している。後述のように、こうしたドモフスキの主張は、一月蜂起後に生じたポジティヴィズム（有機的労働を主張）や「屈服せざる者たち」といった試行錯誤を折衷し、ポーランド思想史の潮流において統合した思想であったと位置付けることができよう。

問題設定

次節以降の研究史において述べるように、同時代から現代に至るまで、ドモフスキの思想に対しては毀誉褒貶が激しい状況が続いている。これはいわば、彼の思想が現在でも政治的な議論を「振り回し続けている」のだといえよう。

本書が明らかにしたいのは、第一に、そうした振幅の大きい評価の揺れとは別に、確定できる事実は歴史的・政治的史料をもとに批判的に確定しなおすことにある。これは、評価するにせよ批判するにせよ、彼の思想と行動を理解する上で欠かせない。

次に第二の問題は、ポーランド問題に対してドモフスキが導き出した解がどのようなものであったか、という点である。これは、彼の国民形成論と帝国論が、「ポーランド問題」の国内的要因・国際的要因にそれぞれ対応しているという視点から、明らかにしていく。

そして最後に、「ポーランド問題」へのドモフスキの解に深く関連するのが、第三の問題――つまり彼の導い

た解の限界がどこにあったのか、という点である。

分析枠組

本書においては、世紀転換期のポーランドの体現した内外二重の帝国的構成が、そこで展開された運動とポーランド人の意識の両面に重要な影響を及ぼした点を重視している。その認識に基づいて分割以降の旧ポーランド=リトアニア共和国における政治状況を検討するなら、ロシア領、プロイセン領、オーストリア領という三帝国の国境線による区分に従って分析枠組を設定するのみでは不十分である。また、ロシア帝国領のうち会議王国と東方領域とを区分しても、またオーストリア領のガリツィアを西部と東部とに分けて検討しても、やはり不十分であろう。なぜなら、地域的な違いだけではなく民族集団(3)ごとに支配帝国の対応は異なっていたし、また、ある民族集団内部でも階級や地域ごとに政治的・社会的・文化的・経済的背景の異なる人間集団の扱いが分かれていたためである。

それをよく示す一つの例が、ロシア帝国の対ポーランド政策であった。ロシア政府は、旧ポーランド領の社会構成における多様性をむしろ積極的に活用した。つまり、地域や階級、民族集団に応じて、異なる支配原理を用いた。国民国家とは対照的に、帝国は統治技術(公教育、マスメディア、官僚制など)が発達していない段階での国家編成形態であり、各民族集団の内部矛盾・反目を利用しつつ、諸集団と取引することによって政治権力を維持していた。例えばロシア帝国は、旧ポーランド東方領域において、ウクライナ人農民に対してはポーランド人、ユダヤ人の搾取からの解放を約束し、大ロシア人と共にポーランド人やユダヤ人の土地所有者と戦おうと呼びかけた。それと同時に、ポーランド人貴族やユダヤ人に対しては農民運動やポグロムからの保護を約束し、懐柔を試みた(4)。

このような時代の政治状況を分析するためには、支配帝国だけでなく、各支配帝国内の諸民族集団・階級間の関係を念頭に置くことが不可避である。それに加えて、三支配帝国それぞれの政治状況の違いゆえに生じる格差が、国境を越えて引き起こした影響を意識しなくてはならない。

しかし、本書の対象時期を扱う先行研究を見ると、この時期に関するポーランド政治史研究は、支配帝国の国境線に則り、各分割領を個別に検討する場合が多い。各分割領を対象とする研究においては、当然ながらそれぞれの帝国領域内の政治状況が重視されている。そこでは、ロシア領とオーストリア領との間に見られた人的交流や、政治的連携は付随的な論点とみなされがちである。全般的に見て、分割されたポーランド人集団間がどのような関係にあったのかはあまり説明されておらず、越境的研究はなお不足している。

また、各分割領の内部の差異についても、現在までの研究の進展には偏りがあった。とくにロシア領のポーランド政治史に関して言えば、会議王国を集中して扱う傾向が強かった。その背景には、第二次大戦後のポーランドの場合、後にソ連の一部となった旧ポーランド=リトアニア共和国の東方領域を研究することが、政治的に微妙な性格を持ったという事情がある。共産主義政権時代には、ロシア帝国時代の民族運動や諸民族に対する政策、帝国への編入や征服といった一触即発の危険のある諸テーマについては、慎重に避けられるか、イデオロギー的に一面的に描かれた。そのため、一九四五年以降ポーランド領となった会議王国に関する研究に比べ、ソ連領となった旧ポーランド=リトアニア共和国東方領域の研究は大幅に遅れたといわれている。(5)

そして日本や欧米のポーランド近代政治史研究においても、ロシア領が重点的に取り上げられる場合が多かった。その理由としては、第一に、社会主義に対する関心に基づく研究がロシア領を中心に扱ったことが挙げられる。(6) そして第二に、戦間期のポーランド政治から逆算した場合に、パリにおける講和会議や戦間期に活躍した主要な政治家たちの多くがロシア領出身であったためと考えられる。(7)

従って、これまでは分割領を行き来しての政治活動に関する研究は、一部を除き周辺的な位置にあったといえよう。このような関心から二〇世紀初頭のロシア領およびオーストリア領ポーランドに生じた政治的変化を理解しようとするとき、扱うべき問題は広範にわたる。しかし、その全てをここで検討することはできない。そのため本書においては、越境的研究の試みとして、ロシア領ポーランドの政治状況にとどまらず、一八九五年にドモフスキがロシアとドイツの間の国境を越え、オーストリア領ポーランドの都市ルヴフおよびクラクフへ入った事例を取り上げる。そして、彼がロシア領へ戻る契機となった一九〇五年の革命までの間、オーストリア領のポーランド人との対立と協力の関係をどのように築いたのか、そしてドモフスキがドゥーマの議員に選出されたことによって、両者の関係がいかに変化したのか、その過程と結果を分析する。さらに第一次大戦勃発前後のロシア内政における活動や、戦後処理をにらんでの欧米における外交活動までをほぼ時系列に沿って追う。

本書においては、これらの問題設定と分析により、ポーランドの内外二重の帝国的構成が第一次大戦という世界的な変動の中でどのように変化したのか、またそれがドモフスキらの思想や意識、運動の展開にどのような影響を及ぼしたのか、その事実関係を確定する（第一の問題）。そして、彼が導き出した「ポーランド問題」の解はどのようなものであったのかを明らかにし（第二の問題）、最後にそこから、彼の導いた解の限界はどこにあったのか（第三の問題）を検討する。

第二節　第一次大戦とポーランド問題に関する研究史

第一次大戦及びその勃発に関しては、その起源（原因）や、戦争目的といった論点から数多くの研究がなされており、枚挙に暇がない。[8] したがってここでは、第一次大戦勃発そのものの研究史については触れず、「ポーランド問題」との関連において、ポーランド再建と第一次大戦をテーマとする研究を紹介し、本書の背景を説明しておく(「ポーランド問題」の定義については第六章第一節を参照)。

第一次大戦とポーランド再建について、古典的研究となっているのは、タデウシュ・ピシチコフスキ(Tadeusz Piszczkowski)の『ポーランド再建　一九一四―一九二一年』[9] である。これは、イギリス国立文書館のアーカイヴィストであった筆者の綿密な史料分析に基づく大著である。執筆されたのは共産主義時代であり、当時ポーランド国内においてはあまり第一次大戦前後の歴史が研究されていなかった。また、国内の研究者はイデオロギー的な制約を受けており、そうした偏向のない歴史研究をポーランド語読者に示したいという意図のもと出版された。国内の研究者とは異なる歴史解釈を自認し、西側に身を置くことで客観的であろうとする意識が強く表れている。そこではドモフスキとピウスツキを主要な指導者として扱っているが、対立する両者のいずれか一方に肩入れするという、それ以前に(また以降にも)多く見られる形態の政治家研究ではなく、むしろ双方の構想がもつ共通性にも目を向けている。[10]

これと同時期に国内で出版された研究としては、イェジ・ホルツェル(Jerzy Holzer)とヤン・モレンダ(Jan Molenda)の『第一次大戦におけるポーランド』[11] を挙げるにとどめる。これは、第一次大戦を、帝国主義者たちによる世界の新しい分配をかけた戦いとし、この戦争に加え社会的搾取や民族の抑圧に対する反対が、戦後のポーランド独立のための条件を整えたのだと述べている。その意味ではピシチコフスキの言う偏向がかかっているが、それに注意した上でなら、戦前に見られた幾つかの「志向」の整理や、ドイツとオーストリアによる十一月五日宣言が与えたインパクトに関するある程度実証的な記述を参照することはできよう。

他方、英語圏においては、外交関係史としての観点から多数の研究がなされた。ポーランドと参戦した各国との関係に関する個別の検討は、一九六〇年代にピョートル・S・ヴァンディチ(Piotr S. Wandycz)によりなされた一連の外交史研究[12]から本格的に始まった。中でも、イギリス＝ポーランド関係の研究が最も充実した分野の一つであり、ピシチコフスキの『イギリスとポーランド　一九一四―一九三九年』[13]は、やはりイギリス外務省史料を網羅して書かれた古典である。その後一九八〇年代の代表的な研究として、ポール・ラタフスキ(Paul Latawski)の学位論文がある。ここでは、イギリス政府・外務省におけるポーランド問題の重要性の浮上が詳しく描かれている[14]。

第一次大戦期のドモフスキら国民民主党の活動に焦点をあてた研究は、こうした大局的な研究を背景としてなされてきた。本書もまた、その系譜上に位置付けられる。この分野において代表的なものとして、ノーマン・デイヴィス(Norman Davies)の小論(一九七二年)[15]のほか、ウィリアム・マニヤク(William Manjak)の学位論文(一九七五年)[16]、ペーター・A・ヴィトコフスキ(Peter A. Witkowski)の学位論文(一九八一年)[17]、ラタフスキの小論(一九九二年)[18]が挙げられる。デイヴィス論文は、終戦前のイギリス外務省との接触をめぐる在英ポーランド人社会、とくに若いユダヤ系ポーランド人の政治活動家アウグスト・ザレスキ(August Zaleski, 1883-1972)とドモフスキとの対抗関係を描いている[19]。ラタフスキもほぼ同じ時期(一九一五―一九一八年)を扱っているが、こちらはイギリス外交官らとドモフスキの関係が重視されている。

さらに詳しく見ると、第一次大戦期のドモフスキの活動と不可分の関わりを持ったのが、後述のようにパデレフスキであった。パデレフスキはとくに合衆国政府や、「第四のポーランド」と呼ばれた在米ポーランド人社会(いわゆるPolonia)との関係において重要な役割を果たしている[20]。彼と合衆国政府の関係、さらにドモフスキを加えた関係をテーマとしたのがマニヤク論文をはじめとする研究である。マニヤクは、合衆国におけるポーランド救済の組織が、一世紀以上も休眠状態にあったポーランド問題の再浮上と国際的認知において主要なファクターとなったとしている。さらに、『ニューヨーク・タイムズ』紙のニュースが、ポーランド救済と民族自決に関する諸問題を広範に取り扱っていたとし、同紙が果たした役割を強調している点に特徴がある。これに対し、やや表面的な分析にとどまった感があるのがヴィトコフスキの研究である[21]。ヴィトコフスキもまた、パデレフスキと合衆国政府との関係に注目しているが、彼はドモフスキの影響下にあったとして、宮島直機が指摘するパデレフスキ独自の政治観を軽視している。そして、ドモフスキの指示を受けたパデレフスキがエドワード・ハウス(Edward House, 1858-1938)に影響を与え、さらにハウスがウィルソンに影響を与え、従って合衆国の対ポーランド政策を決定させたのはドモフスキであると結論している点も、単純化にすぎるきらいがあり、ドモフスキの影響力を過大に評価している。

なお、最近になってポーランドで出された研究として、主として書簡類からなる未公刊史料をもとにしたニクレフスカの論文がある[22]。英仏の外交官やジャーナリストとの駆け引きをはじめ、ポーランド救済基金における活動などを知る上で興味深い。

第三節　ドモフスキ研究史

現在のポーランド歴史学界においては、ワルシャワを中心に、ドモフスキに関連する研究が行なわれている。歴史家それぞれの立場は、彼の思想や行動に対して批判的なもの[23]、あるいは「ドモフスキの弟子」を自認する信奉者的なもの[24]、と両極に分かれる傾向にあった。ポーランド国内におけるドモフスキ研究は、現代ポーランド政治の状況とも連動しているため、中立的な立場でこのテーマを扱うのが困難でさえある[25]。ポーランドにおいて、彼の思想や行動を研究することは、歴史研究でありながら、政治状況や体制のあり方によって制約を受けざるをえなかった。ときとして、ポーランド国外でなされた歴史研究のほうが、国内のそれよりも高い水準を示している遠因の一つであろう。(26)

しかしながら、二〇〇〇年以降、ポーランド国内においても、史料に依拠することを重視した、歴史研究としてのドモフスキ研究が発表されつつある。そこで本書においては、さらに最新の研究動向などを加え、研究史を再検討する。

拙訳『我々のパトリオティズム』に付した解題(27)に述べたとおり、ドモフスキに関する研究史は、同時代の政治家に対する評価から、二一世紀の歴史研究まで、約八〇年にわたっている。ドモフスキ研究において、最も早いものでは一九二〇年代に同時代的な研究が始まっており、一九三〇年代のヴワディスワフ・ポブク-マリノフスキ(Władysław Pobóg-Malinowski, 1899-1962)による研究(28)がなされた時期には、ドモフスキはポーランドの現実政治における論争の対象あるいは政治的闘争の主体となっていたため、同時代的な批判が加えられる傾向にあった。すなわち、分割時代にはロシア領ポーランドにおける政治活動と不可分だった武装蜂起を、独立に到る手段として有効とは認めなかった。そのため、それを独立の放棄・ロシア政府への追従と解釈され、ポブク-マリノフスキらから批判を浴びたのである。そうした論争に関わる記述の是非は措くとして、ポブク-マリノフスキは、ドモフスキが執筆していた当時の機関紙や年次報告を史料として用いており、とくに後にワルシャワに移され第二次大戦中に焼失した、ラッペルスヴィルの文書館所蔵の史料を利用していた点で、後世においても一定の史料的価値を保っている。

一九三九年にドモフスキが没すると、それを機に幾つかの回想録が執筆された。(29)いずれも、国民民主党初期の活動の様子や、他の活動家たちとの交流が彼の思想形成に与えた影響を知らせる史料といえる。

それら当事者的な交友関係に基づく資料としての回想録は出版されたものの、全般的にみて、第二次大戦後の共産主義政権成立以降は、世紀転換期や戦間期のポーランド史が歴史研究のテーマとして避けられる傾向にあった。そのため、先述のように、主となったのは国外における研究であった。一九六八年から一九七二年にかけてロンドンで出版されたクワコフスキの研究[30]はその代表的なものであった。これは、ドモフスキの著作や公式の外交文書、本人や関係者の書簡、回想を年代順に編集したもので、ドモフスキ研究においては史料集的な位置付けを得ている。また、同じくロンドンで出版されたロンドンの国立文書館アーカイヴィストであるピシチコフスキの論文は、第一次大戦から第二次大戦までのイギリスとポーランドの関係を、イギリス外務省の膨大な史料に基づき分析した大作である[31]。

その間ポーランド国内においては、とりわけ一九八〇年代に民主化の機運が高まると、一時期ドモフスキがポーランド独立時代の象徴として援用される場合が見られた[32]。この時期の議論は、学術的な歴史研究というより、現実政治の視点からなされたものであった。

そうした中、一九八八年に上梓されたロマン・ヴァピンスキ(Roman Wapiński)による伝記[33]は、一九八〇年代にポーランド国内で出された研究の中では、歴史研究として挙げるに値するものであろう。

一九九〇年代に入ると、ポーランド国内において、それまで検閲を避け公表されていなかった研究が出版されるようになった。例えば、一九九二年にタデウシュ・ヴォルシャ(Tadeusz Wolsza)が、初期の国民民主党のイデオロギーを主題として一八八七―一九一四年の農民問題と国民民主党との関係を描いた論文を公表した。そして、ドモフスキ研究をより広く国民民主党研究の一枝と位置付ける手法により、ドモフスキを含む国民民主党メンバーについて詳細な研究を行っている[34]。ヴォルシャは、ドモフスキの思想を孤立したものとしてではなく、彼に先行する(ないし同時代の)政治活動家らとの交流と対抗によって形成されたものとし、総体的に把握することで初めてドモフスキの思想を分析することが可能であるとする。こうしたヴォルシャの姿勢は、ポーランド国内における国民民主党研究において、オーソドックスなものといえよう。(35)

ポーランド国外における研究状況

ポーランド以外でなされた研究として、すでに古典的位置を確立しているのは、デイヴィスによる一九七〇―八〇年代の業績である。デイヴィスは、代表作の一つである『ハート・オブ・ヨーロッパ』(一九八四年)において、国民観や政治活動における「独立」というものの位置付け、さらに政治活動の手法といった相違点を軸に、ドモフスキとピウスツキを比較しつつ、戦間期のポーランドにおける政治状況を簡潔かつ効果的に描いている。(36)

一九八〇年代には、ドモフスキを単独で扱った伝記的研究や、彼の欧米外交活動に焦点を絞った研究が、アメリカの若手研究者により着手された。一九八〇年に、アルヴィン・マルクス・ファウンテン(Alvin Marcus Fountain)がドモフスキの半生の伝記(一九〇六年迄)を執筆し、(37)また一九八一年には、インディアナ大学のピーター・アルフレッド・ヴィトコフスキ(Peter Alfred Witkowski)が、戦間期の独立ポーランドにおけるドモフスキの対米外交活動を中心にした博士論文を発表している。(38)続いて、一九八五年には、やはりインディアナ大学のラタフスキが、彼の対英外交と第一次大戦後のポーランド再生の過程を論じる博士論文を発表した。(39)

一九九〇年代になると、ポーランド国内の資料館が公開されたことに伴い、詳細な一次史料に基づく記述を特徴とする研究が見られるようになった。(40)中でも特筆すべきは、ロバート・ブローバウム(Robert Blobaum)及びブライアン・ポーター(Brian Porter)(41)の研究であろう。

ブローバウムの研究は、一九〇七年革命前後のロシア領ポーランドにおける政治活動形成を、労働運動やカトリック教会や修道会の社会活動といった民衆に近いレベルから、一次史料に依拠して構成していった論文である。

それまで政治活動家集団を中心に描かれてきた政治史とは一線を画し、登場する政治活動家の誰に対しても思い入れのない、さめた視点から、主人公なき歴史を執筆している点に特徴がある。この時期の国民民主党におけるドモフスキの活動が、社会主義者グループだけでなく、労働者自身が組織した活動など、他の社会集団や組織との関係において相対化されて描かれている点で、政治活動家を中心に論じられてきた歴史とは異質な歴史論文といえる。

また、ポーターは、一九世紀ロシア領ポーランドにおける、政治思想の諸潮流を詳細に論じている。ポーランド政治思想を、様々なヨーロッパ政治思想史の中に置き、当時ヨーロッパで流行していた社会ダーウィニズムやポジティヴィズムが与えた影響をふまえてドモフスキ思想を分析しており、そのナショナリズムの起源について深い洞察を示している点に特徴がある。

また日本において、宮島直機が、国民民主党系の農民向け新聞を網羅し、ドモフスキらが農民に向けて展開したナショナリズム運動を詳細に分析しており、世紀転換期ポーランド政治史の古典的研究といえる。

現在のポーランドにおける研究動向

一九九〇年代以降、ポーランド国内においては、従来の見解を修正する研究が出始めたことについては、第一節で述べたとおりである。すなわち、一九八〇年代以前のドモフスキ研究においては、戦間期ポーランドがロシアから独立する際に果たした役割の大きさゆえに、ドモフスキを取り上げることをタブーとし、また無視し、あるいは親ロシア的に解釈する、という偏りが見られた。その後、一九九〇年代には、体制転換以前のポーランド国内における学界の傾向に反していたため出版を見送られていた研究が、遅ればせながら上梓されるという特殊な状況が生じた。

一九九〇年代以降は、こうした揺れを修正する研究が発表されている。先に述べたように、体制転換に伴いポーランド国内の文書館が公開された結果、より歴史的な視点に立つ研究が可能になったこともその要因である。例えば、ヴワディスワフ・ブーハク(Władysław Bułhak)は、一九世紀ロシア領ポーランドにおける農民問題の解釈をめぐり、ロシア政府と国民連盟との間に生じた、[42]利害対立に着目する。そして、ロシア領ポーランドにおける国民形成のイデオロギーの一つとして、ドモフスキの「国民への政治」を位置付け解釈している。後述のように、当時、ロシア領ポーランドの農民は、農奴解放によって農民の支持を得たいロシア政府にとっても、農民を啓蒙することでポーランド国民としての意識を持たせ政治活動の基礎としたい国民連盟にとっても、重要な存在であった。[43]

更に、ここ最近でも、ドモフスキの思想に関する数冊の研究がポーランドの研究者によって出されている。例えば、クシシュトフ・カヴァレツ(Krzysztof Kawalec)によるドモフスキの伝記は、一九九〇年代から現在まで加筆を加えつつ版を重ねている。[44]また、若手研究者としては、マチェイ・ワゴダ(Maciej Łagoda)が二〇〇二年に博士論文を上梓し、ドモフスキの「全ポーランド主義」を主題に、ドモフスキ思想の分析を試みている。また、グジェゴシュ・クシィヴィエツ(Grzegorz Krzywiec)は、ドモフスキを中心に、一九世紀ロシア領ポーランドのインテリゲンチァの政治思想に関する博士論文を提出している。[45]また、第一次大戦後のポーランド独立から九〇周年にあたる二〇〇八年には、ドモフスキに関する議論が例年にも増して活発化していることは既に述べたとおりである。

こうして見ると、これまでのポーランドの研究(特に国内でなされているもの)においては、分割によって顕在化した三帝国の帝国性には当然目が向けられているものの、ポーランド=リトアニア共和国時代に起因する、ポーランド自体が持っている帝国性についてあまり意識的に触れられてはいない。そうした視点はむしろ、後述のように、現在のウクライナなど旧ロシア帝国西部地帯の研究を行う歴史家によって出されている。(46) あるいは、小山哲の試みに見られるように、一国史の枠組みを乗り越えようとする歴史研究の試みに、そうした指摘を見いだすことができる。(47) 本書第Ⅱ部においては、そうした視点をできるだけ取り入れるようにした。そのため、とくにウクライナ人やユダヤ人との関係において、ポーランド自体の帝国性の影響をも意識しつつ、ポーランド人政治活動家の視点から、越境的な政治活動の実態と意味を描き出す試みとして、これらの先行研究の系譜上に位置付けられるだろう。

(1) これらの蜂起の概要については、早坂真理「分割と蜂起の時代」伊東孝之、井内敏夫、中井和夫編『ポーランド・ウクライナ・バルト史(新版世界各国史二〇)』山川出版社、二〇〇二年、一八五―二〇九頁や、Norman Davies, *God's Playground: A History of Poland*, rev. ed. (Oxford, 2005), vol. 2 (以下、Davies, *God's*. と表記), pp. 256-269 等を参照。

(2) 宮島『ポーランド近代政治史研究』二頁。

(3) ここで用語法について予めお断りしておきたい。本書においては、ethnicity と nation について、原則として前者に民族、後者に国民という訳語をあてた。また本文中では、これらのほかに民族集団(ethnic group)という言葉を用いて論じている。

　またポーランド語からの訳出についても、naród を国民、obywatel を市民と訳出することとした。確かに宇山智彦「歴史学、民族、中央ユーラシア――今後の研究のための問題提起」『東欧・中央ユーラシアの近代とネイションⅠ(スラブ研究センター研究報告シリーズ八〇号)』スラブ研究センター、二〇〇一年、一―二頁が指摘するように、一帝国の中に存在する複数の naród の相互関係について論じる場合など、naród に国民(ないし nation)という訳語をあてるのが適さない場合もある。しかし、本書で頻繁に取り上げるドモフスキの思想においては、例えば一九一七年の著作において、ロシア帝国の nation を多数の races が構成するという考えが見られ、また、この際 races の一例として挙げられている Little-Russians (Ukrainians) は「ethnicity を装っている」と述べている。ここでは、nation が国家と結びつけられ、その内訳である races のうち、政治的な自意識を有し nation としての自立を目指すが現段階では国家を持たない集団を ethnicity と位置付けているものと考えられる。Roman Dmowski, *Problems of Central and Eastern Europe* (London, 1917), p. 11.

本書においては、こうした彼の分類を念頭において nation を国民、ethnicity を民族と訳出した。ただし、これはドモフスキの思想を説明する上で必要な置き換えであり、こうした分類を一面的に肯定ないし否定するものではない。そして、これらの訳語は、必ずしも一義的なものではない。文脈によって用語に幅が生じることをお許し願いたい。

（4）松里「一九世紀から二〇世紀初頭にかけての右岸ウクライナにおけるポーランド・ファクター」一〇五頁。

（5）Kappeler, *The Russian Empire*, pp. 10-11.

（6）阪東宏による一連の研究に代表される。阪東宏『ポーランド革命史研究——一月蜂起における指導と農民』青木書店、一九六八年や、同『ポーランド人と日露戦争』青木書店、一九九五年。

（7）例えば、宮島『ポーランド近代政治史研究』は、分析対象を会議王国に設定し、分割期から戦間期のピウスツキ政権時代を連続して描いている。

（8）国際政治学においては、第一次大戦の原因がヨーロッパの勢力均衡の崩壊に求められ、その代表的研究はH・モーゲンソーらによりなされている。これに関連して、K・ウォルツは、独墺伊（三国同盟）と、英仏露（三国協商）の二つの同盟の成立が、ヨーロッパの同盟システムを二つのブロックからなるシステムに変化させ、ゼロサムゲーム的構図を生み出したと指摘している。なお岡義武『国際政治史（岡義武著作集第七巻）』岩波書店、一九九三年、九三—九九頁においては、ビスマルク後のドイツが対ロシア再保障条約の継続を拒否（一八九〇年）したことを契機に、一八九四年に露仏同盟が完成し、フランスが一八七一年以来の孤立から脱し、一九〇四年の英仏協商、更に一九〇七年の英露協商によって三国協商が成立していく過程が描かれている。本書においてこれ以上詳述することはできないが、第一次大戦の原因に関して、ジェームズ・ジョル（池田清訳）『第一次大戦の起源』みすず書房、一九八七年、フリッツ・フィッシャー（村瀬興雄訳）『世界強国への道Ｉ——ドイツの挑戦、一九一四—一九一八年』岩波書店、一九七二年を参照。また国際政治学における研究史についてはＪ・Ｓ・ナイ・ジュニア（田中明彦、村田晃嗣訳）『国際紛争——理論と歴史』有斐閣、二〇〇五年、八七—一〇四頁。高橋進「一九一四年七月危機——「現代権力政治」論序説」坂本義和編『世界秩序（世界政治の構造変動Ｉ）』岩波書店、一九九四年、一一二—一一三頁。

（9）Piszczkowski, *Odbudowanie*. 馬場優『オーストリア=ハンガリーとバルカン戦争——第一次大戦への道』法政大学出版局、二〇〇六年、三一—五頁も参照。

（10）ピシチコフスキ自身の立場としては、上述のように共産主義的な偏向のかかった歴史叙述を排そうと意図しているほか、資料としてドモフスキの『ポーランド政治と国家の再建』を評価していることからも分かるように、第一次大戦以前・以降のドイツの世界政策に批判的であった。基本的にはポーランドの利害に対するドイツの脅威を指摘する論調であり、その点ではドモフスキの「ドイツ脅威論」に一定の妥当性を認めているようである。おそらく、いまだ生々しく残っていたヒトラーによるポーランド侵攻の記憶が、ドモフスキの「ドイツ脅威論」と共鳴したのであろう。Piszczkowski, *Odbudowanie.*, s. 16-18, 22.

(11) Jerzy Holzer i Jan Molenda, *Polska w pierwszej wojnie światowej* (Warszawa, 1967).

(12) Piotr S. Wandycz, *France and Her Eastern Allies 1919-1925: French-Czechoslovak-Polish Relations from the Paris Peace Conference to Locarno* (Minneapolis, 1962) は、戦間期にヨーロッパ外交において重要な位置を占めたとされる、フランス・ポーランド・チェコスロヴァキア関係に注目している。ヴァンディチは、第一次大戦の間に、大陸における古い政治的・社会的・経済的秩序が崩壊し、そこから、従来の関係が多くの異なった形態へ移行したとし、一九一九年のパリ講和会議から一九二五年のロカルノまで(フランス・ポーランド・チェコスロヴァキア関係が「東方のバリア」を作り、それによってドイツやロシア「ボリシェヴィキ」からのヨーロッパの平和を確保しようと試みていた時期)を扱っている。また、一九一七年以降のソ連とポーランドの関係を扱ったものとして、Piotr S. Wandycz, *Soviet-Polish Relations, 1917-1921* (Cambridge, 1969) のほか Norman Davies, *White Eagle, Red Star: the Polish Soviet War, 1919-20* (London, 1983) がある。

(13) Tadeusz Piszczkowski, *Anglia a Polska 1914-1939 w świetle dokumentów brytyjskich* (Londyn, 1975) (以下、Piszczkowski, *Anglia.* と表記). ピシチコフスキの場合、イギリス外務省史料へのアクセスが常に保障されていたという研究環境上の要因からイギリスというアクターを重視したという面は否めない。ただし、デイヴィスも指摘するように、開戦からわずか五年間でイギリス政府の対ポーランド政策は大きく転換しており、それは確かに終戦とポーランド再建の流れに影響を与えた主要因の一つとなっている。

(14) Paul Latawski, "Great Britain and the Rebirth of Poland 1914-1918: Official and Unofficial Influences on British Policy" (PhD diss., Indiana University, 1985), pp. 63-102.

(15) Norman Davies, "The Poles in Great Britain 1914-1919," *Slavonic and East European Review* 50, no. 118 (1972), pp. 63-89. ここで取りあげられているザレスキは、独立後の戦間期ポーランドにおいて一九二六―三二年にかけ外務大臣を務めた。

(16) William Manjiak, "Polish American pressure groups, Woodrow Wilson and the thirteenth point: the significance of

Polish food relief, the Polish vote in the 1916 presidential election, and European events in the eventual self-determination for Poland" (PhD diss., Ball State University, 1975).

(17)　Peter A. Witkowski, "Roman Dmowski and the Thirteenth Point" (PhD diss., Indiana University, 1981).

(18)　Paul Latawski, "Roman Dmowski, the Polish Question, and Western Opinion, 1915-18: The Case of Britain," in Latawski ed., *The Reconstruction of Poland, 1914-23* (London, 1992).

(19)　ルイス・ネーミア(Lewis Namier, 1888-1960)もまた、ドモフスキのイギリスにおける活動に対抗した一人であった。ネーミアは宣戦が布告されるとイギリス陸軍に志願したが、その後陸軍からイギリス外務省へ引き抜かれてポーランド問題顧問となっていた。ネーミアは「ポーランド国民民主党が彼の暗殺を企んでいると思い込んでいたことを別とすれば、外務省での仕事を楽しんでいた」という。I・バーリン（河合秀和訳）「L・B・ネーミエ」バーリン（福田歓一、河合秀和編訳）『時代と回想（バーリン選集二）』岩波書店、一九八三年、一二六―一二七頁。これに対しドモフスキは、一九二五年の回想において「当時ロンドンの外務省のポーランド系プレスの長となっていたのは、ガリツィア出のユダヤ人で、オクスフォードで教育を受けた、ベルンシュタインという名の人物で、イギリスではルイス・ネーミアと名乗っていた。……彼はポーランド政治に関して全くもって正確な情報を持っていたに違いない。従って、私が誰なのか、私の政治がどのようなものかをよく理解していたに違いなかった。もし彼が偽りのレポートを書いたとすれば、それは完全に意図的であった」と述べている。Roman Dmowski, *Polityka polska i odbudowanie państwa* (Warszawa, 1988)（以下、Dmowski, *Polityka polska*. と記す）, t. 1, s. 264-265.

(20)　日本においては、丸山眞男が「パデレフスキーのように、なんら政治的資質と関係のない声望とか、その生涯自体の劇的性格だけで急速にリーダーシップの地位にのしあがることもおこりうる」（「リーダーシップ」『政治学事典』政治学事典編集部、平凡社、一九五四年）と評したように、音楽家としての著名度の高さからパデレフスキが首相として担ぎだされた人物という評価がなされていた。また、英語圏においてもヴィトコフスキのように「パデレフスキはアメリカにおけるドモフスキのスポークスマンだった」(Peter A. Witkowski, "Roman Dmowski and the Thirteenth Point," p. ix)とする安易な見方があった。それに対して、彼が独自の政治的指針を持ち、在米ポーランド人社会の強力な支持を背景に外交活動を展開という解釈を打ち出したものに宮島直機「政治家パデレフスキ――転換期の舞台で」羽場久美子編『ロシア革命と東欧』彩流社、一九九〇年、八一―九六頁。

(21) パデレフスキ関連の史料を網羅的に集め、ドモフスキ研究史においてクワコフスキが占める地位に匹敵する、Witold Stankiewicz i Andrzej Piber red., *Archiwum Polityczne Ignacego Paderewskiego* (Wrocław, 1973-1974), t. 1, 2（以下、*APIP* と記す）があるほか、Louis L. Gerson, *Woodrow Wilson and the Rebirth of Poland 1914-1920: A Study in the Influence on American Policy of Minority Groups of Foreign Origin* (New Haven, 1953)や、音楽家としての経歴にも比重を置いたパデレフスキの伝記として、Marian Marek Drozdowski, *Ignacy Jan Paderewski: zarys biografii politycznej*, wyd. 3cie (Warszawa, 1986)〔Marian Marek Drozdowski, *Ignacy Jan Paderewski: A Political Biography in Outline* (Warsaw, 1981), trans. by Stanisław Tarnowski〕がある。

(22) Jolanta Niklewska, "Anglicy przychylni i nieprzychylni Romanowi Dmowskiemu w świetle korespondencji z lat 1915-1917," *Niepodległość i Pamięć*, nr 21 (2005), s. 57-76.

(23) 例えば、ドモフスキの政敵であったピウスツキの支持者として知られる歴史家ポブク-マリノフスキによる研究。詳細は第三節にて後述。

(24) Tomasz Wituch, List do autora z 15 lipca 2005. トマシュ・ヴィトゥフ（Tomasz Wituch）は、ワルシャワ大学歴史学科教授。ドモフスキ全集の編集等を手がけた。最近では、ドモフスキが晩年身を寄せたニクレヴィチ一家に宛てた書簡類に、マリア・ニクレヴィチョーヴァ（Marja Niklewiczowa）が一九四五年に執筆した回想録を付した書簡集を監修している。Marja Niklewiczowa, *Pan Roman: wspomnienia o Romanie Dmowskim* (Warszawa, 2001), oprac. Tomasz Wituch.

(25) ロンドンのドモフスキ・センターに保管されていた、ドモフスキの個人的書簡や蔵書等は、現在、ポーランド家族連盟 Liga Polskich Rodzin という右派政党の管理下で保存されており、同党関係者以外には開示されにくい状態になっている。なお、二〇〇五年九月に実施された議会選挙において、このポーランド家族連盟から、イェンジェイ・ドモフスキ（Jędrzej Dmowski）が立候補し落選した。イェンジェイ・ドモフスキは、ロマン・ドモフスキの遠縁にあたり、ドモフスキの知名度や思想を選挙戦においてアピールしようとしたと言われている。

(26) 本章第二節参照。

(27) ドモフスキの研究史については、すでに拙稿「ロマン・ドモフスキ著「我々のパトリオティズム」一八九三年」『北大法学論集』第五六巻第一号、二〇〇五年、四九―五七頁の訳者解題において言及したが、本書においては、二〇〇五年以降の新たな研究を加えた。

（28）Władysław Pobóg-Malinowski, *Narodowa Demokracja 1887-1918: fakty i dokumenty* (Warszawa, 1933).

（29）例えば、ドモフスキと友人関係にあり、一八九五年から一八九九年まで『グウォス *Głos*』紙の編集者であったジグムント・ヴァシレフスキ(Zygmunt Wasilewski, 1865-1948)は、未公刊の回想録を残している。この回想録は、一八六五年から一九三九年までの、全三部で構成されている。一九四〇年に出版を予定していたとみられるが、結局未刊行のまま、タイプ原稿の状態で残された。このうち第二部(一八九〇—一九一四年)には、とくに、国民民主党形成期の状況について詳しく記されており、史料的価値が高いとされている。ポーランド科学アカデミー・ワルシャワ文書館 Archiwum Polskiej Akademii Nauk w Warszawie 所蔵。なお、同文書館には、史料集 Papiery Kozickiego w Archiwum Polskiej Akademii Nauk w Warszawie も所蔵されている。筆者スタニスワフ・コジツキ(Stanisław Kozicki, 1876-1958)は、国民民主党の主要メンバーとして知られ、ドモフスキの秘書を務めた人物であった。この史料集には、国民民主党の内情や、そこにおいてドモフスキが果たした役割などを知る上で重要な文書が多く含まれている。コジツキは、更に、次の回想録も残している。Stanisław Kozicki, *Pół Życia Politycznego. Pamiętnik*, t. 3, Biblioteka PAN w Krakowie, Rkps, Sygn. 7849.

（30）Kułakowski, *Roman Dmowski w świetle listów i wspomnień*, t. 1-2.

（31）Piszczkowski, *Anglia*.

（32）ドモフスキの著書が一九八六年にポーランド・カトリック教会の司教の署名入りで再版されたことについて、カトリック教会とナショナリズムの関係を指摘したものに、David Ost, "Introduction," in Adam Michnik, *The Church and the Left* (Chicago, 1993), trans. by Ost, pp. 19-20. アダム・ミフニク(Adam Michnik)はワルシャワ生まれの政治評論家。ポーランド民主化運動の際、デイヴィット・オスト(David Ost)ら反体制知識人グループＫＯＲの指導者として活躍した。

（33）Roman Wapiński, *Roman Dmowski* (Lublin, 1988).

（34）Tadeusz Wolsza, *Narodowa Demokracja wobec chłopów w latach 1887-1914: programy, polityka, działalność* (Warszawa, 1992)は、検閲を避けるため、脱稿後も七年間出版されなかった。

（35）国民民主党に関する、政治活動家集団全体を視野に入れた研究としては、Jan Molenda, *Piłsudczycy a Narodowi Demokraci 1908-1918* (Warszawa, 1980)や、Marian Mroczko, *Ziemie dzielnicy pruskiej w polskich koncepcjach i działalności politycznej 1864-1939* (Gdańsk, 1994)がある。国民民主党に関する研究は、ドモフスキに主眼を置く研究とは、やや質が異なっている。第一次大戦後、ドモフスキは現実政治において戦前よりも有効な政治活動はできなかったものの、国民民主党は、戦間期ポーランドの主要政党として成長していく。従って、戦間期以降のドモフスキと国民民主党の活動は、切り離して検討するのが適当であろう。ただし、ドモフスキの政治活動初期にあたる国民連盟（後の国民民主党）の政治思想形成期に、ポプワフスキら主要活動家から受けた影響が大きかったことは確かである。ヴォルシャらの手法は、ドモフスキ初期に焦点をあてた研究を行う際、とくに有効なものといえる。

（36）Davies, *Heart.*, pp. 113-129.

（37）Fountain, *Roman Dmowski.*

（38）Witkowski, "Roman Dmowski and the Thirteenth Point."

（39）Latawski, "Great Britain and the Rebirth of Poland 1914-1918." そのほか、ロンドンにおけるドモフスキの活動をまとめた論文に Latawski, "Roman Dmowski, the Polish Question, and Western Opinion, 1915-1918," pp. 1-11 がある。

（40）Robert E. Blobaum, *Rewolucja: Russian Poland, 1904-1907* (Ithaca, 1995).

（41）Brian Porter, *When Nationalism Began to Hate: Imagining Modern Politics in Nineteenth-Century Poland* (Oxford, 2000)（以下、Porter, *When.* と表記する）.

（42）国民連盟の成り立ちについては、第四章第一節の説明を参照。

（43）Władysław Bułhak, *Dmowski—Rosja a kwestia polska: u źródeł orientacji rosyjskiej obozu narodowego 1886-1908* (Warszawa, 2000)（以下、Bułhak, *Dmowski—Rosja.* と表記）. 拙訳「ロマン・ドモフスキ著「我々のパトリオティズム」一八九三年」の四九―五七頁において、ブーハクの主張についてすでに触れたが、本書において更に詳しく説明したい。なお、この論文においては、ユダヤ人問題が扱われていない。ユダヤ人問題については、Władysław Bułhak, "The Road to Głęboczyca: Polish Historical Culture at the Crossroads," in Klas-Göran Karlsson and Ulf Zander eds., *Holocaust Heritage: Inquiries into European Historical Cultures* (Malmö, 2004), pp. 143-156 において特に論じられている。

（44）Krzysztof Kawalec, *Roman Dmowski: 1864-1939* (Wrocław, 2002).

（45）Maciej Łagoda, *Dmowski, naród i państwo. Doktryna polityczna „Przeglądu Wszechpolskiego" (1895-1905)* (Poznań, 2002); Grzegorz Krzywiec, *Szowinizm po polsku: Przypadek Romana Dmowskiego (1886-1905)* (Warszawa, 2009). クシィヴィエツ氏の御厚意により同書（博士論文）の草稿を閲読できた。同氏に感謝する。

（46）例えば松里「一九世紀から二〇世紀初頭にかけての右岸ウクライナにおけるポーランド・ファクター」。

（47）　例えば小山哲は、一六世紀以降、ウクライナなど東方領域に対してポーランドのシュラフタが抱いていたイメージを、西欧諸国の航海者が新大陸やインドに抱いていたイメージになぞらえて分析している。小山哲「われらもまたインドに至らん――近世ポーランドにおける「新世界」認識とウクライナ植民論」『人文学報』八五号、二〇〇一年、一―二五頁。

第二章　全ポーランド主義の形成

『我々のパトリオティズム』は、ドモフスキ最初の政治論文であり、その書き出しは、「一八九三年四月、ワルシャワ」[1]で始められている。三部構成の小論文で、ポーランド国民の統合と、ポーランド国家の再生とを求める内容になっている。

この小論は、同年一月三日、ドモフスキがワルシャワ監獄での約五カ月に及んだ収監から釈放された直後に書かれたものと推定される。このときドモフスキは二九歳、ワルシャワ大学で生物学を専攻し、博士号を取得していた。それと並行し、一八八八年からポーランド青年同盟Zetの指導者として活動し、政治活動に関与していた。そして、一八九一年に五月三日憲法の一〇〇周年を記念するデモに参加し、当局に追われてパリに逃れ、翌年帰還を試みてロシア領ポーランドとガリツィアの国境で逮捕された。この収監の際に、ロシア皇帝の名において大学からの追放を宣告されたドモフスキは、生物学を断念し政治活動に専念することとなった[2]。

『我々のパトリオティズム』は、他のドモフスキの著作同様に、生存中はもちろん、ドモフスキ死後にも版が重ねられている[3]。これまで、とくに第二次大戦後の共産主義政権下では、戦間期の独立ポーランドに関する研究が避けられていた。そのため、戦間期に活躍したピウスツキやドモフスキといった政治家についても、研究が避けられる傾向にあった。その反面、没後五〇年を過ぎてもなお、ドモフスキの著作は国内外で出版され続けていた。一九九〇年代以降も国内での著作再版がみられ、ドモフスキの思想が、愛国主義として解釈され、読まれる時代の象徴として一部の人々に受け入れられ(また批判され)、読み手たちの求める文脈から繰り返し引用されてきたものと考えられる。

第一節　政治的前提

会議王国とその周辺情勢

『我々のパトリオティズム』が執筆された一九世紀末、ドモフスキが活動を開始したポーランド会議王国周辺の状況とはどのようなものだったのであろうか。この当時、一七七二年、一七九三年、一七九五年の三次に及ぶ分割を経て、ポーランドはヨーロッパの地図から姿を消し、ロシア、オーストリア、ドイツ(プロイセン)の領土の一部となっていた。

〈ロシア領ポーランド〉

このうち、ドモフスキが政治活動の対象としたロシア領ポーランドは、一八一五年のウィーン会議においてロシア皇帝を国王として設置されたポーランド王国(会議王国)と、それより東部の領域[4]とに大まかに二分することができる。前者は、ワルシャワを中心とし、ロシア領ポーランドの核となる地域であった。他方、後者ロシア領ポーランドの東部地域は、後述の東ガリツィアと近い状況にあった。そこは、農村地帯であり、産業はなく、土地や財産を持つポーランド人貴族が農地の大部分を所有していた。ポーランド人の人口が最多数だったわけではないが、文化的・経済的に、ポーランド人は優越した立場にあった。(5)

他方で会議王国においても、一八一五年時点では憲法においてポーランド人独自の軍隊や、議会の設置が認められていた。(6)しかし、アレクサンドル一世が一八一五年憲法を遵守しないことに反発したシュラフタが十一月蜂起を起こすと、ロシア政府は方針を転換し、ポーランドに対する支配は一層抑圧的なものとなった。蜂起鎮圧後の一八三二年法においては、会議王国はロシア帝国に併合され(第一条)、帝国の一地方となった。またセイムは廃止され(それに伴い選挙権も失われた)、ポーランド軍はロシア軍に組み込まれた。従って、一八三二年以降会議王国の住民は選挙権を与えられておらず、一九〇五年革命期前後には、既に行われていたロシア語による学校教育やカトリック教会への規制に加え、ポーランド語での秘密教育を行うことに対する罰則の適用(一九〇〇年)など、抑圧が強まっていた。

一九世紀末から二〇世紀初頭にかけては、こうした抑圧への政治的抵抗運動が、労働運動や農民運動と重なりつつ拡大したのが特徴的であった。(7)

〈オーストリア領ガリツィア〉

ガリツィアは、現在のポーランド南東部・東部からウクライナ西部にかけての地域にあたる。本書においてガリツィアという場合、それは原則として一八四六年以降に確定したオーストリア領ガリツィアをさす。オーストリア領ポーランド(いわゆるガリツィア・ロドメリア王国)は、第一次ポーランド分割によりオーストリアに割譲された領土に合わせて創設され、一七九五年に第三次分割により獲得された西部の「新ガリツィア」を加えて拡大した領域をさす。その後、一八〇九年に対ワルシャワ公国作戦が失敗し、一時この領域を放棄したが、一八一五年、ウィーン会議において、「新ガリツィア」の大部分が(クラクフを除いて)回復された上、タルノーポルなどの東部領域を賠償として加えた。一八四六年には、クラクフ共和国を継承し、一九一八年までのオーストリア領ガリツィアの領域がここで確定した。大まかに、サン川西岸の地域が西ガリツィア、東岸が東ガリツィアとされる。(8)

東ガリツィアでは、都市住民でみればポーランド人が多数派を占め、役人や地主として、政治的・経済的に優位にあった。その一方、東ガリツィアの人口全体で見ると、約六割(一九一〇年時点)を占めたのが貧しい農民であるウクライナ人であったとされている。(9)

他方で、クラクフを政治的・文化的中心とする西ガリツィアにおいては、世紀転換期までにはポーランド人も比較的自由な政治活動の権利を享受するようになり、ガリツィアにおける地方政治からオーストリアの中央政界へと進出していくポーランド人も現れた(オーストリア領ガリツィアの政治状況については第II部第五章に詳述)。

〈プロイセン領ポーランド〉

これに対し、プロイセン領ポーランドにおいては、ドイツ人とポーランド人の関係はより対立をはらんだものであったといえる。特に農地取得における競合の結果、所有地や、さらには民族的な「境界」がより意識的に争われた。

プロイセンは、三次にわたる「ポーランド分割」において、王領プロイセン、ヴィエルコポルスカ、新オストプロイセンを併合した。その後、ナポレオンによってワルシャワ公国が創設されると、一時ヴェストプロイセンの南部、ズュートプロイセン、新オストプロイセンの主要部分がワルシャワ公国に組み入れられた。しかし、ナポレオン戦争後のウィーン条約において、プロイセンはヴェストプロイセンの南部を回復し、ワルシャワ公国西部のポズナン、ビドゴシチを併合して、これをポーゼン大公国とし支配下に置いた。ポーゼンはプロイセンに帰属すると共に、ドイツ国家統一過程において、一八六七年に北ドイツ連邦へ、一八七一年にドイツ帝国へ編入された。(10) プロイセン領ポーランドにおいては、植民政策により、ポーランド人シュラフタの土地は買い上げられ、かわってドイツ人プロテスタントの農民の入植が進められた。(11) また、オットー・フォン・ビスマルク(Otto von Bismarck, 1815-98)のプロイセン首相時代(一八六二―九〇年)には文化闘争や土地所有制限などより明確な反ポーランド政策がとられた。

しかしながら、反ポーランド政策がとられたプロイセン領に比較しても、一月蜂起鎮圧以降のロシア領の状況は厳しかったといえよう。プロイセン領ポーランドのポーランド人には、一定の政治活動を行う自由が認められていた。後述のように、政治活動はおろか学術的活動のための結社の自由も厳しく制限されていたロシア領ポーランドとの差は大きかったのである。

ポーランド会議王国は、西をプロイセン領ポーランドに、南を東西ガリツィアに接し、東の旧ポーランド東部領域をロシア領とされ、そこへロシア本土を追われたユダヤ人が送り込まれ、北の海への出口をプロイセンにふさがれて、三帝国による支配に取り囲まれ、多方面から多民族の入植が進みつつある状況であった。そして、会議王国自体、分割領の中で唯一「ポーランド」という名称を残してはいるものの、ロシア政府が派遣した総督による支配を受けていた。

さらに、次節にみるように、ドモフスキの文面に繰り返し滲み出る閉塞感は、地理的に三帝国に囲まれているために、西方からのドイツ人の入植や、東方からのユダヤ人の移住に直面してのものであろう。とくに東方領域に関して言えば、旧ポーランド=リトアニア共和国の「帝国的」拡張によって包含されていた、もともとポーランド人がほとんど都市にしかいない地域であった。そのため、ポーランドとしての境界線の融解は、より一層進みやすかったのであろう。

第二節　『我々のパトリオティズム』

ここまで、『我々のパトリオティズム』が執筆された一九世紀末ポーランドにおける地理的・行政的状況を概観し、ポーランド政治思想の主たる潮流を整理した。以下では、それらをふまえ、『我々のパトリオティズム』本文に即して解読したい。そして、ドモフスキが見たロシア領ポーランドの現状と、それに基づいて構想されたプログラム(政治綱領)としての『我々のパトリオティズム』を分析する。

地理的分断の克服

一八九〇―一九〇〇年代にドモフスキが示した重要な思想上の特徴のうち、『我々のパトリオティズム』に萌芽的に読み取ることができるものとして、「全ポーランド主義」があった。「全ポーランド主義」は、三支配帝国によって引かれた国境線と、階級の格差とを超越し、ポーランド国民の統合を目指すという考えである。

しかしながら、構成を見る限り、『我々のパトリオティズム』はロシア領ポーランドにおける統治・抑圧への批判で第一部の大半を占められている。続く第二部では、そうしたロシア政府の支配に対し、ポーランド人がどのような政治的活動を行っているのかを、様々な政治グループの潮流を整理することによって示している。最後に第三部で、「我々のプログラム」が概説される。この部分もやはり、ロシア政府に対抗し、攻撃的かつ革命的な手法によって、国民の土台を獲得しようというプログラムである。

このような構成からすると、「我々の」愛国主義を訴え、ロシア領ポーランドだけでなく、プロイセン領ポーランドやガリツィアに住むポーランド人の統合を訴えているにもかかわらず、一見ドモフスキの議論はロシア領ポーランドだけを射程に収めた議論展開であるかのようである。これは、ドモフスキが冒頭で提示した主題とは矛盾するかに見える。しかし、それをドモフスキは次のように否定する。

あらゆる政治組織・グループ・政党が、その活動分野にかかわらず、〔三分割領全てを統合するという〕原則に従う義務を負う。従って、本書において、仮にロシア分割領の問題だけを考え、ロシア政府との関係だけに注意を向けることがあったとしても、それは原則を忘れたからではない。〔ロシア分割領に注意を向けるのは、〕

〔一〕ロシア分割領を主要な活動場所としている人々を代弁するためであり、

〔二〕ロシア支配下に、ポーランドの最大かつ最重要の分割領〔ポーランド会議王国〕が置かれ、ポーランドの生命の火であり国の魂の首府であるワルシャワが含まれ、それゆえに、〔ロシア分割領こそが〕祖国全体の運命を決定する分割領となっているためである。(12)

既述のように、三支配帝国によって引かれた国境線を超越したポーランドの統合がドモフスキの理想であった。しかしここでは、ポーランドの中心であるワルシャワの位置するロシア領ポーランドを、まず危機的状況から救おうと訴えている。国民の魂の中心であるはずの最重要の地が、最も危機に瀕し弱い立場におとされているという、あるべき姿と現実との落差ゆえの主張であった。

さて、三分割領全ての統合と、ロシア領ポーランドを中心に置く前提とが、一見矛盾する点については、研究者の間でも複数の見解がある。ワゴダは、ドモフスキら後の『全ポーランド評論』紙の政治活動家・編集者がロシア領ポーランドに思考を集中した理由を、会議王国の状況を他の分割領の新聞通信員に伝えようとする意図であった、と分析している(13)。これに対し、ブーハクは、「より重要な根本的理由が存在しているのは確かである」とし、このテーマに関するドモフスキの見解を引用して、ワゴダに反論している(14)。

ブーハクは、ドモフスキやポプワフスキがロシア領ポーランドを最重視した理由は、この地域がポーランドの中心地を含んでいること、更に、政治活動の基盤となる可能性が最も高かったことにあると分析している。ブーハクは、「〔ロシア領ポーランドは〕ポーランドの領土の中で、……最大のポーランドの中心地ワルシャワ（つまり会議王国）を領有しており……それによってポーランド全体の運命が決まる(15)」とドモフスキが述べていることに着目している。続けて、初期に協働者として重要な役割を果たしたポプワフスキの「ここ〔ロシア領ポーランド〕には最もなすべき課題があり、ここが最も危険な場所である。しかし、ここに最も堅固な力がある」という主張や、同じくドモフスキと活動を共にしていたコジツキの「会議王国の陣営は……ポーランドで最も重要な政治的陣営である」という主張を引用し、論拠に加えている(16)。

筆者の見解では、ドモフスキがここで込めた主張は、第一に、ワゴダが主張するように、ロシア領ポーランドがガリツィアやプロイセン領ポーランドに対して発した一種の救難信号と解釈できる。更に、ロシア領ポーランドにこそ、将来のポーランド国民が存在しているというアピールでもあった。例えば議会代表について、各分割領の代表であってはならない、と主張されている。この当時、ロシア皇帝によって事実上の専制がなされている会議王国には、議会が存在していなかった。自分たちの利害を代表する者の無い状況で、政治活動が比較的自由な他の分割領のポーランド人に対して、ポーランド人としての連帯をドモフスキは訴えている。

そして第二に、将来のポーランド国家を地図に描く際、分割以前に首都であったワルシャワを含むロシア領ポーランドがその中心に置かれたのであろう。更に、ナポレオン戦争以降の地図を見れば明らかなように、ロシア領ポーランドは三分割領中で最も広い面積を持つ分割領であった。また、民族=言語的意味でのポーランド人が多数居住する地域でもあった(17)。

これに関連して、第三の理由は、ブーハクの指摘のとおり、ロシア領ポーランドが政治活動を展開する上で重要な拠点となりうる地域であったという点にある。つまり、政治活動を行う上で基盤となる組織の中心を、ロシア領ポーランドに置くべきであるという考えが重視されたのであろう。

実際ドモフスキが政治活動を開始したのはロシア領ポーランドにおいてであった。一八八八年にポーランド青年同盟に加入し、一八八九年には指導的な役割を果たすようになった。そして、ドモフスキの提唱により、一八八九年ポーランド青年同盟のワルシャワ支部は、チューリヒにあるポーランド連盟Liga Polskaの本体から独立する(18)。

そして一八九三年、ポプワフスキとドモフスキは、ポーランド連盟を改変させて、国民連盟を結成するという「クーデター」(19)を起こす。これが、一九〇五年までドモフスキの活動拠点となる国民連盟の創設であった。この「クーデター」における変化は、一月蜂起世代からドモフスキ世代への交代であると同時に、亡命先の遠隔地からポーランド政治を構想する一月蜂起世代の姿勢を否定し、ロシア領ポーランドにおいてポーランド政治を実際に行うという、机上の空論や過去の栄光への感傷を脱した政治活動への移行でもあった。

一九世紀「ポーランド人」の多様性

領土の分断という地域的断絶の問題のほかに、ドモフスキが超えようとしていたもう一つの障壁は、階級間に生じる格差にあった。諸階級は三分割領それぞれに存在するが、ポーランド国民全体のための政治を行うには、どれか一つの階級利害を優先して考えることはできない。こうした考えからは、ドモフスキが社会主義思想に少なからず影響を受け、あるいは社会主義思想を強く意識していたことがうかがえる。ドモフスキと社会主義の関係については、『我々のパトリオティズム』第二部においてポーランド人の政治活動の諸潮流を概観する際、詳しく論じられることになる。

まず第一部の冒頭では、「国民への政治」のあるべき姿が述べられている。

国民への政治は、その大原則として、ポズナンやガリツィアやワルシャワといった、個々の分割地域のものであってはならず、ポーランド全体のものでなくてはならない。それぞれの地域の政治的状況に応じて、我々は各分割政府との様々な関係を認識しなければならないし、地域の事情に適した様々な活動手段を調整しなくてはならないが、しかし原則それ自体が、地域の事情によって変わることはない。つまり、ポーランド人それぞれの政治的行為は、どこで遂行され誰に対して差し向けられたものであるかにかかわらず、国民全体の利害を視野に入れていなくてはならない。(20)

ロシア、プロイセン、オーストリアによって三分割されて以降、三帝国はそれぞれ、異なる制度で支配を行っていた。ポーランド人の定義そのものさえ、行政によって異なっていた。デイヴィスによれば、「〔「ポーランド人」という言葉について〕分割諸帝国のおのおのの官僚機構は、おのおのの定義に従っていた。ロシア領においては、公式に、ブーク川左岸に居住する者が、会議王国の国民たる「ポーランド人」とされた。ブーク川右岸に居住する者は、たとえ左岸に居住する「ポーランド人」の兄弟であったとしても、「ロシア人」と定義された。

会議王国が廃止された一八七四年以降、ブーク川の両岸の人々が、本人の意思に関係なく「ロシア人」に区分された。ポーランド人とされた人々自体、多種多様であった[21]」という。「ポーランド人」と一口に言っても、経済状況や公用言語、政治的自由の度合い、自己認識など、多くの点で、置かれている状況に違いがあった。

また一九世紀後半に特殊の事情として、一月蜂起とその失敗があった。一月蜂起の敗北と、その後の鎮圧を経て、ポーランド人の間には無力感が広まっていた。その結果、分離独立を求める蜂起は流血を招くだけで勝つ見込みがない、という、伝統的ロマン主義や蜂起主義に対する批判的な見方が主となっていた。加えて、社会状況が安定してくると、政治的自由や文化活動が他の分割領よりも認められていたガリツィアをはじめ、プロイセン領ポーランドやロシア領ポーランドでも、その状況を受け入れ、その中で生活を築いていこうという現状肯定の考えが出始めていた。その一つが、いわゆる「三面忠誠主義」であった。これは、ガリツィアのポーランド人はオーストリア帝国に、プロイセン領ではプロイセン王国(後にドイツ帝国)に、ロシア領ではロシア帝国に、それぞれ忠誠を誓い、三分割状態のままで民族的地位を高めようという考えであった。

先に引用した冒頭部分は、ポーランドが分割されている現状を容認する考えへの批判であり、ドモフスキはポーランド人の統合を何より訴えている。この部分がドモフスキのポーランド観の基礎といえる。ただし、ここで用いられている「ポーランド全体 ogólno-polska」という考えは、後に「全ポーランド wszechpolski[22]」へと発展する。『我々のパトリオティズム』が書かれた一八九三年には、いまだその途上の思想であった。

政治的自由を求めて

ロシア政府の脱ポーランド化政策は、第一部で詳述されているように、ポーランド人の生活全般にわたっていた。ドモフスキの観察によると、まず言語政策では、ポーランド語が公用語として禁止され、ロシア語が使用されていたのはもちろん、ポーランド語教育も抑圧されていた。そして、カトリックとの戦いにおいて、ロシア政府は正教会への強制的改宗を正当化した。また政治的自由の抑圧も行われ、商業あるいは学術目的であっても結社が認められず、政治的自由の伸張が封じられると同時に、経済活動の自由も巻き添えとなり、発展できずにいた。

そうしたロシア領ポーランドの状況をふまえると、以下の引用部分は、単に国会議員が持つ地区代表的性格の批判を意味するわけではないことがわかる。

この原則に従えば、いずれかの〔分割領において〕選挙区から議会に選出された代議員は、何よりも国民全体の利害を代表する義務を負うのであって、自分の選挙区の利害代表ではない。ドイツやオーストリアの立法構成員の中に混じって、ポーランド人の代表議員は、全ポーランドの代表として送られているようには見えないかもしれない。また、彼らが、常に全ポーランド国民の利害に関心を持っているというようにも見えないかもしれない。しかし、だからといって〔国民への政治は、個々の分割地域のものであってはならず、ポーランド全体のものでなくてはならない、という〕我々の原則が誤っていることが証されたことにはならない。パトリオティストの名に値するかどうかで言うなら、むしろ彼らが、ポーランドでなく、ガリツィアあるいはポズナンのみの利害を考えるパトリオティスト〔愛郷主義者〕になってしまっているのである。(23)

この当時、ロシア帝国にはまだ議会が存在していなかった。そのため、前節でも触れたとおり、ドモフスキは他の分割領のポーランド人国会議員に対し、ロシア領ポーランドにもポーランド人が、同じ国民として存在することをアピールし、ロシア領のポーランドのことも忘れないように、と訴えていることになる。

そして、ロシア支配下の窮状のほかに、ドモフスキが関心を向けていたのが、ロシア領ポーランド(特に会議王国)におけるポーランド人の政治活動であった。第二部では、ロシア領ポーランドの政治潮流が整理されている。ドモフスキが注目したのは、主として、「服従派」と呼ばれた人々と、ピウスツキらポーランド社会党を主とする「社会主義諸派」という二つの潮流であった。後に、国民民主党に対抗する勢力として、服従派は地主や企業家を代表し、またピウスツキのポーランド社会党を主とする社会主義諸派が、ドモフスキらと競合することになる。そうした基本構図が、このとき既に認識されていたといえる。

服従派について、ドモフスキは、ペテルブルクを本拠地とする『クライ *Kraj*』紙を挙げ、批判していく。特に、ポーランドの分離独立を放棄している点を非難した。また、服従派を構成する社会層から考えると、階級に対する反発も働いていたのであろう。(24) 他方、社会主義者にもドモフスキは注目し一定の評価を与えている。(25)

第三節　革命的プログラムの提言

『我々のパトリオティズム』第三部では、「我々のプログラム」の内容が概説される。これは、専制的なロシア政府に対抗し、攻撃的かつ革命的な手法によって、ポーランド国民が成長するための土台を獲得しようというプログラムであった。以下、テキストに即し、その内容を解釈していく。

危機的現状の打開へ

「我々のプログラム」の目的として、まず掲げられているのは、今ある状況に即座に用いることのできる、実効的で現実的なプログラムの提示である。これは、第二部で批判された社会主義プログラムの理想主義性とは対極にある性質を明示するものであった。第一部と第二部で述べられたように、ロシア政府による様々な阻害のために、ポーランドの人々は、国民へと成長することを妨げられていた。そうした状況で、最も深刻な問題は貧困にあるとドモフスキは考えていた。

貧困問題は、ポーランド国民全体、全ての層に関わっているというのが、彼の認識であった。ここでは、農村プロレタリアートや労働者および手工業者、知識人が、国民の構成要素として分析されている。これら全ての層の人々が、貧困のために、身体的かつ知的に殺されている、とドモフスキは論じた。とくに、食料や書籍の入手困難といった物質面での欠乏が、ポーランド国民の正常な知的成長を妨げている、という連関が強調されている。ここで知的成長のために必要な栄養とされたのは、識字や読書のための時間的余裕、そして出版物へのアクセスであった。出版物に触れ、意識を発達させるためには、まず文字を知らなければならず、また読書にあてる時間がある程に生活に余裕がなければならず、そして何より読むべき出版物が手の届く範囲になくてはならない。

文化の発展に最も不可欠の条件は、物質面の繁栄が第一である。食べる分のじゃがいもにも事欠くような農民は、概して文字を知らぬままにならざるをえない。労働者ならびに手工業者は、餓死しないために家族全員が眠る間もなく働き、自分の人生にとって必要な知識を手に入れることができず、思慮深くなることができず、市民として社会の問題に参与することができない。教育を受けた人であっても、その賃金は最低限の質素な生活にも不足するほど低く、本を買うことができないし、定期刊行物を予約購読することもできない。こうして、文学が衰退し、社会における知的な活動が退化している。一言でいうなら、現在の貧窮は、上述のように〔ポーランド〕国民を、肉体的にも、同時に知性的にも殺している。(26)

こうしたドモフスキの危機感は、彼が触れる現実に即したものであろう。識字率についていえば、ドモフスキが生まれ育ったのは、全人口のうち九〇・七％が完全な非識字者であり、かろうじて読み書きできる者が七・三％、読み書き以上の教育がある者は二％という世界であった(27)。仮に字が読めたとしても、検閲を経た刊行物は、本当に重要な出来事を伝えることができない、とドモフスキは指摘する。

我々の定期刊行物は、政府が妨害に努めているために、合法的な情報で満足してしまえば最も重要な社会活動の事柄に関してさえ、視界を閉ざされたままにならざるをえない状態になっている。文学は、検閲の残忍な扱いのため、貧血に苦しみ、健康を害してしまった。学校は、道徳的にも知的にも、肉体的にも殺人を行っている。――これが、ポーランド国民全体が置かれている、発達環境である(28)。

出版物へのアクセスの欠如は、自らの置かれた状況を把握するための情報の欠如を、同時に意味していた。物質的ひいては知的な飢餓状態が、ロシア政府によりもたらされている、という前提のもと、そうした現状においても合法的範囲内でポーランド国民が成長し、成熟できる可能性はあるだろうか、とドモフスキは問う。学校や役場は、ポーランド人をロシア化するためのロシアの「道具」であり、ポーランド人の国民性(国民としてのアイデンティティ)を吸収してしまう。そうした外面からの強制や矯正があるだけでなく、結社が許可されないことや、検閲による出版の自由の侵害が、自発的な内面からの成長をも圧しとどめていた。従って、ロシア政府の法律に触れずに、ポーランド国民が成長する余地はない、とドモフスキは主張する。とくに、合法的範囲内で国民性を伸ばす可能性を否定した主な根拠として、教育環境の悪さと、言語使用におけるロシア語の侵入とが挙げられている。揺籃期の国民を涵養してくれる環境は存在せず、自力で伸びようとすれば法の目のカゴへ閉じ込められてしまう境遇にポーランド国民は置かれ、殺されかけている、というのがドモフスキの現状認識であった。

「革命的」方法の提言

ポーランド国民が発育するための土台を獲得するには、どうすればよいのであろうか。合法的な方法は、先述の理由によって除外されている。そこでドモフスキが提唱したのは、非合法かつ「革命的」方法であった。

国民が成長するための土台は、非合法のやり方によって、つまり革命的な方法によって、獲得されねばならない。

我々の政治は、**革命的**でなくてはならない。なぜなら、有機的政治ではありえないし、拠りどころとできるような、合法的な土台は全く存在しないからだ。我々の政治は、防衛的ではありえない。我々に残された〔権利の〕残骸では、活動し発達するのに十分でなく、また〔政治的〕プログラムは、防衛的なもののみに制限されており、ゆるやかな死のプログラムにもなりうる。我々の活動は、政治的成果に到らねばならない。耐えるだけではなく、**攻撃的**なものでなくてはならない。(29)

ここで問題となるのが、ドモフスキは「革命的 rewolucyjna」という語をどういう意味で用いたのか、という点である。この点について、彼の旧友として知られ、世紀転換期に政治活動を共にしていたヴワディスワフ・ヤブウォノフスキ(Władysław Jabłonowski, 1865-1956)は、「私たち(私とドモフスキ)世代の、ポーランドの将来及びポーランドが国家として独立を回復する可能性に関する見解は、国民的革命（武装蜂起は意識的な大衆農民だけ）と、社会革命（国民的社会主義または国際社会主義）との間で、躊躇し行き来していた」と回想している。[30] おそらく一八九〇年代には、「革命的」の意味が定まらないまま、武装蜂起に関して用いたり、あるいは社会主義諸派がそれぞれの解釈において用いたりしていたのであろう。

また、ドモフスキの伝記作家であるヴァピンスキは、次のような指摘をしている。「少なくとも一九〇五年革命の発生までは、ツァーリ体制との公然の戦いを主張する政治グループのメンバーだけでなく、分割諸帝国に対抗することで連帯するという原則が支持されていた。……マルクスを読んでいたのは、社会主義者やその共感者だけでなく、おそらくはドモフスキも読んでいたと考えられる」[31]。従って、社会主義的な意味合いでドモフスキが「革命」という語を用いる場合があった可能性も、完全には否定できない。

こうして見ると、『我々のパトリオティズム』が執筆された一八九三年段階では、「革命」の語義は非常に多様であったことがわかる。「革命」には、社会主義者が主張する社会革命や、武装蜂起に近い意味での「国民的革命 rewolucja narodowa」など、複数の解釈が混在していた。

では、この時期のドモフスキは、どのような語義で「革命的」という語を用いていたのであろうか。ドモフスキは、『我々のパトリオティズム』において、「今日という日に「日々の革命」（永続的な革命）を実行する代わりに、明日の革命を待つ人々が、どれだけいることだろう」[32]と述べ、「日々の革命」つまり永続的革命と、「明日の革命」とを区別している。

「明日の革命」とは、見果てぬ夢としての非現実的な蜂起であろう。ここでは、武装蜂起批判の文脈で「明日の革命」という言葉が用いられている。他方、その直前にある「日々の革命」は、すぐにも開始すべき行為として推進されている。「日々の革命」について、ドモフスキは、翌一八九四年にも言及している。

我々は、蜂起に代わって、不断かつ持続的な革命のプログラムを打ち立てよう。この革命は、国民を消耗させるものではなく、むしろ、国民の力を増大させるものである。……社会が目にしているのは、このような革命の始まりである。(33)

この記述を踏まえ、ヴァピンスキは、ドモフスキの主張を理解した上で、彼の言う「革命」を「国民(主義)的活動」に置き換えても良いのではないか、という見解を示している。(34) つまり、武装蜂起を活動手段として否定しつつ、独立を目指す地下活動を念頭に置いて、「革命」という言葉を用いていた、という解釈である。結社あるいは政党等の組織を作り、そこを拠点として政治活動を行うという方法は、ロシア支配下では非合法とされ、公然と行えるものではなかった。ドモフスキのいう革命的な政治の方法は、公然の組織による政治的活動ではなく、非合法の政治活動であった。つまり、革命的という言葉は、政治活動の非合法性を強調し、既存の制度に収まらない活動方針を表明するために、用いられたのであろう。従って、革命という言葉が直ちに社会主義的な意味合いで用いられていたわけではないことに注意しなくてはならない。むしろ、「日々の革命」という言葉には、いまや消滅の危機に瀕しているポーランド国民を、ロシアによる抑圧やドイツによる侵食の中で、不断の抵抗を通じて維持し続けなければならないという危機的認識が込められているのであろう。

ただし、第二部において社会主義諸派に強い関心が示されていたことからも明らかなように、ドモフスキは社会主義をかなり意識していた。既に述べたように、『我々のパトリオティズム』が執筆された一八九三年四月は、社会主義諸派が次々と現れてくる時期と重なっている。すなわち、ピウスツキのポーランド社会党は一八九三年に結成され、(35) またローザ・ルクセンブルク(Rosa Luxemburg, 1870/71-1919)のポーランド王国社会民主党(一九〇〇年以降ポーランド王国リトアニア社会民主党)は一八九三年七月に形成される。ドモフスキ『我々のパトリオティズム』は、主要な社会主義政党が設立される数カ月間に、それらの綱領と並行して書かれたことになる。[36]これら二政党も、やはり非合法活動を厭わない(あるいは余儀なくされた)ものであった。同じ境遇のもとで政治活動を目指す集団間には、状況からくる不可避的な活動方法の類似が生じたと考えられる。また、必ずしも語義が厳密に一致していないにせよ、革命といった同じ用語を使用するなど、相互の主義や信条に与える影響が存在したのであろう。形成期に社会主義諸派が発行していた機関紙の編集メンバーを見ると、複数の派の機関紙に所属したり、移動したりする場合があった。[37]状況が劇的に変わる一九〇七年まで、こうした諸集団が本格的に対立することはなかったといってもよい。

そして、革命的方法のほかに、ドモフスキは「攻撃的」方法を強調している。アイルランドの抵抗運動が望ましい例として挙げられているが、これは、ヨーロッパにおける植民地イメージの典型として、アイルランドがポーランドと類推されたのであろう。武装蜂起に訴えるのではなく、ボイコット運動のような長期的かつ持続的な抵抗運動のあり方を、ドモフスキは主張する。これは、伝統的な蜂起主義に対する批判であり、アイルランドの手法を参考とする具体的な代替案の提示でもあった。[38]

ドモフスキが蜂起主義を批判する根拠は、それが有効な手段ではない、という点に集約される。一月蜂起を頂点とする一連の蜂起は、発生する度にロシア側の残忍な鎮圧を招き、ポーランド社会の壊滅をもたらしてきた。あとさきを考えずに蜂起しても、すぐに鎮圧され大きな犠牲を払うだけで、犠牲に見合うだけの成果を生まず、現状を改善しえない。ただし、有効な活動を行う上でなら、犠牲を払うことは当然の前提とされていた。

震える口から囁かれる「犠牲」という言葉を、我々は既に耳にしているが——犠牲の覚悟なきパトリオティズムなどありえない。我々の国民を救いたいと欲しながら、その首を差し出そうとしない者は、ゆっくりと自分が腐敗していくのを見るだろう[39]。

ドモフスキが表明した攻撃的政治活動の特徴は、政治活動手段としての蜂起の否定（ただし、国民のために犠牲を厭わない精神は尊重している）のほか、ポーランド人社会内部にいる「背信者」への警告であった[40]。攻撃的政治活動とは、社会の意識や政治的活力を呼び覚まし、デモや行進、集団抗議行動によって、ロシア政府による報復的な職の剝奪や賃金の不払いを妨害する、というものであった。それによって、ロシア政府の支配制度を崩壊させ、ロシア支配を受け入れるポーランド人の安穏を打破しようとする。つまり、ロシアの支配制度に対する攻撃だけでなく、ロシア支配に寄生するポーランド人への攻撃も含む、内外二つの方向へ展開される手法であった。

ここで注意しなくてはならないのは、こうした攻撃的政治活動の当面の目標が、ロシア政府の打倒ではないという点である。これは、伝統的蜂起主義が掲げてきた非現実的な目標に代わるべきものであった。ロシアの圧倒的な軍事力に、武装蜂起で勝つことはできないという現実を認識し、軍事力とは別の力に依拠して、「止むことのない、長期的な革命[41]」を戦わなくてはならない。「長期的な革命」の手法について、ドモフスキは以下のように説明する。

我々は、合法的な範囲内では発展させることができない国民的活動を、非合法な形で表明する。我々には、独立した有力な出版刊行物や文芸出版物を持つことが許されていない。だから我々は自由な出版刊行物と、非合法の文芸とを創出する。国民性の喪失を運命付け、肉体的・精神的な殺人を行う（ロシア政府の）公立学校に対抗して、我々はポーランド国民の地下学校を設立する。合法的協会・団体が無力なまま、なすすべもなく法に束縛されているのを横目に、我々は秘密の団体を発達させる。我々の社会活動は、そうした非合法の団体において結集せざるをえない(42)。

法律によって保障された組織的活動ではなく、非合法かつ非軍事的な活動を展開する以上、「長期的な革命」は、ロシア政府の侵害から自分たちを守るだけでなく、ポーランド人自身が招いている負の連鎖を断ち、自己の砦を強化するものでなくてはならなかった。学校や出版、結社、そして公正な法の支配を象徴する裁判所を独自に持つことで、人々の間にパトリオティックな意識が育てば、背信や裏切りを許さない社会へと成熟できる。それが、ドモフスキの考えであった。それゆえに、攻撃的政治活動は、ポーランド社会の内と外へ向けられたのだといえる。いわば、外面的にロシア政府の制度が作り出した公的なものに対抗して、ポーランド社会の内面に別個の公的な活動空間を創出しようという試みであった。

こうした経緯を踏まえて、三分割領全てのポーランド国民全体を統一する、というドモフスキの理想を見ると、それが世紀転換期に「ポーランド人」の主体となりつつあった「人民 lud」と呼ばれた人々、つまり農民や労働者といった、日常的に様々な制約を受けたり貧困状態に置かれたりしていた人々にとって(その原因が直接ポーランド分割にあったのかは別として)、よりよい状況へ変化するという理想と魅力を具えていたであろうことがうかがえる。後にポーランドにおいてシオニズムの指導者となるアポリナルィ・ハルトグラス(Apolinary Hartglas, 1883–1953)が、十代の頃にドモフスキら全ポーランド主義者 wszechpolacy の記事を熱心に読んでいたのは、後のドモフスキの反ユダヤ主義的活動からみても興味深い(43)。

国民統合という包容力のある目標と、言語・民族・宗教(カトリック信仰)によるポーランド人の定義とが、大衆化した農民やプロレタリアートを対象に喧伝されたのである。ことに、プロテスタント優勢のドイツ領や、正教への改宗を迫られるロシア領ポーランドにおいては、カトリックに依拠するまとまりが有力であった。

ドモフスキがポーランド人をどのように定義したのかについては、一九〇二年一一月に発表された論考「半ポーランド人」から、幾つかの要素を読み取ることができる。以下の引用部分では、ポーランド人でありながら、ポーランドの統一と独立を目指さず、現状に甘んじる人々への批判が述べられている。これは、いわばポーランド人というものの否定的な像(あるべきではない姿)といえるであろう。

　ポーランド社会で生活するために必要な程度でのみ、ポーランド語やポーランドの生活習慣を受け入れ——しかしポーランドにおいて生活を享受するために各人が担うべき責任は負わず、国民全体の自己保存や将来的独立と生存、十全な発育環境への志向に参加しない人々に、〔我々は〕対処しなければならない。……国民的利益に反して同化された人々、あるいは、外的な影響によって道徳的に脱国民化され、国民の志向との結びつきを失った人々、または、ポーランド人であると自認しながら、ポーランドの利益を他の諸国民のそれと矛盾しない限りでのみ承認する人々が……進出している。

　こうした、〔ポーランド系の〕名前やポーランド語を用いることを根拠に、ポーランド人であると自認する人々は、〔一月〕蜂起後、国民の魂が凋落した時期に大変に増殖し、短期間のうちに世論の中に発生して、急速に若い世代を取り込んでいった。そのため、こうした国民の大志を成長させる運動に対する執拗な反対表明の熱意が、ここ数年で急速な成果を挙げている。(44)

こうした批判に続いて、ドモフスキは、ポーランド人としてあるべき姿を対比させる。

……ポーランド国民は、自らの文化と伝統を保持し、独自の魂と、特有かつ不可欠の文明を具えた、生きとした人民の組織的つながりである。それは、ある範囲で共通の必要と利害を持つものであって、個人的な献身につながる厳密な責任を課しており、集団として必要な事柄のために働き、共通の利害のために戦うことを命じている。(45)

構成員相互の有機的なつながりを重視せず、国民という集団への献身を行わない者は、言語・文化的な標識にかかわらず、ポーランド人として、国民の一員としてなすべき義務を果たしていない、とドモフスキは考えていた。それは、共同体の一員として共有されるべきパッションの欠如した状態であった。かつて「ポーランド人」は、シュラフタ身分を持つ人々で構成される「シュラフタの国民」(46)と称された。しかしドモフスキは、そうした共同体としてのつながりを、単にシュラフタ階級という一つの身分ではなく、農民や労働者といった、国民の基盤となるべき広範な層へと拡大しようとしたのである。(47)国民民主党がインテリゲンチァ政党から大衆政党へと方向転換したのも、そうした転換を試みる以上、当然の成り行きであった。(48)

ただし、『我々のパトリオティズム』に代表される初期の作品群を見る限り、ドモフスキの主張するポーランド人像は、かなり厳格かつ限定的なイメージであったことがわかる。そこで問われていたのは、民族的な出自という要件より、ポーランド国民という共同体のために、現実的な方法によって持続的に献身できるか、という点であった。確かにユダヤ人を「半ポーランド人」として排除しているが、それは彼らが共同体に対して貢献しないとみなされていたためであろう。仮にそうであれば、同様に、東方領域の諸集団も彼の思想において排除されていたと考えられる。後述のように、最終的な将来のポーランド国境案において、ドモフスキは、東方領域を

（一七七二年時点に比べて）部分的に放棄する形で東部国境を設定し、会議王国を中心とした「土着の」ポーランド人が住む地帯をポーランドとする構想を立てた（ただし西部国境に関しては、炭鉱や海への出口といった、住民構成ではなく経済的な重要性に基づく設定を主張する）。これは、「半ポーランド人」である東方領域のユダヤ人やウクライナ人、その他の集団を排除するための構想であった。それによって、旧ポーランドの帝国性（多重の言語・宗教・文化的集団の存在）を切り捨てようとしたとも考えられる。それは、ポーランド問題の国内的要因を解消するためのポーランド国民の転換にとって、「シュラフタの国民」からの脱却に加えて必要な段階であった。

（1）Dmowski, *Nasz.*, s. 3.『我々のパトリオティズム』が発表される前年の一八九二年、ロシア皇帝暗殺事件への関与を疑われ五年間シベリアへ流刑されていたピウスツキが、ワルシャワへ戻ってきた。そして、一八九三年、ポーランド社会党を結成する。いわば一八九三年は、ロシア領ポーランドにおける独立のための政治活動の幕開けであった。

（2）五月三日憲法 *Konstytucja 3. maja* は一七九一年に制定され、その理念は分割後のポーランド・ナショナリズムにおいて象徴的な役割を果たしたとされている。この憲法を成立させた四年議会とその意図については、白木『近世ポーランド「共和国」の再建』に詳しい。

なお同憲法においては、農民身分というものが初めて定められた。憲法本文は、例えば、Borucki, *Konstytucje polskie 1791-1997*, s. 19-20 の Ustawa rządowa z dnia 3 maja 1791 roku, IV. Chłopi włościanie 参照。『我々のパトリオティズム』における、農民問題に関するドモフスキの議論も、この憲法の身分規定を前提にしていると考えられる。

（3）本書においては、Roman Dmowski, *Nasz Patriotyzm* (Berlin, 1893) を底本とした。

（4）東方の国境地帯、いわゆる東方領域 Kresy と呼ばれる地域。現在ではリトアニアやベラルーシ西部、ウクライナ西部にあたる。

（5）この東方領域は、分割時代後期の一九世紀に、とくに一月蜂起世代のロマン主義的な政治活動家たちの憧憬の地となった。

彼らが目標とした独立回復とは、「歴史的ポーランド」と呼ばれる広大な領域の回復であった。つまり、同君連合を形成していたリトアニアはもちろん、現在のベラルーシやウクライナの西部領土(旧ポーランドの東部地域)も含む、大きな領土をもつポーランドの独立を回復することが、理想とされていたのである。小山「われらもまたインドに至らん」一一二五頁。一八九〇年代初頭には、ロシア領ポーランドとりわけ東部領域に、ペテルブルクやモスクワから強制的に退去させられたり、追放されたりしたユダヤ人が移住していた。Dirk Hoerder, *Cultures in Contact: World Migrations in the Second Millennium* (Durham, 2002), p. 326.　ドモフスキは、『我々のパトリオティズム』においてこうしたロシア政府のユダヤ人移住政策を批判している。それは当然ながら、ユダヤ人に対する権利侵害を批判するのではなく、旧ポーランド領に異民族であるユダヤ人を故意に移住させ、ポーランド人にとって不利な状況をもたらしている、という視点からなされたものであった。ドモフスキはこの際、ユダヤ人を「ヤギたち」(ユダヤ人の蔑称)と呼び、その入植に対する危機感と嫌悪感を示している。

(6)　選挙権は、二一歳以上の市民権を有する者のうち、読み書き能力があり、一定額以上の税を納めている者に与えられた。セイム(一二八議席)は二年ごとにワルシャワにおいて開催され(会期は三〇日間)、議会は非公開とされた(一八二五年まで)。実際に開催されたのは、一八一八年、一八二〇年、一八二六年、一八三〇年であった。また、上院Senat(六四議席)は終身任命とされた。

(7)　加納格『ロシア帝国の民主化と国家統合――二十世紀初頭の改革と革命』御茶の水書房、二〇〇一年、五五―五六頁。

(8)　「歴史的ガリツィア」とオーストリア領ガリツィアの区別について、Christopher Hann and Paul Robert Magocsi eds., *Galicia: A Multicultured Land* (Toronto, 2005), pp. 4-6; Davies, *God's*., p. 102.

(9)　野村真理「恩讐の彼方――東ガリツィアのポーランド人・ユダヤ人・ウクライナ人」望田幸男、村岡健次監修『民族(近代ヨーロッパの探求一〇)』ミネルヴァ書房、二〇〇三年、一二一―六六頁。

(10)　伊藤定良『異郷と故郷――ドイツ帝国主義とルール・ポーランド人』東京大学出版会、一九八七年、一一―一五頁。

(11)　伊藤『異郷と故郷』一五頁。

(12)　Dmowski, *Nasz*., s. 3.

(13)　Łagoda, *Dmowski, naród i państwo*, s. 187.

(14)　ワゴダ論文に対して、ブーハクは辛辣な書評を寄せている。とくに、ワゴダによる先行研究評価が不適切であること、一九九六年以降の研究について触れられていないこと、一次史料の文面を表面的な意味どおりに解釈し政治的文脈を酌んでいないこと、などが批判されている。ただし、巻末に付録として記載された『全ポーランド評論』執筆者名簿（筆名解説を含む）には史料的価値があると評価している。Władysław Bułhak, "Maciej Łagoda, *Dmowski, naród i państwo. Doktryna polityczna „Przeglądu Wszechpolskiego" (1895–1905)*, Poznań 2002, Agencja eSeM, ss. 287," *Kwartalnik Historyczny* CXII, nr 2 (2005), s. 155-162.

(15) Dmowski, *Nasz.*, s. 4.

(16) Bułhak, "Maciej Łagoda, *Dmowski, naród i państwo.*"

(17) 一八九七年の会議王国における宗教別人口構成を見ると、都市部ではカトリック四七・五%、ユダヤ教三七・四%、その他一五・一%であり、他方都市部以外の地域では、カトリック八二・八%、ユダヤ教七・二%、その他一〇%となっている。ガリツィアの宗教別人口構成と比較すると分かるように、会議王国においては、農村部にカトリック信者が多く、ポーランド人人口が多数であったことが類推される。Andrzej Wyczański et al. eds., *Historia Polski w liczbach: państwo, społeczeństwo* (Warszawa, 2003), s. 188.

(18) この組織改変計画について、ジグムント・バリツキ(Zygmunt Balicki, 1858-1916)とドモフスキの協力関係を描いたヤブウォノフスキの回想が、Kułakowski, *Roman Dmowski w świetle listów i wspomnień*, t. 1, s. 145-146 に収録されている。

(19) Fountain, *Roman Dmowski*, p. 21.

(20) Dmowski, *Nasz.*, s. 3.

(21) Davies, *God's.*, p. 10.

(22) ドモフスキの「全ポーランド」観は、ポプワフスキのそれを受け継ぎ発展させたものであった。

『我々のパトリオティズム』が書かれる二年前の一八九一年以降、ドモフスキは『グウォス』紙に寄稿していた。この新聞は、書き手の政治的立場によらず記事を掲載していたが、主たる論調はポーランド・ナショナリズムであった。そして、読み手を貴族ではなく農民に置き換えた点に特徴があった。ドモフスキが初めて『グウォス』紙編集者の会合に参加したのは一八九〇年のことである。そのとき、「快活で人当たりがよかった」ドモフスキは、すぐにメンバーに打ち解けた、と彼を会合に誘ったヤブウォノフスキは回想している。Fountain, *Roman Dmowski*, p. 17.

この編集グループの中で、ドモフスキが出会ったのが、当時のポーランド・ナショナリズムの牽引車的存在であるポプワフスキであった。ポプワフスキが唱えた思想のうち、とくにドモフスキが共感したものの一つが、「全ポーランド wszechpolski」観である。これは、三分割領の統合を訴え、「三面忠誠主義」や「有機的労働」に対抗する姿勢であり、ポプワフスキの特徴といえる。

ドモフスキが一八九三年に『我々のパトリオティズム』論文で述べた「ポーランド全体 ogólno-polski」という思想は、このポプワフスキの主張と、非常に近い内容であった。一八九五年に、ドモフスキはオーストリア領のルヴフに移り、そこで『全ポーランド評論』紙の編集に着手する。この『全ポーランド評論』という名称には、ドモフスキの思想にポプワフスキの言葉が与えた影響を看取することができる。

そしてポプワフスキが『全ポーランド評論』紙の編集に参加した一八九六年から、戦間期のポーランド独立に至るまで、「全ポーランド」思想はドモフスキ率いる国民民主党のスローガンであり続けた。この『我々のパトリオティズム』には、名づけられる以前の「全ポーランド」思想が既に存在していたといえよう。

(23)　Dmowski, *Nasz.*, s. 3.

(24)　「服従派」は、「忠誠派(ロイヤリシチ)」とも称されている。例えば Dmowski, *Nasz.*, s. 15 参照。ただし、「三面忠誠主義」や「有機的労働」を唱導し、「服従派」と称された人々も、単にロシア政府に追随し、従順に同化されていたわけではなかった。文化的また経済的にポーランド人の地位を高めていこう、というのが「服従派」の主張であった。例えば、ドモフスキが批判する『クライ』紙は、ロシア統治下にありながら「服従派」によってポーランド語で発行されていた。また、「服従派」の代表的人物である文学者ヘンリク・シェンキェヴィチ(Henryk Sienkiewicz, 1846-1916)は、シュラフタの記憶を喚起する民族的な小説を発表していたことで知られ、ロシア閣僚に対する公開状を出すなど、積極的にポーランド人の地位向上に努めていた。従って、自己の個人的利益だけを守るために服従している、という「服従派」に対するドモフスキの批判は、彼自身の現実路線の主張を「服従派」のそれと差異化するため、激しくならざるをえなかったのであろう。例えば、Dmowski, *Nasz.*, s. 15 や、Roman Dmowski, "Pół-Polacy," w: Dmowski, *Dziesięć lat walki* (Częstochowa, 1938)（以下、Dmowski, "Pół-Polacy." と表記）には、そういった傾向が見られる。内容のみを比較するなら、両者の主張には共通する部分もあったと考えられる。

ただし、「服従派」を構成していたのは、主に、シェンキェヴィチや、ボレスワフ・プルス(Bolesław Prus, 1847-1912)のような大知識人や、大地主といった有産階級であった。これに対しドモフスキは、「シュラフタの民族」から農民・労働者のそれへと、「ポーランド人」の基盤を転換しようとしていた。従って、両者の対立を、いわば国民の主たる構成要素をめぐっての対立と見ることもできるであろう。Fountain, *Roman Dmowski*, p. 92, note 23. また、ポーランドのブルジョワジーは、ツァーリズムが資本主義の発達を推進し、広範な市場を提供するからこそ、ロシア帝国を必要とし、忠誠を誓っていたのだという解釈を示したものに、パウル・フレーリヒ（伊藤成彦訳）『ローザ・ルクセンブルク――その思想と生涯』御茶の水書房、一九八七年、三四頁。

(25)『我々のパトリオティズム』が発表された一八九三年には、ポーランド社会党やポーランド王国社会民主党といった社会主義者のグループが、次々と政治綱領を発表した。既に述べたように、民族的利害よりも階級的利害を重視するポーランド王国社会民主党は別として、ポーランド社会党は、ロシアからの「ポーランド独立」を共通の政治活動目的としていた。従って、この時点では、ドモフスキらの立場と社会主義者の立場に共通点も見られた。

こうした状況が劇的に変化するのは、一九〇五年である。日露戦争でロシアが敗北し、内政の危機的状況からロシア革命が発生すると、その激震はロシア領ポーランドの政治・経済状況にも及んだ。

ポーランド社会党は、ポーランドの独立やロシア革命への対応を争点として、議論と対立を繰り返し、内部に軋轢を生じていた。ローザ・ルクセンブルクは、ポーランド独立という民族の利益を、より高次にある階級の利益に包括することを主張し、ロシア絶対主義の打倒そのものを目標としていた。そのため、一八九三年に、当時戦略的またはナショナリスティックな立場からポーランド独立を支持していたポーランド社会党から分離し、ポーランド王国社会民主党を結成する。その後、ポーランド社会党は、ロシア革命が昂揚する中、更に党内で対立を深め、一九〇六年党大会において、ピウスツキらポーランドの独立をスローガンとする「社会愛国主義者」と呼ばれる少数派と、ロシア革命を支持するポーランド社会党左派とに分裂した。フレーリヒ『ローザ・ルクセンブルク』四五、三七、一三三―一三五頁。

他方ドモフスキは、ロシア革命に直面すると、窮地にあるロシア政府に譲歩させて自治を得るべきであると主張し、革命を支持する「ポーランド社会党左派」とも、ロシア帝政打倒を唱えるピウスツキら「社会愛国主義者」とも対立した。ドモフスキら「全ポーランド主義」者は、衰弱したロシア政府から譲歩を引き出すのが容易になったと判断、かつドイツのもたらす危険を考慮し、武装蜂起によるロシア支配の打倒ではなく、政治的交渉による自治獲得を目下の課題としたのである。

(26) Dmowski, *Nasz.*, s. 22.

(27) 一八六二年当時のロシア領ポーランドにおける識字率については、宮島『ポーランド近代政治史研究』二六三頁、注一六を参照。

(28) Dmowski, *Nasz.*, s. 23.
(29) Dmowski, *Nasz.*, s. 22. 強調は原典のまま。
(30) Wapiński, *Roman Dmowski*, s. 48.
(31) *Ibid.*, p. 49.
(32) Dmowski, *Nasz.*, s. 19.
(33) Wapiński, *Roman Dmowski*, s. 67 より再引用。Roman Dmowski, *Po manifestacji 17 kwietnia* (Lwów, 1894), s. 19.
(34) *Ibid.*
(35) 一八九三年にヴィルノでポーランド社会党が結成された経緯については、宮島『ポーランド近代政治史研究』二七―二九頁を参照。
(36) Fountain, *Roman Dmowski*, p. 88.
(37) 例えば、後に国民連盟の思想上の指導者となるポプワフスキも、一八八〇年代には社会主義系新聞で執筆していたと、宮島『ポーランド近代政治史研究』二六五頁は指摘している。また、一九〇〇年代に入ってからも、競合関係はあったものの、諸派の構成は、メンバーが重複し混在する多元的なものであったと考えられる。
(38) 後にドモフスキは、政治活動の手段としてボイコットを行った。その際に対象となったのはユダヤ人の経営する商店であった。それがドモフスキの反ユダヤ主義の証拠として、死後も論争を呼ぶこととなる。しかしドモフスキ本人は、ボイコットは直接的殺人と異なり、生物種としての「国民」間の競争を行う上で公正な方法なのだ、と主張した。Roman Dmowski, "Poland, Old and New," in J. D. Duff ed., *Russian Realities & Problems* (Cambridge, 1917), pp. 115-116. また、"The National Democrats and the Jewish Boycott" in *Memorandum on the Present Condition of Political Parties in the Kingdom of Poland* (The National Archives London: Cabinet Foreign Office, PRO, FO 371/3279-169676), p. 29 参照。また ドモフスキの思想がナショナリスティックではあるが他の諸民族に対するゼノフォービアを欠いていたと主張するものに Eberhardt, *Twórcy polskiej geopolityki*, s. 42 がある。
(39) Dmowski, *Nasz.*, s. 23.
(40) 同様の警告は、後に Dmowski, "Pół-Polacy" において繰り返される。「半ポーランド人」は、当初、一九〇二年一一月に『全ポーランド評論』に掲載された。ドモフスキは、この表現によって明示的にユダヤ人を攻撃対象にしているわけではないが、「半ポーランド人」とされる人々の中にユダヤ人も含まれるという。おそらく、ほかにウクライナ人やベラルーシ人も同列に含まれたのであろう。また、「半ポーランド人」と同時期に執筆された「奇妙な連立」という別の記事では、敵対者として、ユダヤ人と共に「服従派」や社会主義者、ポジティヴィストが挙げられている。Roman Dmowski, "Dziwna koalicja (grudzień 1902 r.)," w: Dmowski, *Dziesięć lat walki* (Częstochowa, 1938), s. 110. なお、Porter, *When.*, p. 281, note 164 が上記と同じ解釈を示している。

（41） Dmowski, *Nasz.*, s. 24.

（42） *Ibid.*, s. 24-25.

（43） Bułhak, *Dmowski—Rosja.*, s. 73.

（44） Dmowski, "Pół-Polacy.," s. 105.

（45） *Ibid.*

（46） Fountain, *Roman Dmowski*, p. 92, note 32.

（47） ただし、シュラフタの価値観を、新たに「民族意識を獲得した」農民は、行動規範として受け入れた、と宮島直機は指摘している。宮島『ポーランド近代政治史研究』二六頁。

（48） 国民の基盤を反映してのプログラム転換には、武装蜂起を放棄することの意味が示唆されていた。一九〇三年にドモフスキが執筆したプログラムによる武装蜂起との決別は、国民連盟が活動の重心をシュラフタあるいはインテリゲンチァから人民（農民）に移したということを象徴する転換であった。これは、ロシア国家体制とは切り離された別個の公的活動領域を創出しようとする点と、武器を持たないという点の、二つの変更を意味していた。

ナショナリズムを暴力から切り離したという意味での転換は、プログラムが武装蜂起を断念したことに明示されている。ポーランドの場合、武装蜂起を主導していたのは主としてシュラフタであり、知識人であった。この傾向は、結果として知識人層の壊滅を招いたワルシャワ蜂起まで連続していた。シュラフタの呼びかけに農民は応じず、蜂起が失敗したという例も多かった。従って、国民連盟が大衆政党に転じたのがこの時期であったとすれば、大衆の意思を反映し、蜂起が主要な手段でなくなったのは、むしろ自然なことだったといえる。このプログラム転換は、いわばボタンの掛違いをただす政治的転換であった。シュラフタが理想としていた、武装蜂起という政治活動のあり方と、大衆政治という現状において展開されるべき活動との齟齬をただす転換である。すなわち国民連盟のプログラム転換は、「シュラフタの民族」から大衆を基盤とする国民の変化を反映し、従来の蜂起主義の信条を修正したのである。

第三章　国民の生存競争

ポーランドが、第三次分割（一七九五年）によって完全にヨーロッパの地図から消滅してから、およそ一〇〇年後に、ドモフスキはその再生と独立とを求める政治活動に身を投じた。その当時、一世紀以上も列強の支配下に置かれていたポーランドの状況からすれば当然のことであるが、彼は、ポーランド国民が無為のままに存続することができるとは想定していなかった。むしろ、この国民は生存の危機に瀕している、と考えていた。ドモフスキにとって、こうした状況を考える一つの枠組みは、社会ダーウィニズムであった。

彼がダーウィニズムを知ったのは、遅くとも一八八〇年代末から一九〇〇年代初頭と考えられる。彼は、ワルシャワ大学で生物学を専攻しており（一八八六年入学）、この分野に強い関心を示していた。既に一八八四年頃から、『種の起源』の訳書やハーバート・スペンサー（Herbert Spencer, 1820–1903）の抄訳等を熱心に読んでいたとされる。(1)この点に関する考察を進めるにあたって重要なのが、彼の海外体験である。

ドモフスキの西欧体験は、彼が生物学を修めた時期と重なっている。初めて大都市パリを訪れた一八九一―九二年にかけて、ドモフスキはバリツキと共に八カ月間近くを過ごした。この時の西欧滞在については、友人たちが複数の回想録を残している。例えば、一八九三年より『グウォス』紙においてドモフスキらと協働したヤブウォノフスキは、西欧遊学を通じて、ドモフスキが他の若い政治活動家と交流し、人脈を広げた様子を記している(2)。とくにパリ滞在については、以下のように回想している。

〔一八九一年〕一一月末、ドモフスキはパリへ移った。……国を出てパリへ行くとき、ドモフスキは、生物学概論の一般向け教本をまとめ上げるつもりでいた。ドモフスキは、一度ならず、その構想を私達に示し、しばしばそれについて話し合った。しかし、それにばかり没頭していられなくなり、結局完成を断念してしまった。

……その頃、ドモフスキはフランス語を知らなかった。そこでどうしたかというと、勉強したわけだ。私と一緒に、しばしば図書館へ通い、ときには生物学の本を読んでいた。しかし、彼が何より関心を持ったのは、鼓動するパリの生活であり、いうまでもなく知的活動であった。いつものように、運動や変化を欲し、退屈や停滞を我慢しなかった。人類学学校での講義を聴講しようと私を誘い、生理学や社会学、その他当時著名だった講義の幾つかを聴いた。そのお返しに、私は、彼を午後のコレージュ・ド・フランスへ連れて行った(3)。

コレージュ・ド・フランスにおいて、ドモフスキは大変熱心に、荘重な調子のエルネスト・ルナン（Ernest Renan, 1823-92）によるイスラエル史講義のほか、人気を博していた心理学者テオデュール・リボー（Théodule-Armand Ribot, 1839-1916）の講義等を聴いた。また、ミツキェヴィチの後継者による、「さして面白くもない」スラヴ文学の講義にも出席した。『パン・タデウシュ』の講義時、講釈が拙劣であったために、ポーランドから来た若者二人は大いに苦笑したという(4)。

知的な刺戟に満ちたパリから、ジュネーブやチューリヒを経由しポーランドへ戻ろうとしたドモフスキを待っていたのは、逮捕と投獄であった。一八九二年八月一二日、オーストリアとロシア領ポーランドとの国境において逮捕され、翌一八九三年一月三日までワルシャワのツィタデラに収監された。

一八九三年四月、ツィタデラからの釈放直後に執筆された『我々のパトリオティズム』を発表して以降、ドモフスキは国民連盟の中心的存在として政治活動に専念する。そして、一八九五年二月中旬にオーストリア領ポーランドのルヴフへ移ると、より自由な条件下において、政治活動や執筆活動をすることが可能になったのである。

第一節　西欧体験と社会ダーウィニズム

一八九八―一九〇〇年にかけて、ドモフスキはさらに二度にわたる西欧体験をしている。まず、一八九八年二月から七月までの約半年間を、ロンドンとパリで過ごした。そして、一旦ルヴフへ戻った後、一八九九年二月から八月まで、半年間ロンドンやパリに滞在している。この間、一八九九年七月には、短期間ではあるがベルリンを訪れている。更に、一八九九年一〇月から一九〇〇年八月にかけ、ブラジルへ渡航した。こうした、西欧の中心都市及び南米植民地における体験は、政治家・著述家としてのドモフスキの生涯において、少なからぬ意味を持った(5)。それは、まず一九〇二―〇三年の執筆内容に、直接的・間接的影響を与えたと考えられる。

一八九八年の渡航について、『全ポーランド評論』の協働者であった詩人ズジスワフ・デンビツキ(Zdzisław Dębicki, 1871-1931)は、次のように回想している。

長い旅になるというので、私たちは仰々しく彼〔ドモフスキ〕を見送りに行った。一八九八年初頭のことであったと思う。

その年の秋近くなって、ようやくロンドンから戻ったドモフスキは、出発したときのドモフスキとは、様子が全く違っていた。すっかり洗練されたイギリス式のフロックコートを身につけ、ぴかぴかの最新型シルクハット、手袋、文字通り、本物の紳士のようだった。そうした外面的変化と並んで、内面的な変化もあったに違いない。ドモフスキと私たちを結びつけていた地下活動のほかに、彼は、ガリツィアの政治家たちと関係を築き始め、彼らと一緒に会議を催すようになった。……そうした活動について詳しく教えられていたわけではなかったが、「我々の政治」はより広い流れへと出航しつつあるのだ、と私は感じた。(6)

実際に渡航する以前(一八九五―九七年頃)から、ドモフスキは「イギリス式の服装」を身につけていた。それについて、彼は、ポーランド人は外見上「ヨーロッパ式」でなくてはならないため、と説明していたという。つまり、きちんとした身なりをし、清潔なシャツ、襟《カラー》、ネクタイ、カフスを身につけなくてはいけない。「モスカルの様に」寝巻きのまま出歩くようなことがあってはいけない、というのである。(7)おそらく、そうした考えは、ロンドンやパリの洗練された文化に触れることで一層強まったのであろう。このとき既に、ドモフスキは、フランスの有力者との接触を求めていた。そのため、彼は貪るように西側における社会・政治関係に関する研究を吸収していたという。(8)

また、当時パリには、優れたポーランド人作家の一人であるヴワディスワフ・レイモント(Władysław Reymont, 1867-1925)がいた。ドモフスキは、才人としてだけでなく、彼の作品に示される「自然なポーランド性」ゆえに、

レイモントを非常に高く評価していた。その代表作『約束の土地』に関する特別講演を行ったほどであった。(9)
後にノーベル文学賞を受賞(一九二四年)することになるレイモントとドモフスキとの交流は、書簡から推測して、一八九八―九九年頃に始まったと考えられる。最初期の書簡において、ドモフスキは、自分とレイモントとの思想的な共通点について述べ、二人で「同盟」を結ぼうとさえ提案している。

では君に答えよう、この同盟が何の役に立つのかを。ポーランドには、君も知ってのとおり、自由な人々も、胸いっぱいに深呼吸することができる人々も、……存在しない。我々〔ポーランド人〕のうち、最重要の大立者――シェンキェヴィチやプルスやシフィエントホフスキといった人々――を見よ。彼らの一人一人が、道化役達に感化され影響を受けて、そのグループに残り続け、本当に連中の中に居座ってしまっている。

……

もし君が、すぐに疲れてしまうことなく、またどこかの仲間内に休んじてしまうこともないなら、君をしてこの才あらば、偉大な人物になると私は思う。

私には作家としての才能はないし、自分の文筆において何か探求しているわけではない……けれども、〔私には政治という〕仕事における確固とした業績があり、人々の扱いに熟練している。それは、作家活動なしでも、私に一定の影響力を確保してくれる。だから、私は多少自分を評価することができ、この世界でまだ何かを自分がなすであろうと信じることができる。(10)

上に引用した書簡には、「服従派」あるいはクラクフの保守派「スタインチクたち」といった仲間内にとどまる前世代の大物たちに対する批判と共に、自分たちこそが行動を起こさねばならないという決意が現れている。

レイモントは、国民連盟のメンバーとして、晩年までドモフスキとの親交を保った。

こうしてドモフスキは、パリで得たレイモントをはじめとする知己や、水準の高い講義、書物、芸術から多くの新しい知識を吸収し、その視野を広げた。その内面的変化は、後述のように、一九〇三年『一現代ポーランド人の思想』の文面にも読み取ることができる。換言するなら、西欧体験は、ポーランドというものをヨーロッパ世界において相対化し、客観的に分析する過程であった。

一八九八年七月に最初の西欧への旅行から戻ったドモフスキは、まずザコパネで夏を過ごし、次にワルシャワやルヴフにおいて党の活動を行い、再び海外へ出た(11)。ロンドンから戻った後、数カ月間帰国しただけで、再び長期間ブラジルへと旅立ったのである。この旅の目的は、ブラジル現地において、国外移民に関する様々な問題や、ポーランド人による入植の進捗について調査することにあった。それが、当時高まっていた国外移民の波に対する、第一の課題となっていたのである。

ポーランド人がブラジルへ移住し始めたのは、一八八九年頃と言われている。そのほとんどは、ドイツ領から流出した人々で、先行するドイツ人の入植の後追いであった。ロシア領ポーランドからも、一八九〇−九二年にかけて、かなりの移住者がブラジルへ渡った。なお、ガリツィアからの流出は最も遅く、一八九五年に始まっている(12)。

この頃、「新ポーランド」をパラナに創設することに熱心だった人々は、ブラジルからの旅の報告等を発表していた。ドモフスキのブラジル旅行も、おそらく、そうした紀行文に触発されてのことであろう。パラナ構想に熱狂的に傾倒し、成就することのない夢を見ている人々に対して、彼は批判的であった。夢見ることを好まないドモフスキは、現地へ赴く決心をし、現実にどのような事態になっているのかを見て、政治過程においてどのような対処をするべきか、評価しようとしたと言われている(13)。

結局のところ、ポーランド入植地を視察したドモフスキは、新世界に「新ポーランド」を建設する案に対して、楽観的な結論には至らなかった。その理由としては、入植地を視察した際、ポーランド人入植者の生活水準の低さに驚いたことや、ブラジルがドイツの影響圏として分割されるのではないか、という危惧を抱いたことなどがあった。

ラテンアメリカからの帰国後、ドモフスキは、そこで見た鳥類や植物相・動物相について、生物学の知識を交えつつ語るようになった[14]。先の西欧滞在で得た生物学の新知識、とりわけ社会ダーウィニズム的な概念や思考方法を、ラテンアメリカで目にした自然の動植物相にあてはめて観察していたとしても不思議はない。その観察の眼は、当然そこに住む貧しいポーランド人入植者集団と、より高い水準の生活を営むドイツ人入植者集団の関係に対しても向けられた。

一九〇〇年八月、ドモフスキは、スイスのラッペルスヴィルを経由してザコパネへ戻った。そして、一九〇二年の大半をクラクフで過ごし、『一現代ポーランド人の思想』の素案となる一連の記事を執筆した。その内容には、西欧(海外)体験が、徐々に執筆に反映され始めていた。それは、直裁に体験を述べた見聞録ではなく、西欧から得た新知識とりわけ社会ダーウィニズムが、ドモフスキの世界観に深い影響を与えていたことをうかがわせる論考であった。

第二節　『一現代ポーランド人の思想』

『一現代ポーランド人の思想[15]』は、全七部、約八〇頁からなるドモフスキ前期の代表作であり、『全ポーランド評論』紙の記事として掲載されていた時期から、既に国民民主党内において「規範的」な位置付けを獲得していた政治思想論文である(16)。

この論文のもとになったのは、一九〇二年に国民民主党機関紙の記事として書かれた一連の文章であった。そうした経緯からすれば、この文章は本来、国民民主党の見解を説明するものであったと位置付けられよう。ただし、ドモフスキ自身が序文で断っているように、彼はこの記事を翌年五月までかけて編集し、彼個人の思想を説明する内容に書き直した。この再編集作業を通じて、論文の性格は、党機関紙の記事から、ドモフスキ個人の政治思想を公表するものへと変化し、「党のマニフェストではなく、前々から国民の生存という問題について思索してきた、一人の人間の思想をまとめたもの(17)」となった。

ドモフスキは、冒頭、当時のロシア領ポーランドにおける二つの趨勢を挙げ、まず個人的・私的な利益を重視しポーランド国民について顧慮しない人々を批判する。これは、「有機的労働 praca organiczna(18)」を唱導し、経済活動や文化活動に専念する、「服従派」を念頭に置いた批判であろう。そして、次に、ポーランドという概念の存在によって、自己の人間性が保たれていると考える人々を批判する。これは、古き良きポーランドという、輝かしい過去の栄光にばかり目を向け、それによって自己の尊厳を保ち、「歴史的ポーランド」の回復を目指す、一月蜂起世代の亡命活動家らを念頭に置いた批判であった。また、後述のように、「服従派」に対する反動として生じた、若い「屈服せざる者たち niepokorni」の中にいる、ポーランド国民の価値を理想化して捉えようとする人々への批判でもあった。彼等は、実際にポーランド国家を復活させる具体的方法についてはあまり考えていないし、広大な「歴史的ポーランド」の復活は非現実的である、とドモフスキは考えていた。

国民を命のない数字として、ある一定の言語を話し一定の領域に居住する個々人の集合体として捉える思想と、私の思想とを、区別しておきたい。私を理解するのは、国民の中に、不可分の社会全体を、つまり数え切れないほどの結び目で有機的に結合し結びついた人間の共同体を見る人々だけであろう。それらの結びつきのうち、あるものは、遠い過去に自己の始原を持ち、人種を創出した。また別のものは、歴史上知られているように、伝統を創出した。更に別のものは、その人種・伝統・国民の気質の内実を豊かにしており、将来更にしっかりと強化できるように、今日形成されている結びつきとなっている。ポーランド性をこれから獲得しなければならない人々のためではなく、自分と国民・その生命・その要求・その熱望との結びつきを深く感じている人々のために、活動と戦いにおいて割り当てられた義務を自覚する人々のために、私は書いている。(19)

ドモフスキにとって、国民とは、単に一定領域に居住し同一言語を共有する人間の集合体ではなかった。人数によって計れるものではなく、細胞のように、複数の複雑に関係しあう結び目が集まったものとして、有機的な共同体として、国民を想像していたのである。そして、国民は、現在生きている人間同士のつながりだけでなく、過去や未来を共有するという意味での結びつきをも含むことが示唆されている。つまり、ドモフスキの言う、原始の時代に生まれた「人種」や、歴史的に形成されてきた「伝統」を共有し、それらを将来的に保持し、強化していく、人間同士の時間を超えた結合状態が、ここで構想されている国民であった。

そのため、国民の構成部分たるポーランド人それぞれが、自分が個人的存在であると同時に、国民という集合体の一部である、と常に意識することが求められている。

私はポーランド人である――この言葉には、深く理解するなら、多くの意味が含まれている。

単に、ポーランド語を話すから、同じくポーランド語を話す他の人々が精神的に近い存在であり理解しやすいと感じるから、……といった理由だけで、私はポーランド人だというのではない。個人的・私的な生存領域があるのと同時に、自分が属する国民の集団的生存があることを認識しているから、自分の個人的事柄や利害と並んで国民の問題やポーランドの利害が、一個の総体として、個人的事柄としては神聖化することが許されないが、国民の問題としては神聖化するにふさわしい最重要の利害として存在することを知っているから、私はポーランド人なのである。[20]

ここでは、国民に関わる事柄は、個人的な事柄よりも優先され、より重要なものと位置付けられている。そうした、構成員個々人の利害よりも、国民としてのポーランドの利害を認識することが、ポーランド人の要件とされた。

これは、『我々のパトリオティズム』(一八九三年)に述べられているポーランド人の要件と基本的には変わっていないが、先の議論が抽象的であったのに対し、『一現代ポーランド人の思想』においては、より具体的な条件(歴史の共有、それに伴い形成された「人種」や「伝統」等)が追加されている。また、ポーランド人という集団が、他の国民的集団と競合する関係にあることが強調されている。

第三節　国民の気質

『一現代ポーランド人の思想』第二部「国民の気質 charakter narodowy」において、ドモフスキは、「気質」

及びその生成条件という観点から、ポーランド国民と他の諸国民、とりわけ西欧の諸国民とを比較している。

研究史上、「国民の気質 national character」という概念は、市民階級を基盤とする国民に関して用いられ、観察可能で定義可能なものとする見方もある。(21) しかし、こうした「国民の気質」概念は、一九世紀前半のポーランドにおいて想定されていた国民像とは、そぐわないものであった。国民とは、個人と諸国民に自由な新時代をもたらすための行為(それはしばしば武装蜂起への参加と解された)に根ざすものとされていたからである。換言するなら、一九世紀前半のポーランド・ナショナリズムは、文化的画一性や、社会的規律を課する段階にはなかったといえる。(22)『一現代ポーランド人の思想』においてドモフスキが用いた「国民の気質」という概念は、これらの議論とは異なり、社会ダーウィニズムの影響を受けた概念であった。これは、後述のように、有機体(生命体)のアナロジーで捉えられる国民が持つ特徴であり、環境つまり社会状況に応じて変化するものとしている。

西欧体験を経て、ドモフスキ自身、ポーランド政治を旧ポーランド域内や分割諸帝国との関係においてのみ完結するものとしてではなく、国際社会に通用するものでなくてはならないと認識するようになった。一八九三年の記述に比べ、西欧体験を経て、世界とりわけヨーロッパにおいてポーランドの歴史や状況を相対化している点に変化が見られる。そうした変化があった上で、改めてポーランド国民の現状を見直し、その問題点を指摘している。

我々は、そうした〔ある種の美点となるべき気質という〕観点から自己についてよく考えることがあまりにも少ないし、自分自身についてあまりにも知らな過ぎる。他方で、我々はほとんど旅行しないし、〔するにしても〕不慣れな旅行をしているし、その結果として、他の諸国民のことを我々は知らずにいる。今日の国際社会における競争の中で、何が我々の下等性 niższość をなしているのか、また何が高等性 wyższość を

なしているのか、我々は知らずにいる。(23)

ドモフスキは、ポーランド国民の問題点の一つが、視野の狭さにあると考えていた。おそらく、遊学の際に、ポーランド人が諸国民との関係において自国民を客観視することに慣れていないことを痛感したのであろう。「ポーランド国民の気質」の「欠点」を改善するためには、それがどういった問題なのか、どれだけ広範な、持続的な問題なのかを見定め自覚しなくてはならない、それにもかかわらず、世上ではそうした定義が試みられることすらない、とドモフスキは悲嘆している。

そうした現状に至る背景は、一月蜂起後の反動で生じた「過大な自己批判(24)」に現れたと彼は説明している。ドモフスキによると、そうした「自己批判」を行ったのは、「クラクフのスタインチクたち」と、「ワルシャワのポジティヴィストたち」であった。前者「クラクフのスタインチクたち」は、一月蜂起の五年後、一八六九年に『スタインチク選集 *Teka Stańczyka*』という表題の風刺パンフレットを出版して政治的独立を目指す武装蜂起を嘲笑した、ガリツィアの若手(当時)保守グループであった。グループ名のもとになったスタインチク(Stańczyk, ca. 1480-1560)は、三代の国王に仕えた実在の宮廷道化師であり、政治状況分析における慧眼で知られた。ドモフスキが『一現代ポーランド人の思想』を執筆した際には、彼等は既に、中堅・壮年保守派の主要グループとして位置付けられる存在になっていた。また、後者「ワルシャワのポジティヴィストたち」は、ドモフスキが『我々のパトリオティズム』において「服従派」と揶揄した、政治活動から撤退し、経済的・文化的分野に専念しようとした人々をさす。この「ワルシャワのポジティヴィストたち」は、クラクフの保守派とほぼ同世代の人々であった。

ドモフスキは、一月蜂起後の反動として、その敗北をじかに経験した世代の人々が、「我々の国民が他の諸国民よりも惨めであることを証明するために」、ポーランド国民の「精神から美しい衣装を取り去った」のだと言い表している。[25]こうした一月蜂起世代の態度は、「自身の気質を修正・改良」し、ポーランド国民の「諸所の欠点をなくし、外国から彼らの美点をなすものが何であるのかを学ぶ[26]」ことを目的とするものであった。これは、反省に基づく自己改善の取り組みであり、同時に、過度に西欧かぶれの側面もある態度であった。しかし、反面、当時のポーランドが置かれていた分割支配状況を冷静に考えるなら、一月蜂起世代の身の処し方は、理性的な判断に基づくものであったともいえるであろう。

一月蜂起世代の非政治的態度がなお有力である中、ポーランド国民が持つ「力・能力・国民の美徳への信念」を矜持とする「新たな世代が、早くも活動舞台へ姿を現し始めて[27]」いるとして、一月蜂起世代とは見解を異にする新しいグループの登場に、ドモフスキは注意を払っている。

そうした〔新たな世代がポーランド国民の力や能力、美徳に対して抱く〕信念は、しばしば、ポーランド気質を理想化することに対する熱望を伴っていた。この熱望は、我々の精神が持つ気質を維持し発展させようと努力するだけでなく、他の諸国民のそれを凌駕する、ポーランドの型を示そうと努力するものでもあった。[28]

この新しいグループとは、一八六〇―七〇年代生まれの、行動を重視する若者たち、いわゆる「屈服せざる者たち」を指す。そうした若者の一人フランチシェク・ノヴィツキ(Franciszek Nowicki, 1864-1935)は、「明日はわれらのもの――我々若い者のために／夜は白む　老いたる者は死すべし」と詩に記している。[29]「屈服せざる者たち」は、一月蜂起世代の保守的な人々が経済的・文化的活動へと撤退したことに反発し、政治的行動へ回帰しようとしていた。[30]

これは、次世代による揺り戻しとも言うべき、志向の変化であった。つまり、ポーランド国民が持つ「気質」の型を、特別で優れたものとし、理想化することにパッションを抱く人々が現れたのである。いわば、ポーランド版の国粋主義ともいえる考えであった。

こうした新旧世代の対立は、一月蜂起における敗北を機に、自信を喪失しながらも外国から学ぶことに積極的になった人々と、自身に内在する力を再認識することで自信を取り戻そうとした人々との対立でもあった。

一方において、自己の気質とほとんど縁を切り、他者の気質を我が物とする必要性について、なお語っているときに、他方においては、ポーランドの能力と気質を特別なものとして高く掲げ、我々の国民の個性を構成するものの発達・強化の必要のみを語っている。[31]

しかし、両者は全く反対の立場に立っていたわけではなく、むしろ両者の主張は、共に国民的独立の存亡に関する危機感や、他の(とりわけ西欧の)諸国民に対する劣等感の強さを表すものといえるであろう。ドモフスキ自身、「概して、ポーランド国民の気質の問題は、我々の手に負えないものである」[32]と述べ、現状に問題があること、しかもそれが巨大であることは認識しつつも、「ポーランド国民の気質」の位置付けや評価について、世上では議論が分かれ、矛盾し混沌とした状況にあることを嘆いている。

我々にとってポーランド国民の気質とは災厄なのか、宝なのか。それについて誇りを持つべきなのか、それとも恥じるべきなのか。我々には分からない。……一方には、我々は極めて明瞭かつ恒久的な、数世紀にわたって変わることのなかった国民的気質を持っていると言う人々がいる。他方には、我々には、そんなものは全く無いと言う人々がいる。

……例えば、我々は自由を最も愛する国民であると言い、同時に、屈従し頸木の下に頭を垂れるすべを我々ほどよく知る者はないと言う見解を、あるいは、我々は最も騎士的な国民であり――かつ並外れた臆病者である、という見解を、または、我々は誰よりも熱いパトリオットであり――かつ最も容易に、私的な理由で公的な事柄を裏切りもする、という見解を、本当に我々は聞いたことがないのだろうか。(33)

これらの矛盾した自己評価には、「ポーランド国民の気質」に対する、誇りと卑下とが混在している。アンビヴァレントな自己評価の中で、「この迷宮において道に迷わないためには、どうしたらよいのだろうか(34)」とドモフスキは問う。まず、そうした混沌を解決しなければ、実際の政治活動を行うことすらできないと、彼は考えていた。

国民の気質の問題は、純粋に文学的な、実務家や活動家にとって無関係の課題ではない。何にせよ恒久的なものを打ち立てたいのなら、それがどのような分野の活動プログラムであれ、何らかの広範な意味を持つ協会の設立であれ、また、準備のために真の広範な国民的運動が必要となる独立国家の建設であれ――我々は常に、そして何よりも、国民の気質を尊重しなくてはならないし、我々の人種が持つ能力や道徳的特質を尊重しなくてはならない。そうでなくては、組織は十全に機能しないであろうし、長期間存続することさえ不可能であろうから。(35)

ドモフスキにおいて、「ポーランド国民の気質」の問題は、単に思想的・抽象的な問題として認識されていたのではなく、実際に政治活動を行う活動家にとっても重要な課題と位置付けられていた。とりわけ、ポーランド国家の独立を目的とする国民的運動にとって、それが広範な組織として、いわば国民的規模において展開されるためには、「ポーランド国民の気質」は、何よりも重視されるべきものであった。なぜなら、「国民の気質」を理解することは、ポーランド国民が持つ「能力や道徳的特長」を把握することにほかならなかったからである。そのため、実際の活動において、「国民の気質」を意識しつつ活動を進めることが必須とされた。

ここで改めて、「ポーランド国民の気質とは何なのであろうか」(36)と彼は問う。そして、ドイツ人やフランス人、イギリス人といった西欧の諸国民と比較しつつ、「国民の気質」というものを特定する方法をとっている。

ドイツ人やフランス人、イギリス人の気質について述べる際には、所与の国民の様々な層を構成する人々に共通の特徴を探し、それらを収集し、国民の気質を認識することになる。それと同時に、各国民において、社会的諸類型の区別がなされる。フランス人の全ての身分に共通する気質が持つ、諸特性について論じるのなら、その際にはフランス・ブルジョワの型が、フランス貴族の型と、極めてかけ離れたものであることを忘れてはならない。(37)

ここで注目したいのは、「国民の気質」というものが、国民の中に存在する諸階級の「型」と区別されている点である。様々な階級に特有の気質がある一方で、「国民の気質」は、そうした階級を貫徹し、全身分に共有されるものである、とドモフスキは考えていた。西欧と異なり、そうした階級に起因する差異がポーランドには見られない、と強調している。

ポーランドにおいては、こうした事柄について事情が異なっており、ポーランド・シュラフタの気質が、国民の気質として普及している。なぜなら、シュラフタは、つい先ごろまで、ほぼ独占的に、国民を構成していたからである。ここで、身分の気質と、国民の気質とが混ざり合い、一つの社会階級において形成されたものが、特別な生存条件の影響を受けつつ、ポーランド気質の基礎的な特質とみなされるようになった。これらの特質は、生存条件の変化と共に、急速な壊滅を運命付けられてもいた。(38)

ドモフスキによれば、「国民の気質」が通常、国民を構成する全ての階級によって共通するものであるのに対し、ポーランドの特殊な点は、「国民の気質」と、シュラフタという一階級の「気質」とが、同じものになっていることにあった。彼はその理由を、歴史的背景に求めている。既に述べたように、ポーランド国民を構成するのは、シュラフタという貴族階級に限定されていた。そのため、シュラフタ特有の気質であったものが、ポーランド国民の気質として認識されることとなった。

更に、ポーランドのシュラフタが置かれた環境が、そうした混同を促進する大きな要因であったと、ドモフスキは考えていた。

ポーランド・シュラフタの型は、文明的な世界に存在する他の諸類型全般と異なる諸条件の下で芽生え、精神的に形成されたもので、その性格は、ほかの場所で見られるあらゆる類型と、極めて異なったものにならざるをえなかった。(39)

ただし、そのようにして形成された特殊な「シュラフタの型」が、恒久的に、「ポーランド国民の気質」で有り続けているわけではない、とドモフスキは指摘する。

こうした諸条件のおかげで生じた〔シュラフタ型の〕性格的特徴を、我々の人種の基本的な特質とみなすのは、大きな誤りである。これらの諸条件は姿を消し、その結果、それらの諸条件によって形成された〔ポーランド・シュラフタの〕型は次第に姿を消していった。〔ポーランドにおいて〕それらの諸条件が再び生じることは決してなく、従って、〔ポーランド・シュラフタ〕型が再生することも決してなかった。(40)

つまり、ある特殊な諸条件・環境下において形成された「シュラフタの型」は、環境の変化に伴い消滅した、とドモフスキは説明しているのである。後ほど詳述するように、ある「型」の「気質」が、環境の変化に応じて形成されたり消滅したりするものとして描かれている点に、スペンサーのいう「適者生存」の適用が見られる。

シュラフタがなぜ特殊な「気質」を形成するに到ったのか、それについては、シュラフタの社会的背景を根拠に、以下のように説明されている。

文明の境界地において、ヨーロッパ的な経済活動や、社会つまり都市が辛うじて発展の途についたばかりの国において、国家を保持し組織化することを任じられたシュラフタは、絶対的な権力を獲得した。……その権力を利用して、シュラフタは、諸都市の発展を抑制し、諸都市を最終的な破滅へと導いた。もし正常な諸条件の下であったなら、それは長続きしなかったであろう。なぜなら、増大しつつある国の生産や、東西との貿易関係は、ときとして市民身分の力の伸長を引き起こさずにはいなかったであろうから。(41)

都市の政治的・経済的機能がまだ十分に発達していなかったポーランドにおいて、支配階級であったシュラフタは、その絶対的な権力をもって、諸都市、ひいては都市市民の成長を妨げた。それが、例えばフランスにおけるブルジョワの台頭のようには歴史的進展をみなかった原因であるとドモフスキは考えていた。他方で、ポーランドにおいては、市民階級の「代用物」的存在、ユダヤ人が成長し、社会的機能を担ってきたとドモフスキは指摘する。

とはいえ、ポーランドには、ここ数世紀間の共和国を振り返っても前例になく急速な成長をしつつある分子が多数存在した。それは政治的権力や国家の運命に対する影響力への野望を持たない市民身分の代用品になる準備ができている分子であった。その分子とは、ユダヤ人であった(42)。

ドモフスキは、シュラフタが都市をおさえ、都市において政治的ライバルとなるべき市民階級を追い払い、分割に至るまで共和国における独占的・絶対的な支配を確保しえたのは、ユダヤ人の貢献があったからにほかならない、と断じている。

そこから敷衍して、シュラフタと協力的関係にあったユダヤ人こそが、特殊なポーランドの社会状況(つまり「気質」を涵養する「諸条件」)を歴史的に生じさせたのだと論じている。

特定の国民に対してどのような共感も覚えず、従って政治的な野望を全般的に奪われており、ただ国やその住民から物質的搾取を行うことのみを熱望する、多数のユダヤ人住民の存在に、結局のところ、ポーランドにおける歴史的状況の、最重要の起源がある。ユダヤ人のおかげで、ポーランド国民は、一九世紀中葉までシュラフタの国民のままであり続けた。それ以降でさえ、そうかもしれない(43)。

ユダヤ人は、政治を度外視し、経済的利益のために、都市住民の「代用」として経済活動の担い手となった。ポーランド人の都市住民が、経済活動を通じて成長し、政治勢力になっていれば、フランスの第三身分にも相当する重要性を持っていたはずである。それが、ポーランドが「不完全な社会」であり続けた、という意味であった。こうした分析は、ハンナ・アレント(Hannah Arendt)の言う、特権を付与され、国家内の外部者として、支配階級のために経済活動を担うユダヤ人の位置付けと一致している(44)。

もしも彼らでなく、彼らによって社会的機能を抑制されたポーランド人住民部分が、シュラフタと競合する政治勢力として組織化されていたなら、ヨーロッパ諸社会の発展において重要な役割を果たした第三身分として組織化されていたなら、現代的社会活動の主要なファクターとなったであろう。もしも彼らでなく、市民が四年議会の時代に舞台へ登場していたなら、それは、空前絶後の強烈な現象であったであろう(45)。

こうして、通常であれば貴族階級のライバルとなるべき「第三身分」に相当する層が成長しなかったため、シュラフタは、権力と特権(諸権利)を維持するための努力を何ら行わなくてもよい環境下に置かれ続けることとなった。それが、怠惰で競争心のないシュラフタ「気質」が形成された原因であり、ドモフスキがシュラフタを「ドードー鳥」になぞらえたゆえんであった。「それが、ポーランド国家の運命を決定する結果を引き起こした(46)」と彼は考えていた。

我々は不完全な社会のままであり続けた。重要かつ最も複雑な経済的機能部分の全体が、分子の手に握られた。……こうして国民と国家の運命は、……権力と特権の維持のための努力を必要としない環境にある、単一の階級〔シュラフタ階級〕の手に握られ、それが、まさに、ポーランド・シュラフタの精神的類型を決定した。そして、我々はそれ〔シュラフタ型〕に依拠して、我々〔ポーランド〕国民の性格を表現することに慣れ親しんできた。(47)

こうして、シュラフタ階層の怠惰で競争心のない気質が、「ポーランド国民の気質」となってしまったが、しかし、それは決して恒久的なものではない、とドモフスキは考えていた。一般に、「国民の気質」とは、不変のものであると言われているが、そうではなく、「気質」を涵養する環境の変化に応じ、それに適合した特長が「国民の気質」として強く現れるようになる、というのが彼の理解であった。

国民の気質とは、何世紀にもわたって変化することのない恒常的なものである、という意見をしばしば耳にするにもかかわらず、現実はそうした意見を極めて明白に否定している。何よりも、今日の諸国民は、一つの同質の人種から成り立っているわけではない。国民の所与の様々な人種的構成要素が、様々な社会状況において、自己の役割や社会的影響力の度合いを、それを通じて、より強いまたはより弱い痕跡を、国民の性格の上に残しつつ変更することができるようになっている。(48)

ここで着目すべきは、ドモフスキが、国民とは、「単一の人種」から成り立つものではなく、複数の「人種的構成要素」が混ざり合っていると認識していた点である。それらの「人種的構成要素」のうち、生存条件の変化に応じて、環境に適合するものが、その国民の「気質」として、強く現れるようになる、というのがドモフスキの考えであった。つまり、一国民の「気質」が決定される過程においても、「淘汰」が働いている、というのである。[49]

社会においても、自然においてと同様、様々な人種タイプが持つ生存の能力 zdolność do życia から生じた淘汰が、多かれ少なかれ行われている。我々の国民〔ポーランド国民〕は、他の諸国民に比べて、より同質的な人種から成り立っているわけでは全くない。スラヴ系を構成する諸要素は、ポーランド国民の中で、しばしばゲルマン系や、またオストプロイセンからスカンジナビア、数多くのフィン、リトアニア、タタール、モンゴル等々といった様々な出自を持つ、かなり大きな混合体と、混ざり合った。[50]

興味深いことに、ドモフスキは、「ポーランド国民」についても、「同質的な人種」から成り立っているものではなく、スラヴ系の要素が、主としてドイツ系の人々と混ざり合ったものだと認識していた。[51]「ポーランド国民」の成り立ちを、必ずしも同質なエスニック共同体とはみなさず、国民内での文化的多様性を想定するこうした見方は、一九世紀ポーランド知識人の間に、普通に見られるものであった。その意味では、ドモフスキも、一九世紀的な寛容さを継承していたといえるであろう。ただし、今日のリトアニアやベラルーシ、ウクライナにあたる地域を含む「歴史的ポーランド」の回復を考える人々に対して、東欧の諸国民の多くは、包容力ある(ひいては拡張論的な)ポーランド再生構想を、自国民への挑戦として捉えていたことに注意する必要がある。「歴史的ポーランド」の再生は、旧ポーランドの「帝国性」の復活を意味しかねなかったのである。[52]

さて、「国民の気質」とは、「環境」つまり社会的条件の変化に応じて「淘汰」され残存した適合的特徴である、従って、ある社会活動に適した「型」の形成には「環境」が持つ影響力を看過できない、とドモフスキは考えていた(53)。そのため、遡って考えるなら、「シュラフタの生活環境がその精神型に与えた影響についてより深い考察を行うことで、我々が〔ポーランド〕国民の気質とみなしているものを、より広く理解することができる(54)」とも述べている。

では、彼が念頭に置いていた「環境」つまり社会的条件とはどのようなものだったのであろうか。

有機体の発達が、より厳密な諸組織やセルの相互依存に、左右されているように、社会の発展は、より厳密な、それぞれの層や諸個人を相互依存へと導いている。社会が発展へと前進すればするほど、他の社会構成員との関係において、個人の願望は少なくなり、果たさねばならない義務は多くなる(55)。

ここでドモフスキは、「社会」を、あたかも一個の生命体として描いている。社会を構成する諸階級や、更に、諸階級を構成する諸個人は、生物を構成する数多くの細胞のように、互いに結びつきつつ、「社会」を発達させている、という見方が示されている。そうすると、個々人は細胞のように、社会全体を構成するための煉瓦の一つとして働くことになり、個人的な願望を制限されることになる。しかし、それについて懸念する必要はないのだという。なぜなら、ある程度の「社会的強制」を受けることによって、表面的には、個人は社会に対して従順に貢献するようになるが、しかし、それによって、「魂のより深い本質を傷つけ」られることはないし、「より高いレベルにおけるその個人的特性の発展をむしろ促進する」からである。そして、イギリスを例に挙げて、イギリス人が構成する「社会の中では、社会的強制ひいては人生の内面の形式整理が最も強く、また同時に、イギリスほど精神的な個人性が強い場所はほかにない(56)」と述べている。

こうした、個人としての精神的独立の維持と、個人に対する社会的強制に基づく社会の発展との両立は、ポーランドには見られないものであった。なぜなら、「ポーランドのシュラフタ社会において、諸個人の相互依存は前代未聞な程に薄弱で、その弱さは、それが社会という言葉の意味に完全に見合っていないくらいであった」ためである。シュラフタは、「誰にも阻止されたことのない特権において、直接に、ライバルのいない、戦いのない、緊張のない、個人の美点を役立てることのない、自己の欠点や弱点ゆえに滅亡の危険にさらされることのない、温室のような生存環境」の中で、その運命を規範や特権によって守られていた。従って、シュラフタの中で「淘汰」が行われることはなく、高徳な者も卑しいものも、また勇敢な者も臆病者も、シュラフタ仲間の中では同等の地位を占めていたのである。[57]

そして、「彼（シュラフタ）は巨人だったが、しかし、大洋の諸島にある自己の生息地にライバルがいなかったおかげで、誰にも繁栄を妨げられなかったおかげで、巨人に成長した、かのハト目《もく》の鳥ドードーの類の巨人であった」と、シュラフタの運命を、ドードー鳥のそれになぞらえ、「淘汰」によって「気質」が変化する過程を説明している。「ドードー種は、諸島が発見された後、突然人間がやって来たのとともに、非常に急速に消滅した。ポーランド・シュラフタ型は、新しい生活規範への大勢の国の移行とともに、既に退場して」いる、と。[58]

更に、「ポーランド・シュラフタには、とりわけ共和国が存在していたここ数世紀の間、ヨーロッパの諸社会のどこにも、そのカウンターパートにあたるものが存在していなかった」ために、王権や法律、国家に対する義務、経済活動の環境といったものが、ポーランドにおいては、変化してしまった。法律は、シュラフタに政治的な庇護を与えるためのものとなっていた。他方で、経済的な特権は、ユダヤ人が担っていた。こうして、シュラフタは「競争や戦いや所有物を喪失する危険のない状態で、温室の中の植物のように[59]」生きることができた、というのである。

ドモフスキのシュラフタ批判は、自然界に類推される国際社会において「淘汰」されてしまうポーランド国民の「気質」の起源としてシュラフタ階級を批判すると同時に、そうした「気質」を継続的に涵養していたポーランド社会のあり方にも改善を促すものであった。また、そこでユダヤ人が歴史的に果たしてきた役割について強調されているが、これは社会内の役割分担においてユダヤ人が市民階級の発達を妨げたことが批判されているのであり、「人種」的に排除する議論とはやや異なっている点に注意が必要である。ドモフスキの人種概念は可変的なものであり、ポーランド人という「人種」も同質ではなく、ユダヤ人も含め様々な「人種」の混合と淘汰の上で形成されたと考えられていた。

では、シュラフタの「気質」から先へ進むために、どのようなポーランド人のあり方が望ましいと彼は考えていたのであろうか。次章においては、現実の政治活動においてとるべき選択や方法という観点からこの議論が具体的に敷衍され、政治的リアリズムに到達するまでの過程を検討する。

（1）　Fountain, *Roman Dmowski*, pp. 103-104; Kulakowski, *Roman Dmowski w świetle listów i wspomnień*, t. 2, s. 23-24. ダーウィニズムの影響がいちはやく及んだのは、ロシア領のポーランド会議王国であったとされ、ワルシャワ中央大学（ワルシャワ大学の前身）においては一月蜂起が始まる前年に講義で進化論が紹介されていた。その後、一八七〇年代にチャールズ・ダーウィン（Charles Darwin, 1809-82）の著作がポーランド語に翻訳されるようになり、『種の起源』は部分訳が一八七三年、全訳が一八八四―八五年に刊行された。進化論の受け皿となったのは、一八八〇年代に優勢であった「ポジティヴィスト」と呼ばれた人々であった。彼らは、一月蜂起の敗北後、従来のロマン主義的な民族主義のあり方を批判して有機的労働を唱導した。社会的・経済的活動を通じて生活の改善やポーランド人の地位の回復を目指す有機的労働においては、教育水準の向上が重視され、西欧の進んだ科学的知識が積極的に取り入れられた。小山哲「闘争する社会――ルドヴィク・グンプロヴィチの社会学体系」阪上孝編『変異するダーウィニズム――進化論と社会』京都大学学術出版会、二〇〇三年、一九六―一九九頁。こうした背景のもと、進化論に関する文献の翻訳が充実していった。ドモフスキはいわばその恩恵を受け、早い時期に西欧の自然科学の文献に触れることができたのだと考えられる。

（2）ヤブヴォノフスキは、パリとライプツィヒで哲学と文学を学んだ後、評論家・政治家として活動し、一八九三年『グウォス』紙においてドモフスキらと協働した。後年国民民主党に属し、一九〇八―一二年にかけてロシアの第三国会に出席した。

（3）Kułakowski, *Roman Dmowski w świetle listów i wspomnień*, t. 1, s. 146.

（4）*Ibid.*

（5）*Ibid.*, s. 209.

（6）*Ibid.*, s. 172, 210.

（7）*Ibid.*, s. 187; Andrzej Micewski, *Roman Dmowski* (Warszawa, 1971), s. 49-50.　文中の「モスカル」は、ロシア人に対する蔑称。

（8）Kułakowski, *Roman Dmowski w świetle listów i wspomnień*, t. 1, s. 213.

（9）*Ibid.*, s. 214.

（10）*Ibid.*, s. 216-217.　なお、文中の「道化役達」は、ガリツィアの保守派であるスタインチクたちをさしている(本章第三節参照)。また、「保守派」の大物として挙げられているアレクサンデル・シフィエントホフスキ(Aleksander Świętochowski, 1849-1938)は、一月蜂起敗北後、武装蜂起により独立回復を目指す考えを徹底して批判し、「有機的労働」を唱導した中心人物の一人であった。一八八一年に『プラウダ *Prawda*』紙を創刊、自ら健筆を揮ったが、一八九〇年代になってロシア政府の弾圧政策が強化されたため、一九〇〇年に同紙を売却し、以降ルブリンの農民やウッチの労働者に対する非合法の啓蒙活動に専念した。

（11）Kułakowski, *Roman Dmowski w świetle listów i wspomnień*, t. 1, s. 217-218.

（12）Fountain, *Roman Dmowski*, p. 52.

（13）Kułakowski, *Roman Dmowski w świetle listów i wspomnień*, t. 1, s. 210-211.

（14）Fountain, *Roman Dmowski*, pp. 55-60.

（15）本書においては Roman Dmowski, *Myśli nowoczesnego Polaka* (Warszawa, 1934)を底本とした。

（16）Porter, *When.*, p. 196.

（17）Dmowski, *Myśli.*, s. 18.

(18)「有機的労働」という言葉は、一九世紀中葉以降慣用的に用いられていた。これは経済的活動及び文化的発展を通じてポーランド人の地位向上を目指す運動であり、「実業」とも訳される。ドイツ領ポーランドがその発信地であったとされ、その後他の分割領にも普及した。ロシア領ポーランドにおいては、シフィエントホフスキやプルスが代表的な推進者であった。

ここで用いられている「有機的 organiczna」という表現は、おそらくは一九世紀ドイツにおける有機体的国家論に関する議論において多用された「有機(体)的 organisch」という用語の訳であると考えられる。その多義性についてはカール・シュミット(Carl Schmitt)が大きく七つに分類しているが、そのうち第一の意味「非機械的」、及び第三の意味「非上意的」、が「有機的労働」の性質を捉えていると考えられる。前者においては、有機体という言葉は、国家を道具(機械、機関)とみる観念と対置される。ここにおいては行政装置や官僚制としての国家像は否定される。また後者においては、国家は支配者の命令の中にではなく、構成員全員の共同意志の中にあるとされる。これは官憲国家ではなく共和国であり、下から構築される民主制の国家である。これらの語義をふまえて「有機的労働」を見てみると、行政機構としての国家を喪失したポーランドが、表面上は分割列強の支配を受け入れつつも、しかし支配者の命令の中にではなくポーランド人の意思の中に共和国・民主制のポーランドを想定したものと解釈できる。カール・シュミット(上原行雄訳)「フーゴー・プロイス――その国家概念およびドイツ国家学上の地位〔一九三〇年〕」長尾龍一編『カール・シュミット著作集Ⅰ――一九二二―一九三四』慈学社、二〇〇七年、二二四―二二五頁。

(19) Dmowski, *Myśli*, s. 26. なおドモフスキの「人種」概念はやや特殊であるため用法に注意が必要である。詳しくは *Ibid.*, s. 45-46「〔ポーランド国民は〕他の諸国民に比べて、より同質的な人種から成り立っているわけでは全くなく……」等の記述を参照。

(20) Dmowski, *Myśli*, s. 26.

(21) George Mosse, *Confronting the Nation: Jewish and Western Nationalism* (Hanover, 1993), p. 122.

(22) Porter, *When.*, p. 17.

(23) Dmowski, *Myśli*. s. 42.

(24) *Ibid.*

(25) *Ibid.*

(26) *Ibid.*

(27) *Ibid*., s. 43.
(28) *Ibid*.
(29) Porter, *When*., p. 75, note 2.
(30) 「屈服せざる者たち」とは、政治的行動を重視する若者集団の総称であり、「屈服の拒絶」という言葉に社会的反抗のニュアンスを含み、「服従派」世代による政治活動の中断があった後、再び伝統的蜂起主義を髣髴とさせる「行動への回帰」を示したことに特徴がある。「屈服せざる者たち」の思想的特徴については、Porter, *When*., pp. 75-106 に詳しい。
(31) Dmowski, *Myśli*., s. 43.
(32) *Ibid*.
(33) *Ibid*.
(34) *Ibid*.
(35) *Ibid*.
(36) *Ibid*.
(37) *Ibid*., s. 43-44.
(38) *Ibid*., s. 44.
(39) *Ibid*.
(40) *Ibid*.
(41) *Ibid*.
(42) *Ibid*.
(43) *Ibid*., s. 44-45.
(44) ハナ・アーレント（大久保和郎訳）『全体主義の起原Ⅰ　反ユダヤ主義』新装版、みすず書房、一九九九年。
(45) Dmowski, *Myśli*., s. 45.
(46) *Ibid*.
(47) *Ibid*.
(48) *Ibid*.

(49) *Ibid.*
(50) *Ibid.*, s. 46.
(51) *Ibid.*
(52) Porter, *When.*, p. 16.
(53) Dmowski, *Myśli.*, s. 46.
(54) *Ibid.*
(55) *Ibid.*, s. 46-47.
(56) Dmowski, *Myśli.*, s. 47.
(57) *Ibid.*
(58) *Ibid.*, s. 48.
(59) *Ibid.*

第四章　闘争のロゴス

はじめに――リアリズム対教条主義

我々の社会には、二つの正反対の考えが存在している。それら二つの志向、二つの教義の戦いさえ生じている。それは政治的思想と、非政治的思想との戦いである。そして政治的リアリズムと、革命派、服従派、人道主義派など、あらゆる教条主義との戦いである。(1)

一九〇三―〇五年は、ドモフスキの政治思想にリアリズム志向が明確に示され、かつ、リアリズムが内外の政治過程における彼の組織原理として結晶化された時期であった。それはポーランドの自治(ひいては独立)への動きが、現実の政治的力として、ポーランド内外で広く発見され、同時にナショナリズム運動の担い手たちが現実政治と不可避的に直面させられた時期に重なり合う。そして当然に、ポーランド社会における諸政党・諸派間では、理念上・路線選択上の対立が先鋭化した。その中でドモフスキは、ロシア政治への積極的介入と国際外交活動への参画による政治的リアリズムの遂行をロゴスとしたのである。換言するなら、独立へのパッションを抱きつつ、それを真にポーランド国民の独立に役立てるために、ロシア帝国における国内状況や国際状況に照らして合理性を具えたプログラムを準備し実行することを主張した。

文頭に引用した「政治におけるドクトリンとリアリズム」(一九〇四年八月)や、それよりやや早い時期に書かれた「祖国とドクトリン」(一九〇二年五月)、「ロシアの危機に対して」(一九〇三年二月)といった論説からは、当時の彼の状況認識における変化を読み取ることができる。(2) 彼は、一九〇二―〇三年にロシアの内政・外政における危機がもはや「明白かつ多方面にわたる」(3) ものと看取するや、「今日、ほぼ確信をもっていえるのは、ロシアにおける現在の危機が、国家体制により深刻な痕を残さずに過ぎ去ることはない、ということである。……(危機は)あまりに深くロシアの一般社会全体を揺るがし、国家の生存や組織の基礎そのものに関わる」(4) として、従来のロシア政治に対する見方を変化させた。換言すれば、彼のリアリズムは、ロシアの危機的変動に対応するために形成された思想であったといえよう。

他方、ポーランド内部の状況認識については、文頭の引用において示されている政治的リアリズム対教条主義という対立構図のように、ポーランド社会の政治勢力・非政治勢力の分布を、国民の力を正しく認識するか、そして現実の政治を変えるか、という基準によって決然と二分している。(5) これは、彼の思想において政治的リアリズムが独自の位置を占めつつあることの表れであった。

一九世紀末から二〇世紀初頭のロシア領ポーランドにおいては、ドモフスキら国民民主党がナショナリズムを標榜しつつ非武装の政治運動を行う立場をとっていた。他方、「革命派」と表現されたポーランド社会党などの社会主義諸党派は、「プロタリアートの連帯」によりロシア帝国の打倒を目指す運動を行っていた。さらに主要な集団として、政治には関与せず、経済・文化活動においてポーランド国民の存続をはかる「服従派」あるいは「忠誠主義者」などと呼ばれる保守派がいた。

ドモフスキは、ここで、自らの立場を政治的リアリズムと位置付け、他の立場は全て「教条主義」と一括して批判する。「教条主義」は、「祖国とドクトリン」が次のように類型分けしている。(6)

「教条主義」と批判される類型の第一は「正義の王国」論、すなわち「正義の教条主義」(7)である。それは、「国際関係において必ずや正義が勝利すると信じるよう我々に命じ、また、そうした正義の勝利を早めるため、各方面で正義を行うよう、我々自身にも命じる」ものとされる。つまり、ポーランド国民として侵略や収奪が可能な場合であってもそれを行わず、かつて自分たちが手に入れたものは返却し、他方で、自分たちから何かが収奪される場合には抵抗せず、もぎ取られたものを奪い返したりもしない、けれども、「正義の王国」が到来するまでひたすら待とう、という考えをさす。これは、道徳的には崇高であっても、現実においては徹底した政治に対する無力感を表しており、受動的に正義がなされる日を待ち続ける「正義の教条主義」である。(8)

第二に、上記の教条主義とは「遠いが、確かな親類関係」にあると批判されているのが「社会主義的な教条主義」(9)である。両者は「正義」の信仰で似通っている。すなわち「社会主義的な教条主義」は「現在また将来における国際的なプロレタリアートの連帯」を宣言し、ヨーロッパ全体でプロレタリアートが勝利しさえすれば「ポーランド問題を「正義の原則において」処理してくれると信じる」よう人々に強いる教条主義である。(10)

社会主義的な教条主義によれば、今日、一つの集団として国民を考える必要はなく、国民の結合力を強める必要もない、という。むしろ、それ〔ポーランド国民の結合力〕を打ち砕き、労働する諸階層と、社会の残りの部分とを結ぶ道徳的な結びつきを切断し、他方で、労働する諸階層を他の諸国のプロレタリアートと合わせて一つにする必要がある、という。……「社会主義的な人民の共和国」としてのポーランドには、確かな未来があるのだから、それを信じ、専らそれに期待し、プロレタリアートの勝利を早めるために、今日の我々の道徳的基礎を破壊し、国民的理念を根絶しなければならない、等々という。[11]

さらに「社会主義的な教条主義」の対極には「**スラヴ的教条主義**」[12]がある。これは、ポーランド国民の救済を、「より大きなスラヴ民族としての連帯にある」と宣言する立場であり、皮肉なことにポーランド人以外のスラヴ人（主にロシア人）に対する認知度が最も低く、対照的にドイツ人との関わりが最も多いドイツ領ポーランドにおいて普及しているものである。「一族の中で最も強大なメンバーの優越のもとに、つまりロシアの優越のもとに」連帯を結ぶことを当然の前提とし[13]、さらに、「ロシアとの関係において過去のあらゆる傷跡を忘却することのみならず、今日ロシアから味わっているあらゆる不正な仕打ちに目をとじるよう勧めている」立場として説明されている。[14]

これと同類の、より悲観的なものとして、「ロシアとの直接的同盟の教条主義」[15]が挙げられている。それは、ポーランド国民には、「政治的独立を取り戻すための最低限の環境もなく、歴史の宣告によって、ロシア国家の国境内での生存が言い渡されている」という「明白な事実を出発点とする」もので、「ロシア政府影響下での、古く、もしかしたら居心地がよいかもしれないロシア国家との妥協を志向するよう勧め……相互の誠実な行いによって」、ロシア政府の信頼を獲得するよう勧めるものである。こうした論理から、ポーランド国民は、ロシアに抱擁（併呑）されるという不可避の結末が待っていることを知りつつ、不興をかう可能性は論じずに、その寵愛のみを信じ、進んでロシアの抱擁の中へ身を投げ出すべきだ、とする「教条主義」が生まれる。[16]

これら代表的な教条主義の諸類型[17]に対しては、第一に、ナショナリズムの歴史を動かす力を正当に評価することを知らず、反対に、「正義」、「社会主義的連帯」、「スラヴとの連帯」など政治的力にならない空疎な理念への過大評価があると批判されている。そして第二に、「正義」の教条主義は無為に救済を待ち続け、「社会主義」の教条主義は国民という枠そのものを解体するため、ポーランド国民の生存と独立には政治的に役立たないことが批判されている。先述のように、ドモフスキにおけるリアリズムとは、国民の利害のために現実の政治過程においてとりうる方策を選択し実行するための政治的選択をさす。そのため、彼にとっては、革命派も忠誠派も、現実のポーランドをトータルに動かすための視座を持たず、ポーランド政治から遊離してひたすら架空の理念にしがみつき、現実を超え出る政治的ロゴスを欠くものとみなされており、そのために「教条主義」として一括して批判されている。

換言すれば、ドモフスキは、ポーランド政治における勢力配置図の認識そのものの転換を唱えていた。「政治におけるドクトリンとリアリズム」において「ロゴスの欠如」が批判されている一方の極には、武装蜂起によるポーランド独立を目指す革命派があり、その対極には、忠誠主義があった。しかし武装蜂起主義対忠誠主義という対立軸はもはや、時代錯誤《アナクロニズム》であり、その政治的内実は存在しない、と彼は主張する。彼は、「実際のところ、今日、我々の社会には、絶対的な革命主義者も、絶対的な忠誠主義者も、存在しない。どちらかの極端の原理に信服している信奉者たちは存在しない」として、忠誠主義と、革命主義との対立を、「不誠実で論争的な策略」であるか、「空理空論の、問題の単純化であり、少しも事柄を明らかにしないどころか、反対に、政治思想全般をまどわせるものである[18]」と断じている。なぜなら、「少なくとも、有力な、組織された、指導的なスローガンに従って恒常的に活動を行っている集団という意味では」忠誠主義者の集団も革命主義者の集団も共に存在せず、「ときとして社会主義者たちは、武装蜂起に向けた準備について語っているが、彼らは、〔実際には〕そうした領域で何の活動もしていない。反対側の立場においては、忠誠主義に偏執する人々や、徹底したモスカル好きの人々の小集団があるが、いずれも〔政治勢力として〕何の意味も持たない[19]」からである。従って、忠誠主義対革命主義という対立の図式は、「政治的「時代錯誤《アナクロニズム》」であるか、または、古い戦略を新しい活動手段にしようと、粗悪な繰り返しをしているに過ぎない(20)」と彼は認識していた。

　ここでドモフスキは、「時代錯誤」に陥った政治のあり方を覆そうと試みている。彼の見解においては、ポーランド社会において対立しているのは、革命派と忠誠派ではなく、政治的リアリズムと、その他机上の空論と化している様々な「教条主義」の全てであった。この文脈において、リアリズムと、政治的思想、政治的なるものとは、同一視されている。ドモフスキの政治的リアリズムは、現実の政治過程において、ポーランドの独立という大目的のためにどのような手段をとりうるのかを、ロゴスに則って思考しかつ実行することを求めていた。

　本章第一節において詳述するように、国内政治においては、彼の指導する国民民主党のプログラムの転換を行い、従来の伝統的な武装蜂起主義と名実共に決別した。また、こうしたリアリズムへの転換の直後、日露戦争が勃発したことを機に、敗戦に苦しむロシア政府への対応をめぐって、武装蜂起による政府打倒を唱えるポーランド社会党と対立し、「服従派」に転向したとの誤解や非難を受けることとなった(21)。

　また、彼の思想においては、権力政治の現実を冷徹に認識するリアリズムと同時に、国民への献身を厭わず、国民的独立を求める意識としてのパッションとが共存していた点にも注意しなくてはならない。本章第二節において詳述するように、彼の思想におけるパッションは、その国民観の基礎であった。彼にとってポーランド国民を構成するものは、民族=言語的要素もさることながら、一つの生命体として類推される、総体としての国民への献身であった。

　そして第三節において述べるように、ドモフスキのパトリオティズムに内包されるロゴス的側面、リアリズムは、歴史的出来事を契機として明確化されていく。次節以降で論じる、彼が指導した国民民主党のプログラム変更(一九〇三年)や日露戦争(一九〇四—〇五年)への対応、ロシア政府に対するある種の妥協路線に、その一端をみることができよう。

第一節　プログラム転換

ドモフスキが『我々のパトリオティズム』(一八九三年)を発表して以降の一〇年間に、彼が活動拠点とする国民連盟は、その路線を大きく修正しつつあった。その変化を象徴する出来事が、国民民主党のプログラム(政治綱領)における方針転換であった。

国民民主党は、国民連盟を地下母体とする政党であり、ロシア領ポーランドを本拠としていた。一九〇三年に出された新たなプログラムの特異な点は、一八九七年に発表された当初のプログラムにおいて主張されていた、ナショナリスティックな武装蜂起を批判したことにある。そのため、国民連盟は、主としてポーランド社会党など他の政治グループから、「服従派」寄りになったという批判を受けることとなった。

こうした批判は、国民民主党のみならず、ドモフスキ個人にも向けられた。『我々のパトリオティズム』以降、国民連盟内で主導的立場にあった彼が、一九〇三年の国民民主党プログラムを執筆したためである。[22]このプログラム転換を契機として、彼は、「服従派」と変わりないという批判を受けるようになった。また、後年のドモフスキ研究においても、このプログラムは、ドモフスキが親ロシア的な態度に転じたと解される原因となってきた。ただし、以下で詳述するように、このプログラム変更を単なる武装蜂起の放棄やロシア追従志向と解してしまうのは早計であり、ドモフスキ自身それを意図していたのではなかった。では、彼はなぜ、こうした誤解を招きかねない内容のプログラムへと、あえて方向転換したのであろうか。

本節においては、国民民主党がプログラム変更を行うに至った社会的背景を検討する。そして、ドモフスキが武装蜂起を批判し、ロシア内政への働きかけを重視した論理を明らかにする。

ドモフスキ思想の展開と国民連盟

国民連盟の最初のプログラムは、ジグムント・ミウコフスキ(Zygmunt Miłkowski, 1824-1915)が一八八七年に執筆したもので、「既存の合法的・公的関係や機構に率直に対抗する」ものと評されていた[23]。その政治観の特徴としては、非合法活動の推進と、「止むことなき長期的革命」[24]の提唱が挙げられる。さらに、初期の国民連盟が持っていたもう一つの特徴は、二〇世紀初頭まで、彼らが武装蜂起を唯一の独立達成の手段とみなしていたことにある[25]。より正確に言うなら、少なくともロシア領ポーランドにおいては、党派にかかわらず、ポーランド人の政治活動といえば蜂起あるいはその準備を意味する、との認識が共通していた。武装蜂起というある種の伝統によって、ポーランドの政治活動・独立運動は、影響を被ってきた。それを主要な手段とすることに反発する人々であっても、一九世紀ロシア領ポーランドの政治過程においては、それを考慮に入れざるをえなかったし、多くの場合、そういった人々も、自覚している以上に伝統的な蜂起主義に影響されていたのである。

それだけに、武装蜂起を政治活動の「手段」から排除するまでには、国民連盟内部において葛藤が続いた。以下に引用した『全ポーランド評論』の記事には、その様子が反映されている[26]。

> ポーランドは、平和的な方法においては決して再建されないし、〔ポーランドを〕独立回復へと導くためのあらゆる政策は、決定的な瞬間において、プログラムの中に武装闘争を含んでいなくてはならない、と人々は我々に言う。**我々自身、それはよく理解している。しかし、**その真実を認識していることと、蜂起政策をとることとは、別である[27]。

国民連盟としては、ポーランドの独立を目指しており、そのためには、最終的に支配帝国と武力によって衝突する可能性もありうるという認識を持っていた。しかし、独立のための武力闘争の重要性は認めても、それを即効性のある手段として、今すぐに用いるべき方法とすることには否定的であった。武力による戦いの重要性を認めたからといって、現段階において武装蜂起を計画し実行するのは論理に飛躍がある、というのである。

ポーランド独立という目的に対して武装蜂起は合理的な手段ではない、と認めること自体が、当時の国民連盟の方針上、かなりの混乱を招いた。それどころか、国民連盟は、最終的に蜂起を断念した結果、解決不能な問題に陥ることとなった。国民連盟の指導者たちは、無理にでも、独立をかけた戦いのために蜂起に代わる手段を見つけねばならなかったためである。ポブクｰマリノフスキは、実際のところ蜂起のほかに手段が見つからなかったため、国民連盟は無意味な美辞麗句を用いざるをえなくなった、として、新しいプログラムを全く評価していない。(28) こうしたポブクｰマリノフスキの見方は、蜂起という手段を除外した後の選択肢を、帝国支配への服従に収斂したものと解してしまっている。

確かに、ポブクｰマリノフスキが批判するように、国民連盟の主張は一見すると論理一貫性に欠けていたかのようである。しかし、それは同時に、常に変化する政治状況を現実的に認識し、それに基づき適切な方法をとろうとする意志の表れであったと解することもできよう。ドモフスキは一八九三年の時点で、蜂起に代わる手段として「止むことなき長期的革命」(29) を提唱していた。つまり、蜂起という限定的な場においてのみ兵士として戦うのではなく、日々続いてゆく政治過程において、間断なく独立への活動を継続するべきではないか、という提案である。その提案を、彼は一九〇三年のプログラムに織り込み、今度は党の活動方針として再び表明したのだと解するべきであろう。独立闘争の手段として効果の見込めない武装蜂起を批判し、ロシア内政のダイナミズムを捉えて政治活動を展開しようとする基本姿勢は一貫していた。従って、一九〇三年のプログラムを「服従派」的とする解釈は、そうした現実主義的な思考を看過あるいは過小評価しているといえる。

一九世紀後半のポーランド社会の状況を大まかに捉えるなら、一方において、伝統的な抵抗の手段であった武装蜂起は、(とくにロシア領ポーランドにおいて)ポーランド人の政治活動と切り離せないものと考えられていた。しかし、その対極には、分割された状態のままで経済・文化活動を発展させ、それによってポーランド国民の地位を高めていこうとする有機的労働の考えがあった。とくに一月蜂起が鎮圧されて以降は、敗北感と無気力感が蔓延し、知識人や有産階級の間に有機的労働を推奨する傾向が広まっていた。

ドモフスキは、一八九三年に既に伝統的な蜂起主義を批判しており、武装蜂起は目的合理性を欠く活動手段であるという姿勢を貫いていた。この点で、彼の立場は「有機的労働」を支持するいわゆる「服従派」と共通しているかに見える。しかしそうではなく、彼は独立を長期的かつ現実的な目標としていた。また、蜂起主義を批判するリアリズムの根拠、前章にみた、社会ダーウィニズムに影響された国民観・国家観であった。従って、「有機的労働」を推進する人々とは出発点も目的地も異なっていた。

さらに、ドモフスキは新しいプログラムにおいて、ロシア領ポーランドだけを独立闘争の主体とすることに異を唱えた。つまり、ドイツ領ポーランドやガリツィアも、ポーランドの定義に含めるという主張である。こうした志向を持つ人々は、「全ポーランド主義者」と称された[30]。ロシア支配下に置かれて以来、合法的な政治活動が許されなかったために、武装蜂起によってロシア支配を打倒する、という筋書きは、ロシア領ポーランドの政治活動において、当然の前提として固守されていた。従って、ドモフスキが主張した、ドイツが東方へ進出すればドイツに同化される恐れが高まるのだから、それを防ぐためにロシアを破綻させずに民主化し、ロシア内でまず自立(自治)を得てゆくゆくは独立しよう、という考えは、聞く者に違和感を与えたであろう。にもかかわらず、そのリアリズムゆえに、全ポーランド主義は国民連盟の中で着実に支持を広めていった。

一八九三年の『我々のパトリオティズム』が提示した思想は、一〇年を経て国民連盟内の主流となった。そして、国民民主党は第一にロシア領ポーランドを活動の中心とし、それに加えてドイツ領ポーランドやオーストリア領ポーランドでも活動するという、ドモフスキの抱いていた構想が、国民民主党の方針として公にされたのである。[31] そこにおける武装蜂起の否定は、全ポーランド的な志向の明確化と、それに対する支持の拡大という背景の下で、示されたものであった。

第二節　ポーランド人とは誰か

ドモフスキの思想における重要な段階の一つが、「全ポーランド主義」と呼ばれる考えであったことは既に述べたとおりである。これは、三支配帝国によって引かれた国境線と、階級の格差とを超越し、ポーランド国民の統合を目指すという主張であった。そのため「全ポーランド主義」は、どの領域がポーランドとなるのか、ならないのか、誰がポーランド国民の構成員となるのか、ならないのか、という問いを必然的に引き出した。ポーランド人やポーランド国民といったものの定義が必要となるに伴い、他の諸国民の位置付けに関する問題が生じるのは不可避となったのである。

また、彼の思想に内在するリアリズム、ロゴス的側面が、武力行使を伴わない政治的な活動を通じて独立を目指すという方針に表明されていることについても、既に述べた。これは、一九世紀末ロシア領ポーランドにおいて独立を目標とする政治活動と切り離せなかったロマン主義的蜂起主義を批判し、なおかつ、一月蜂起の鎮圧後に優勢となった「服従派」の唱える「三面忠誠主義」にも反対する、というものであった。換言するなら、これは、シュラフタの価値観への批判であり、シュラフタのみで構成される国民というものの脆弱性の指摘であった。こうしたリアリズムは、彼の思想的展開の第二の段階である社会ダーウィニズムの影響を受けた国民観・国家観に基づくものであった。

これら二つの段階は第三の段階である、共和国という枠組みの打破に至るために必要なプロセスであった。そこで、本節においては、ドモフスキの思想的支柱となっている国民観の最終段階をおさえ、第II部において彼の帝国論へと分析を進めるための前段とする。

国民とは何か

一八九五年に『全ポーランド評論』に掲載された「国民の一体性」という記事において、ドモフスキは、ポーランド国民という集団が存在する根拠について述べている。

我々は、一つの国民である。単一の、不可分の国民である。なぜなら、我々は、自分たちが統合されているという感覚を有しており、共通の集団意識を、共通の国民的精神を持っているのだから。この国民的精神は……(我々が)共有する国家が存続していた数世紀間を通じて形成されたものであり、共通の生存を求める闘争における、一体感である。そして、集団としての成功、失敗、目標へ向かう熱望において、隣接する諸外国の伝統と区別されているという感情である。この国民的精神は、歴史の長い過程を通じて形成された。この国民的精神は、歴史の中に、その存在と熱望を正当化するための根拠を見いだす。明らかに、「歴史的諸権利」というのは、中身のない題目ではないし、無意味な決まり文句でもない。そう、我々は一つの国民である。なぜなら、我々は共通の感情で結ばれており、国民としての共通の思考で結ばれているのだから……そしてポーランド人各人が、教育を十分に受けていない者であっても、ポーランド人としての意識を持つようになるという目標に、共通の意思が向けられているのだから(32)。

ポーランド人であるか否かは、ポーランド語を話すか、出生地がポーランドであるか、といった基準によって判断されるのではなく、「国民的精神」の共有にある、と彼は述べている。具体的には、ポーランド国民がさらされている、諸国民間の生存競争に貢献するかどうかによって決まる。つまり、国民の共通の目的に貢献する感情がポーランド国民の構成員を定める基準となっている(33)。

では、言語や出生地といった、民族=言語的基準は、全く重視されていなかったのであろうか。『一現代ポーランド人の思想』には、次のような記述がある。

ガリツィアには、自分たちを大変優れたポーランド人だと自負する人々がいる。彼らは、ポーランドとの関係を、単に、ポーランド語を公用語とし、ポーランド人に政府の職を与えるといった、そうした狭いものとしてのみ捉えている。しかし彼らは、迫害され、最も重要な諸権利を侵害されたポーランドについて、知ろうとしない。また、とくにロシア領ポーランドには、苦しむポーランドをのみ愛する人々がいる。彼らのパトリオティズムは、ポーランド国民の抑圧を導けば十分なのである。彼らは、ガリツィアにいる同胞を、ほとんど嫌っていると言ってもよく、その理由は、〔ガリツィアのポーランド人たちが〕抑圧されてはいないからである……(34)。

ここでドモフスキは、ガリツィアを拠点とし「有機的労働」を唱導する知識人や文化人たちを批判しつつ、同時に、ロシア領ポーランドの武装蜂起の伝統に固執するパトリオティズムを皮肉っている。ガリツィアの知識人たちは、政治的には無関心を決め込み、高邁な文学に耽り文化的発展にいそしんでいる。それは、他の分割領にいるポーランド人や、統一されるべきポーランド全体の運命から目をそむけ、政治活動を理由に迫害される危険を回避する、無責任な態度である、という批判である。他方で、ポーランドの国民的独立のためという大義名分を掲げながらも、現実的には敗北に終わることが自明な武装蜂起を繰り返そうとする、熱狂的なパトリオティズムの唱道者らに対して、ドモフスキは冷笑的ともいえる見方をし、彼らは意図的にポーランドを困難な状況に置こうとし、その状態で抵抗を続けることに価値を認める人々であると断じて距離を置いている。彼らは、祖国の分割という悲劇的運命や、その再建という宿願によって自分自身を支えており、そこに自己満足が混じっていることを、ドモフスキは感じ取っていたのではなかろうか。「悲しみには、いくぶんか快楽がまじっている」といったメトロドトス、あるいは、「泣くことには、ある種の快感がある」といったオウィディウスの指摘のように[35]。純粋な悲嘆というものは存在しえない。どのような悲嘆の中にも、必ず一抹の歓楽が混ざっている。確かに武装蜂起は、ポーランド独立と抑圧者の打倒という大義を掲げてはいたが、それは実現不可能な計画であった。にもかかわらず、蜂起主義者たちは、それを試み、敗北し、抑圧されながらも繰り返そうとする。その理由は、先に挙げた大義もさることながら、とりわけシュラフタにとっては蜂起を行い祖国のために犠牲を払うことが自己実現の手段となっている側面にあったことも否めない。そういった文脈において、ドモフスキは、それが真にポーランド国民のためのパッションではないことを、文中の表現を用いて説き明かしたのであろう。

ドモフスキの思想においては、ポーランド国民は「共通の意思」に基づくものとされ、目的を共有するものとされた。国民的精神を共有する者は、国民全体の利害を現実的に考え行動することが求められた。

しかし、現実には、ポーランド人となるべき人々(とくに農民)は、ポーランド国民としてのアイデンティティを保持していないという事実を、彼は認識していた。ドモフスキが理想とする、共通の意思で結ばれる共同体と、現実世界の「まだ啓蒙されていない」農民との間には、大きなギャップがあった。この問題について、彼は、いまだポーランド人としての意識を持たない農民たちは潜在的ポーランド人なのであり、国民意識の啓蒙を通じて独立運動の主体へと成長するという説明をしている。これは、潜在的ポーランド人という概念を用いることによって、国民としての意識が実際に広く普及する前段階においても、ポーランド国民の存在を確保するための構想であった。(36)

第三節　政治的リアリズム

思いがけずロシア政府の衰弱をもたらした日露戦争の展開は、ロシア帝国支配下にあって独立運動に関わる人々の思考に、強い影響を与えずにはいなかった。ドモフスキもまた状況の変化に対して鋭い感覚を示した一人であったが、他方で、その冷静な思考を失うことはなかった。

極東において緊張が高まり、日露戦争が勃発し進展した時期になって、彼の政治的リアリズムは初めて明瞭に発揮された。圧倒的な力を持つとされたロシア帝国が内外で危機におそわれるなか、二〇世紀初期のリアリストの目に映じた国際情勢、とりわけポーランドをとりまく情勢はいかなるものであったろうか。

以下では、「日露戦争に対して」と題され、一九〇四年六月に発表されたドモフスキの論説から、彼が状況の本質をいかなるものとして認識していたのか、また、そこに表出する彼の思想的特徴を見てみよう。(37)

戦争の勃発したその瞬間から、我々は皆無意識のうちに、太平洋上の何処か、満州や朝鮮といったエキゾティックな国々で最近起こったこの戦いが、我々国民の運命に重大な影響を及ぼさずにはいないことを、理解するというよりは感じていたのであった。とはいえ、漠然と現局面の重大性を認識するのみにとどまっているわけにはいかない。政治的な思考を働かせる必要がある。この戦争に何を期待すべきかを理解するためだけでなく、有害な幻想や、荒唐無稽な空想の誘惑に負けてしまわないために。(38)

ワルシャワから遠く、シベリアを越えて東の果てで起こった戦争は、しかし、その地理的隔絶にもかかわらず、ロシア領ポーランドの政治活動家たちにとって極めて重大な意味を持っていた。緒戦で日本の奇襲攻撃に敗北した専制権力の権威が弱まると、とりわけ左派の間では、この戦争に日本が勝利すれば、ロシアで革命が起こるかもしれないという期待が高まった。ピウスツキらポーランド社会党は、日本との協力による武装蜂起をも視野に入れ、ロシア帝政を打倒する計画を現実に動かしていた。この論説より約五カ月前、一九〇四年一月には、既に同党のピウスツキやヴィトルド・ヨトコ-ナルキェヴィチ(Witold Jodko-Narkiewicz, 1864-1924)らが、日本在外公館に対して、日本軍内におけるポーランド人部隊の組織や、ロシア軍に徴用されたポーランド人兵士を動員しての工作について、提案することを決定していた。(39)

しかし、ロシア領ポーランドにおける武装蜂起と日本軍の攻撃との挟み撃ちによって、ロシア軍及びロシア政府に打撃を与えるという考えは、単にロシアが極東での戦争によって損害を受けているさなかであるという国際状況の変化を除けば、敗北と弾圧に終わった一月蜂起のそれと本質的に同じであるとドモフスキは見ていた。緒戦においてロシア政府が打撃を受けるや否や、「二年前にはロシアを揺るぎなき大国とみなしていた人々の多くが、……ロシアを侮り始めて」おり、またも武装蜂起という「積年の悪癖を持ち出そうとし」、それによる独立という非現実的な悲願に流れかけている。それが彼の危惧であり、また警告を含む批判を発するゆえんであった。[40]他方で、一月蜂起の失敗後、ロシア領ポーランドにおいては、もはや反政府的な政治活動に関わろうとしない「服従派」が優勢であった。そうした人々にとっても、ロシアの苦境は、その対ポーランド政策における何らかの変化を期待させた。

彼らによると、戦争終結後には憲法ができ、それがロシア内部の状況を変化させ……〔現在の〕ロシアとは全く異なる国家を、生ぜしめるのだという。活気なく乾いた眼の前に広がる魅惑的な蜃気楼のように、田園風景が戦争の煙塵の向こう側に現れる。それは、手に入れるべく苦労したり争ったりせずとも、熟した果実のようにひとりでに歴史の樹から落ちてくるのだという。これと似たような考え方が広まることによって、人々は受身でいるのを正当化……しつつあり、それが国民のエネルギーにどれだけ悪影響を及ぼしているかは、示すまでもない。その上、あらゆる錯覚や根拠のない期待は、いつでもどこでも一つの結果――幻滅――を引き起こしてきた。そして幻滅の後には、精神的反動として、無関心と自身の力や将来に対する自信の喪失とが訪れる。[41]

政治活動に意欲を持たない人々は、もしロシアが日本に敗北すれば、ロシア政府は臣民に対して厳しい政策を維持することができなくなり、妥協策を示してくるであろう、と期待していた。それが実現するならば、何も危険を冒して政府に反対する必要はない。自ら武装蜂起で血を流したり、非合法の抵抗運動に身を投じたりせずとも、日露戦争の終結を待ってさえいれば、偶然の恩恵に与れるのではないか。

こうした、いわば消極的に果報を待つ姿勢に対して、ドモフスキは「国民のエネルギー」という観点から、再考を促している。もし、彼らの言うように、ロシア政府の自発的な軟化に期待し、半ば眠った状態でいるなら、一つの生命体の姿に類推されるポーランド国民は、全体の活力を弱めるであろう。さらに、内政的変化に対する期待の高まりにもかかわらず、戦争の後に何も変わらなかったらどうなるのか。一月蜂起が見せた独立という夢が幻滅に終わったとき、人々が無気力にとらわれたのと同様、今回もまた、内政改革という期待は破られるのではないか。そして、その後には、精神的な傷跡が残されるだけではないか、と問う。彼にとって、戦争勃発からこれまでに示された、これらのポーランド社会の反応は、一月蜂起の敗北をもたらした極端な武装蜂起ないし行動主義への信頼や、また一月蜂起後の「服従派」が示した政治活動に対する徹底した無気力さという、両極の延長であった。

では、ドモフスキ自身は、どのような方策をとろうとしていたのであろうか。

ロシア国家は、対外的な力や国内での権力を失えば、臣民に対する〔専制的な〕姿勢の維持に不安を抱かざるをえなくなり、アジアで困難に直面すればするほど、我々を根絶するための戦いを遂行する力を弱めるであろう。他方、我々は、ロシア国家からの攻撃を撃退し、国民の生存のために必要なものを手に入れることができるようになるであろう。(42)

ここでの彼の国際情勢分析は、ほぼ上述の「服従派」のものと重なっている。ただし、大きく異なっているのは、座して望ましい変化を待つのではなく、これをロシア国家から受けてきた抑圧を退ける時期と捉え、これを機にポーランド国民の存続に必要な政治的条件を整えようという、危機的状況をチャンスに変えようとする視点である。

また、国民民主党、およびその地下組織である国民連盟は、「戦争が始まったときから」、ロシアの国内状況が法改正等によって変化するにせよ、それによって対ポーランド政策が大きく変わるといった過大な期待は持たず、「ロシアの国内状況の法的な変化を拠りどころとする期待や希望に左右されない」、と宣言していた。かりにロシア政府が内政に若干の変化を加えても、それだけでは、自分たちの望むような、ポーランド国民の生存維持には不十分である、という認識があった。「服従派」にはそれが理解できていない、と彼は考えていたのであろう。[43]

ロシア政府は「戦争の後に何を「与える」だろう、憲法だろうか、それとも別のもっと小規模な改革であろうか、あるいは引き続き現行の制度を維持して、期待を全て欺くのだろうか」、と問う「服従派」の思考様式は、一月蜂起後四〇年間かけて培われた、政治的な受動性の表れであった。それは、自己の運命に対する無力さの現れであり、「常に〔ロシア〕政府に積極的な役割を認めて」しまうことになる、とドモフスキは批判する。ただし、うち続く敗戦の結果、ロシア政府が国際社会および国内において権威を失う、という展望については、「これは、多少は当たりそうな憶測などというものではない。紛れもない事実なのだ」として同意を示している。ただし、「ただ一つの事実から、それに見合わないほど拡張した結論を引き出すのは大きな誤りであろう」、とし楽観を避けている。[44]

ロシア政府の衰弱という「事実」を認識しつつも、そこから有利な状況を過大に評価するのをドモフスキは慎重に回避した。国民民主党やポーランド社会党など、ポーランド人の政治活動家集団にとって、「政府の威厳の衰えや財政危機」という支配者の苦境は、「並外れて好都合な状況」にほかならなかった。しかし、諸集団がばらばらの行動や計画をとっていては、政府にとって十分な対抗者となることはできない。いくら弱まったとはいえ、「相対的に見れば政府の力は、なお十分に大きいことが明らかになるであろう」。帝国と、国家なき国民の中の更に一部活動家の少数集団とでは、全く規模が違っており、いわんや武力に訴えるのだとすれば、その力の差は歴然としていた(45)。

　そして彼は、ロシア政府を構成する官僚集団に着目している。たとえ戦争の結果がどうであれ、「高級官僚たちが、国家の体に新たな生命を吹き込むという目的のためだけに、その巨大な権力を自ら断念するなどと」考えられず、彼らが政府の巨大な権力を保持することに変化はない、と彼は予測していた。


　さらに、政府は警察権力全般を強化し、また、盛んかつ精力的な活動を拡大した。それは、ロシアの反対派の機関紙の機知に富んだ指摘によると、いまや、外政における敵より内政における敵との戦いに手練れたプレーヴェの方が、クロパトキンよりも活き活きしている、という(46)。


開戦に当たっては、外交上の要因もさることながら、国内政治における対立が作用していた。既に、一九〇三年八月に穏健派のセルゲイ・ユリエヴィチ・ヴィッテ(Sergei Yul'evich Vitte, 1849-1915)が解任されており、九月には、皇帝を議長としプレーヴェを副議長とする極東委員会が設置された。一〇月には、強硬派のヴィッテの政敵、アレクサンドル・ミハイロヴィチ・ベゾブラーゾフ(Aleksandr Mikhailovich Bezobrazov, 1855-没年不明)がそのメンバーとなった。

　プレーヴェは、「革命をおさえるには小さな、勝利に終わる戦争がわれわれには必要だ」と述べたと言われている。しかし、それはクロパトキンから聞いたヴィッテが書き留めたもので、その背後には、プレーヴェに戦争責任を負わせようという意図があったとされる。プレーヴェがあえてベゾブラーゾフに近づいたのは、ヴィッテを追い落とすためであったとされている(47)。

　しかし、国内政治において活発な戦いぶりを見せていたプレーヴェは、この論説から一カ月とたたない一九〇四年七月二八日、ペテルブルクにおいて、エスエル党の戦闘員により暗殺される。日露戦争は、ロシア社会からの人気が極めて低い戦争であった(48)。ロシア国内の反政府的な活動家は戦争批判を強めていたため、この死は広く歓迎された(49)。

プレーヴェの死後、新たに内務大臣としてピョートル・スヴャトポルク＝ミルスキー（Pyotr Sviatopolk-Mirskii, 1857-1914）が任命され、改革政策の承認をロシア皇帝からとりつけて、「自由主義者の春」と呼ばれる時期が到来する。そうした展望は、この論説が書かれた時点のロシアの状況からでも、ある程度予想が可能だったであろう。

しかし、戦後に政府主導の改革が行われるにしても、それは表面的な緩和策に過ぎず、ロシア社会と政府ないし官僚集団との関係が根本的に改められることはない、とドモフスキは分析している(50)。

　ロシア帝政は、戦争の結果が不首尾に終わった場合、臣民に対して自ら妥協政策をとり、正当かつ極めて穏健な彼らの要求に耳を傾けるようになる――そのように判断する根拠は何もない。……政府は、臣民を催眠にかけるために、絶大な力を有する毅然とした大国という役割を演じたがっている(51)。

「中枢まで道徳的に頽廃したモスクワの官僚集団」は、敗戦のショックで一時的に失墜した国家の権威が回復すれば、再び専制を強めるであろう。そこで、反政府活動を行うグループがとるべき行動は、当然そうした政府の真意を見抜き、それに抵抗することである、と彼は主張する。そして、それだけに満足せず、この状況を利用して政府の姿勢を根本的に変えさせることが必要である、と訴える。

実際、政府が戦争から極めて衰弱した状態で撤退することは明らかである。他方、我々を含め、政府と戦っているあらゆる集団にとって、任務遂行は極めて容易になった。なぜなら、政府の絶対的な力という堅固な壁に、対外的な敗北が、勝手にかなりの割れ目を入れてくれたのだから。我々の活動や国民的戦いの土壌は、並外れて肥沃になるであろう。しかし、最大限強調しておくが、戦後に我々を待っているのは、刈り入れではなく、政府の雑草を引き抜き、自前の耕地を開墾するという、困難かつ精力的な仕事である。つい最近まで、ロシア政府の権力に対抗するのはシシュフォスの苦役である、と多くの人が考えていた。彼らは、ロシアの建造物の壁をじっと見つめ、こう考えた。

一つ一つの煉瓦はしっかりとはめられているだろうか、
そして彼らは絶望とともに肩を落とした
あたかもこう考えているかのように――誰もこの壁を打ち倒すことはない！　と(52)

ロシア政府の衰退という事実を過大評価してはいけないと警告したドモフスキだったが、政治的変革を起こしうる絶好の機会が到来しつつあることは確信していた。日露戦争の敗北は、決して倒すことができないはずだった権力の壁に、ロシア政府が自ら打ち込んだ楔であり、そこにできた小さからぬ間隙は、独立運動の突破口となるかもしれなかった。社会主義者たちは、ひびの入った壁を、自分たちの武装蜂起によって完全に打ち崩せると信じていた。他方、服従派の人々は、入ったひびから幾ばくかの恩恵がこぼれてくることを期待し、壁の下にたたずんでいた。これに対して、ドモフスキは、わずかずつでもそのひびを広げ、対ポーランド政策を軟化させ、自治を得る道筋を着実につけていこうとしていた。

さらに彼は、ポーランド国民の内部にある様々な政治活動グループの「輪を最大限に広げて」、統一的な運動を形成しようと訴えている(53)。おそらく念頭にあったのは、ポーランド社会党を中心とする左派諸集団であろう。これより約一カ月後に、日本政府への対応をめぐって、彼とピウスツキらポーランド社会党のメンバーとは激しく対立する。それを見越してか、政党間での意見統一を図っていた様子がうかがわれ興味深い。

政府が提案してくる改革が、表面的なものにとどまるのだとすれば、それに代わる案として、ポーランド人の側から積極的に要求を示していくというのが、彼のとろうとしていた交渉戦術であった。しかも、それらの要求は、ポーランド国民の生存にとって不可欠な諸権利の要求であると同時に、政府にとっても理解可能なものでなくてはならなかった(54)。ここで、打倒すべき敵としてではなく、交渉すべき敵対者としてロシア政府を描いている点で、彼の立場は社会主義諸派と異なっている。彼我の相対的な力関係を過信なく捉えるなら、それはむしろ当然の見方であった。

それぞれは小さな勢力に過ぎないポーランド人政治活動家の集団が、ロシア帝国と交渉しうるまでの立場を獲得するには、諸政党間が一致しなくてはならない。それに加え、「こうした作戦が効果的であるためには、無条件に大衆的なものでなくてはならない……我々は先に立って、人民を貧困から連れ出し、啓蒙し、組織しなければならない」として、大衆の支持を得る必要性をドモフスキは強調している(55)。

単に大衆を動員するだけでなく、ロシア政府との戦いの意味を、彼ら自身の問題として感じ取らせ、理解させる必要がある、と彼は主張する。農村労働者、工場労働者を問わず、「国民的運動」への自覚を促すことは、大衆をポーランド国民の一員へと、将来の国民へと啓蒙するプロセスにほかならなかった。

この論説の結びにおいて、彼は、「我々を待つのは、静寂や安全な避難所ではなく、戦いと任務である」、「だからこそ、今、自分たちの力を諸政党の狭量かつ取るに足りない規模の取り組みへと分散させてしまわず……共通の大規模な任務に力を注ぎ込むことこそが」、諸政党の義務であるとして、ポーランド国民としての団結と統一を訴えている。(56)

ロシア帝政の揺らぎが現実のものとなりつつあった状況で、日本と協力しての武装蜂起を計画する左派の積極的行動主義者たちも、またロシア政府の自発的な内政改革が民主的なロシア国家をもたらすと期待する「服従派」たちも、それぞれの幻想にとらわれていた。そうした一種の高揚感が広まる中にあって、ドモフスキの示した情勢分析と提案は、国民の統一という、やはり一つの理想を説きつつも、なお冷徹な政治的リアリズムに根拠付けられていたといってよいであろう。

ここまで第Ⅰ部においては、「全ポーランド主義」を中心にドモフスキの思想的特徴を整理すると共に、『我々のパトリオティズム』から『一現代ポーランド人の思想』へ至る一連の著作を分析することによって、彼の「ポーランド人」観の変遷をたどった。そこで、あるべきではない「ポーランド人」像としてシュラフタがいかに批判されたかを確かめ、それを超越するために政治的リアリズムが求められていく過程を追った。そして、現実の国際政治・国内政治における出来事に対して、彼が政治的リアリズムをどのように適用し対処したのかを検討した。

以下第Ⅱ部においては、こうした彼の「全ポーランド主義」とそこから派生した「ポーランド人」観、及び社会ダーウィニズムに裏打ちされた政治的リアリズムをふまえた上で、それが一九〇八年以降の国際政治的な文脈において、彼の帝国論とりわけドイツ脅威論と共に、どのように展開していったのかを検討する。

（1）Roman Dmowski, “Doktryna i realizm w polityce,” w: Dmowski, *Dziesięć lat walki* (Częstochowa, 1938)（以下、

Dmowski, “Doktryna.” と表記), s. 209.

(2) Roman Dmowski, “Ojczyzna i doktryna (maj 1902 r.),” w: Dmowski, *Dziesięć lat walki* (Częstochowa, 1938) (以下、Dmowski, “Ojczyzna.” と表記), s. 45-56; Roman Dmowski, “Wobec kryzysu rosyjskiego (luty 1903 r.),” w: Dmowski, *Dziesięć lat walki* (Częstochowa, 1938) (以下、Dmowski, “Wobec kryzysu.” と表記), s. 302-314.

(3) Dmowski, “Wobec kryzysu.,” s. 302.

(4) *Ibid*., s. 303.

(5) Dmowski, “Ojczyzna.,” s. 46-47.

(6) *Ibid*.

(7) *Ibid*., s. 49.　強調原典のとおり。

(8) *Ibid*., s. 48-49.

(9) *Ibid*., s. 49.

(10) *Ibid*.

(11) Dmowski, “Ojczyzna.,” s. 49.

(12) *Ibid*.　強調原典のとおり。

(13) *Ibid*., s. 50.

(14) *Ibid*.

(15) *Ibid*.

(16) *Ibid*., s. 50-51.

(17) そのほか、様々な類型の小規模の教条主義が存在することを指摘しつつも、それらは政治において果たす役割が少ない分、与える害も少ないとしている。*Ibid*., s. 51.

(18) Dmowski, “Doktryna.,” s. 209.

(19) *Ibid*., s. 208.

(20) *Ibid*., s. 209.

(21) ドモフスキの視点から見た場合、「服従派」は、ポーランド政治思想が二つの極端な立場——つまり革命派と忠誠主義の間をスイッチの切り替えのように行ったり来たりする状況の中で、中道を求める立場を強調する人々と認識された。その意味において、服従派は、「テーゼとアンチテーゼは存在するが、しかし、シンテーゼを探そうという意欲すらない」ポーランド社会に対する批判を唱える存在である。しかし、こうした主張は、「スタインチクたちが思いついた」、「時代錯誤な」構想であり、「不誠実で論争的な策略であるか、……あるいはむしろ空理空論の、問題の単純化」であると批判した。Dmowski, "Doktryna.," s. 208.

(22) Pobóg-Malinowski, *Narodowa Demokracja 1887-1918*, s. 240.

(23) *Ibid.*

(24) Dmowski, *Nasz.*, s. 24.

(25) Pobóg-Malinowski, *Narodowa Demokracja 1887-1918*, s. 236.

(26) 『全ポーランド評論 *Przegląd Wszechpolski*』は、その前身である『移住評論 *Przegląd Emigracyjny*』をドモフスキが改称し、一八九五年一月オーストリア領ポーランドのルヴフで創設した国民連盟の準機関紙である。二週間に一号の割合で発行されており、価格表から判断する限り、「オーストリア＝ハンガリー君主国」、「ロシア帝国分割領」、「ドイツ帝国及びブラジル」、「フランス及びローマ・カトリック諸国、ブラジル、アルゼンチン」、「イギリス」そして「アメリカ合衆国」へ配送されていた。ドモフスキは、海外に渡航していた時期を除いて編集を務めた。彼が同紙に最初の論文「国民の同一性」を寄せたのは、一八九五年三月一五日であった。Skr.〔ドモフスキの筆名 Skrzycki の略〕, "Jedność narodowa", *Przegląd Wszechpolski*, nr 6, 15 marca 1895, s. 81, 98, 113.

(27) Pobóg-Malinowski, *Narodowa Demokracja 1887-1918*, s. 236.　強調原典のとおり。

(28) *Ibid.*

(29) Dmowski, *Nasz.*, s. 24.

(30) Bułhak, *Dmowski—Rosja.*, s. 74.

(31) Kułakowski, *Roman Dmowski w świetle listów i wspomnień*, t. 1, s. 204-205.　またドイツ領ポーランド、ポズナンにおける国民民主党の活動について、Jerzy Marczewski, *Narodowa Demokracja w Poznańskiem 1900-1914* (Warszawa, 1967).

(32) Porter, *When.*, p. 202.

(33) *Ibid.*
(34) Dmowski, *Myśli*, s. 29.
(35) ミシェル・ド・モンテーニュ（宮下志朗編訳）『モンテーニュ　エセー抄』みすず書房、二〇〇三年、七四頁。
(36) Porter, *When.*, p. 204.　国民民主党系（当初ポーランド連盟系）組織は、一八八〇年代末から農村において、一般的な知識や農業知識を広めるための啓蒙活動を行っていた。農民向け雑誌『ポーランド人 *Polak*』の発起人であり、農村問題に詳しかったポプワフスキ（一八八八―一九〇八年にかけて農村で活動）をはじめ、国民民主党の主要メンバーは、一般向け書籍の出版委員会の指導者となるなど、三分割領それぞれにおいて、農民の間に入っての活動に従事していた。主要な農村組織の一覧については、Wolsza, *Narodowa Demokracja wobec chłopów w latach 1887-1914*, s. 307-308.
(37) Roman Dmowski, "Wobec wojny rosyjsko-japońskiej (czerwiec 1904 r.)," w: Dmowski, *Dziesięć lat walki* (Częstochowa, 1938)（以下、Dmowski, "Wobec wojny." と表記）, s. 358-364.
(38) *Ibid.*, s. 358.
(39) 阪東宏『ポーランド人と日露戦争』九九、一一三―一一三頁。
(40) Dmowski, "Wobec wojny.," s. 358.
(41) *Ibid.*, s. 358-359.
(42) *Ibid.*, s. 359
(43) *Ibid.*
(44) *Ibid.*, s. 359-360.
(45) *Ibid.*, s. 360.
(46) *Ibid.*　ヴァチェスラフ・コンスタンティノヴィチ・プレーヴェ（Vyacheslav Konstantinovich Pleve, 1846-1904）は、ワルシャワにドイツ人中学教師の子として生まれ、モスクワ大学法学部を卒業。帝政ロシアの右翼内務官僚。警察局長（一八八一―八四年）、内務次官（一八八四―九四年）を歴任し、一九〇二年四月から内務大臣。反動的なことで知られ、就任直後、ハリコフ県、ポルタワ県の農民蜂起を徹底して弾圧した。一九〇三年のキシニョフにおけるポグロムにも関与したとされる。極東で日本との緊張が高まる中、政敵ヴィッテを打倒するため、強硬派ベゾブラーゾフを支持し、日露戦争開戦を推進することとなった。また、アレクセイ・ニコラエヴィチ・クロパトキン（Aleksei Nikolaevich Kuropatkin, 1848-1925）は、一八九八—一九〇四年に陸軍大臣を務め、極東軍総司令官として日露戦争を指揮したが、能力を疑問視され、一九〇五年二—三月に行われた奉天の会戦で大敗した後、第一軍司令官に左遷された。

(47) 田中陽兒、倉持俊一、和田春樹編『ロシア史二——一八世紀—一九世紀』山川出版社、一九九四年、三三三頁。

(48) 同上、三三五頁。

(49) 同上、三三八頁、和田春樹、和田あき子『血の日曜日——ロシア革命の発端』中公新書、一九七〇年、四—五頁。

(50) Dmowski, "Wobec wojny.," s. 361.

(51) *Ibid*.

(52) *Ibid*., s. 362.

(53) *Ibid*.

(54) *Ibid*., s. 362-363.

(55) *Ibid*., s. 363.

(56) *Ibid*., s. 364.

第II部　帝国と革命

第I部においては、ドモフスキの前半生に思想史的に接近することによって、「ポーランド問題」に対して彼がどのような解を模索したのかを、国民形成論の観点から検討した。その第一段階は、「全ポーランド主義」であり、分割されたポーランド社会の統一および諸階級の統一を通じて、国民を統合するという議論であった。さらに、第二段階の社会ダーウィニズムに基づく国民観から、シュラフタのみで構成されていた共和国時代の国民のあり方を転換して、生存競争に耐えうる国民を創出する必要性が説かれた。その上で、第三の段階の、共和国という枠組みの打破に向けて、新しいポーランド国家において「ポーランド人」になるのは誰なのか、という国民の条件、定義が説かれた。ただし、ポーランド国民の定義は、第II部において論じる彼の帝国論と不可分の関係にあるため、国民形成論の最終段階については、以下の第II部において併せて検討することとした。

この第II部においては、彼の帝国論が、国際政治史的な文脈のもとでいかに展開されたのかを、やはり段階を追って検討する。

ドモフスキの「全ポーランド主義」が、分割という現状を回復する統合論であったことは、国民形成論について述べたとおりである。これを帝国論の観点から見るなら、ロシア、ドイツ、オーストリアの三帝国による分割を解消し、領土を再び統合することが、「全ポーランド主義」の目的であったといえよう。この点については、第五章において、ドモフスキの越境的な政治行動と重ね合わせて検討する。

次に、第二の段階である、社会ダーウィニズムの影響を受けた国民観・国家観について見てみる。国民形成論においては、これが、ドイツ・ナショナリズムを主要なライバルとし、またモデルとする根拠となっていた。帝国論においては、これは、新しい帝国であるドイツを脅威とする議論として展開される。これについては、第六章において述べる。

これら二つの段階は、それぞれ、第三の段階に到るために必要な過程であった。既に述べたように、彼の思想的展開の最終段階である第三の段階は、共和国という枠組みの破壊にあった。十一月蜂起・大亡命世代以降、ポーランド独立運動が最終目標としてきたのは基本的に一七七二年国境での国家再建であった。これに対し、この第三の段階において、ドモフスキは、「積年の悲願」を破棄してポーランド領土を大きく西へずらす構想を示した。彼は、とくに東方に関して、歴史的領域に再建されたポーランド国家は強力な国家になりえないと考えた。他方で、豊富な鉱物資源とポーランド人人口を含むドイツ領への西進を訴えた。さらに、「ポーランド人」の集団的輪郭を明確化し、東方領域のウクライナ人や、ユダヤ人といった「他者」を排除しようとした。これはいわば、共和国の記憶と遺産を克服し、近代的な国民国家へとポーランドを作りかえる試みであった。

ここで、以下の分析の鍵となるため、分割後のポーランドが体現した「二重の帝国性」について確認しておきたい。

既に述べたように、「二重の帝国性」とは、(一)ポーランドに隣接する、ロシア、ドイツ、オーストリアの三帝国によるポーランドの分割・併合、(二)ポーランド自体が、特に東方の諸民族(ウクライナ人、ベラルーシ人、ユダヤ人など)に対して有していた帝国性(マルチエスニック性)、に現れていた。これらは、「ポーランド問題」の国際的要因、国内的要因とそれぞれ対応していた。

このうち二つ目のマルチエスニック性は、「旧い帝国」の特徴といえ、ポーランドを分割した三帝国にも共通していた。先に述べたように、これは、一九世紀後半以降のナショナリズムの時代に国民国家が台頭すると、旧い帝国が瓦解する要因となった。第一次大戦終結後のロシアやオーストリアの崩壊が、これにあたる。他方、ドイツは、他の民族集団を排除し、それらと競合するタイプの、いわば新しい帝国を形成する進化型へと進んだ。そのため、旧い帝国が崩壊する中でも消え去らずに残ることとなる。ドモフスキの帝国論、とりわけドイツ脅威論において、彼がドイツを恐れながらも、国民観・国家観についてドイツを尊重したのは、こうした違いを読み取っていたためであろう。

では、やはりかつて旧い帝国の一つであったポーランド=リトアニア共和国の遺産を負う、ドモフスキの時代のポーランドは、どのような状況にあったのであろうか。第II部においては、ポーランドが何を見ていたのかではなく、ポーランドがどのように見られていたのか、という方向へも視線を転じてみる。

ドモフスキがドイツを見ていたのと同じように、彼の思想に代表される世紀転換期のポーランド・ナショナリズムは、他の民族集団からナショナリズム・モデルとして、見られる対象であった、と考えられる。とくに旧共和国の東方領域において、一九世紀末にウクライナ・ナショナリズムやシオニズムといった他の集団のナショナリズム運動が成長する際、全ポーランド主義に代表されるポーランド・ナショナリズムがモデルとして見られていたという点に着目する。それによって、国民形成論と帝国論に支えられた、ドモフスキの「ポーランド問題」へのアプローチから導かれた解が、どのような限界に至ったのかを考察する。

周知のように、ポーランドの運命は、二〇世紀初頭の帝国支配の動揺、ヨーロッパ外交の展開、そして戦争と革命という巨大な国際政治史的変動の中で大きく翻弄され、ヴェルサイユ講和会議の結果として、再び国家的独立をとげた。換言すればポーランドの独立は、国際政治史の所産であったのであり、それをポーランドの政治空間に閉じたナショナリズム思想の結果としてのみ描き出すことはできない。それが、第II部において、ドモフスキに対して国際政治史的に接近する理由である。

第I部で検討したように、ドモフスキが主にロシア領ポーランドという政治空間のもとで発展させた全ポーランド主義と政治的リアリズムは、彼が直面した巨大な政治史的文脈のもとで初めて意味を持った。つまり、ロシアによる支配に対する抵抗運動から、より広くオーストリア帝国とドイツ帝国によるポーランド支配のあり方を視野に入れ、さらにヨーロッパ外交の舞台へ進み、最終的には第一次大戦とロシア革命に接することによって、その政治的意味を変容させていった。それが、彼の政治活動の西へと進んでいく過程であったとするなら、並行して、東方領域の諸集団によって彼の思想が写し取られ、その鏡像ともいうべき複数のナショナリズムが連続して成立するという過程が生じていたと考えられる。

そのため、以下本書においては、第五章においてプロイセンおよびオーストリアによる支配と、それによって引かれた分割線を越境するポーランド政治、第六章では新しい帝国とヨーロッパ外交、そして第七章では戦争と革命という、三つの政治変動に焦点をあて、それらをドモフスキがどのように認識していたのか、また、どのような枠組みから政治行動をとったかを検討する。

第五章　帝国支配の二重性

研究史において述べたように、これまで、複数の分割領に跨る政治活動に関する研究は、やや周辺的な位置にとどまっていた。あるいは、九〇年代以前の包括的な研究の中で言及されていることはあっても、越境的な動きそのものに着目した研究はなお少ないといえよう。越境的研究の試みとして、二〇世紀初頭のロシア領およびオーストリア領ポーランドに生じた政治的変化に着目するなら、取り上げるべき問題は広範にわたる。そこで本章においては、ドモフスキが一八九五年にロシアとオーストリアの国境を越え、オーストリア領ポーランドの都市ルヴフおよびクラクフへ入った事例に焦点をしぼる。そして、彼がロシア領へ戻る契機となった一九〇五年の革命までの間に、オーストリア領のポーランド人との関係をどのように築いたのかを明らかにする。この時、ドモフスキがドゥーマの議員に選出され、ロシア政界において合法的なアクターとなったことによって、両者の関係がいかに変化したのか、その点を分析の鍵とする。

彼が背後に残してきたロシア領ポーランドには、彼の必要とする自由な政治空間は存在しなかった。そしてこれから向かおうとしていた場所——オーストリアには、既に半世紀近くも前から、ポーランド人集団の政治的存在感が、ガリツィアのみならずウィーンの中央政界においても認められていた。ドモフスキが両者を行き来し、政治的な格差を経験したことは、彼の思想的展開にどのような影響を及ぼしたのであろうか。

第一節　プロイセン領の国民連盟

全ポーランド主義とオーストリア分割領との政治的関係について詳述する前に、ここではまず比較の観点から、プロイセン分割領について補足的に触れておきたい。ただし、後述のようにガリツィアがドモフスキにとって重要な活動拠点となったのに対し、プロイセン領の滞在期間は極めて短い。これは、彼の思想においてドイツ脅威論が主要な位置を占めていたことからすると、言及し考察する頻度が高い割に実際にはプロイセン領との関わりが薄いという点において、バランスを欠く。第六章に見るように、ドモフスキにとってプロイセン領ポーランドは、理論的な帝国論のアプローチの対象となっていたようである(1)。

プロイセン分割領の概要

プロイセン領ポーランドの歴史は、領土を広げては失い、また回復し、飛び地を埋めていくという陣取りの歴史であった。フリードリヒ二世(Friedrich II der Große, 1712-86: 在 1740-86)はオーストリア継承戦争(一七四〇―四八年)を起こし、マリア・テレジア(Maria Theresia, 1717-80: 在 1740-80)のオーストリアからシレージェン地方を奪う。その後、七年戦争(一七五六―六三年)を通じてオーストリアと並ぶ大国になったプロイセンは、一七七二年、第一次ポーランド分割を実行し、王領プロイセン(ヴェストプロイセン)を併合した。以降、フリードリヒ二世は積極的に植民政策を行い、この地域の「プロイセン化」を図る。続けて、一七九三年に第二次分割、一七九五年に第三次分割を行い、ズュードプロイセンと新オストプロイセンを併合した。ナポレオン戦争の結果、一八〇七年以降、一時的にエルベ以西の領土を失ったものの、一八一五年にワーテルローの戦いでナポレオンに勝利し、領土を回復する。ウィーン会議において、プロイセンはティルジット講和条約によって喪失したヴェストプロイセン南部に加えて、ワルシャワ公国西部のポズナンを獲得した。プロイセンの一州となったポーゼン大公国 Wielkie Księstwo Poznańskie/Großherzogtum Posen は、一八六七年に北ドイツ連邦へ、一八七一年にドイツ帝国へ編入される。(2)

こうして、プロイセンの体制と領域がめまぐるしく変化する中、この地域に居住するポーランド人は、落ち着いた生活などできない状況にあった。ワルシャワがプロイセン領内にあった一八〇〇年には、プロイセンの総人口の四〇%以上をポーランド人が占めており、プロイセンがドイツ・スラヴ国家となる可能性は、一時極めて現実味を帯びていた。(3) そうした社会構成からすると、一八一五年以降、ポーランド人の割合は一挙に下落する。ポーランド人の絶対数は着実に増加していたものの、ドイツ統一の過程においてドイツ人人口に対するポーランド人人口の相対的な勢力は間断なく低下していった。

ポーランド人の政治活動の場も、こうした変化に応じて移動した。一八四八年以後、ポーゼン大公国においても圧力が強まると、政治活動の中心は自由主義的な空気の残るベルリンのプロイセン州議会 Preußischer Landtag（一八七一年以降は帝国議会 Reichstag）へと移り、貴族が主体のポーランド人議員で構成される「ポーランド・サークル」が政治活動の中心となった。(4)

時代区分と特徴

では、ドモフスキの時代には、プロイセン分割領はどのような状況にあったのであろうか。一八七〇年代から第一次大戦までのプロイセン分割領の政治状況は、大きく三つの時期に分けて考えることができる。

まず、一八七〇―九〇年代は、ビスマルクの対ポーランド政策に特徴付けられ、ポーランド人とドイツ人との間で緊張が高まった時期であった。続いて、この関係が比較的平穏であったのは一八九〇―九七年までの時期であった。この時期のポズナンにおいては、若い世代の知識人グループが『ポズナン評論 *Przegląd Poznański*』を発行(一八九四―九六年)するなど、少人数のサークル内に限られてはいたが、忠誠主義的な立場をとる「服従派」・「保守派」に対抗する活動がみられた(5)。

後述のように、ドモフスキとポプワフスキが初めてポズナンを訪問したのは一八九六年であった。これは、国民連盟の活動をプロイセン領においても開始することを意図しての訪問であったが、しかしそれには時期尚早であった(国民連盟の活動が軌道に乗るのは、一九〇〇年頃とされる)(6)。

最後に、一八九八年から一九一四年にかけての時期は、ポーランド人とドイツとの関係が再び緊張し、それを背景にしてプロイセン領における国民民主党の活動が軌道に乗ったことが特徴であった。

以下では、この第三の時期を中心に、国民民主党のイデオロギーが浸透していった過程を概観する。

プロイセン分割領における活動の端緒

一八九三年、ドモフスキはポプワフスキやバリツキと協力して「クーデター」を起こした。それは、スイスを拠点とした亡命者の政治組織であるポーランド連盟を改変し、ワルシャワを拠点とする国民連盟に作り変える、というものであった。この際、国民連盟は、三分割領全体及び亡命先における政治活動を統一することに決定した。実際のところ、「クーデター」に際して、ポーランド連盟側から何らかの抵抗を受ける恐れはなかった。なぜなら、ロシア領ポーランドを除く地域には、ポーランド連盟の組織は事実上存在していなかったためである。プロイセン領ポーランドには、もともとこの系統の組織は設立されていなかった。そして、ガリツィアに置かれていた「委員会」は結局何もせずに辞表を提出し、解散した。また、亡命者の拠点としてスイスに中央本部が置かれていたが、全く形式のみの存在であった(7)。従って、三分割領全域を網羅する政治活動を掲げた国民連盟は、プロイセン領ポーランドにおいてゼロからのスタートを余儀なくされたのである(8)。

一八九六年秋、ドモフスキとポプワフスキはポズナンを訪れた(9)。旅の目的は、プロイセン領ポーランドに組織設立の端緒を開くことにあった。結果的には、プロイセン領ポーランドは未だ若い世代の活動家が成長するときを待つ段階にあったため、さしあたり数人の活動家と接触するにとどまった。このときドモフスキらが出会ったのは、ヴワディスワフ・ラプスキ(Władysław Rabski, 1865-1925)や、ベルナルト・フシャノフスキ(Bernard Chrzanowski, 1861-1944)、といった、当時『ポズナン評論』の出版にあたっていた人々であった(10)。

この『ポズナン評論』は、大学教育を受けた知識人とリベラルな考えを持つシュラフタが協力し、一八九四―九六年にかけて出版した雑誌であった。『ポズナン評論』が『全ポーランド評論』を参照したかどうかは不明だが、その思想的立場には多くの共通点があった。例えば、『ポズナン評論』に集まった知識人の最終目標は、国民的な連帯に資するための、全分割領的な組織を創出することとされ、この組織は、ポーランド社会の全ての層を集めるものとされた(11)。

また、『ポズナン評論』は、プロイセン領ポーランドの三面忠誠主義者が主張してきた「ベルリンでの議会活動」を志向する戦略が破綻したことを宣言しつつ、知識人が牽引役となって民衆の間でナショナリズムを宣伝するべきだと訴えた。こうした彼らの主張の背景には、ベルンハルト・フォン・ビューロー(Bernhard von Bülow,

1849-1929）による対ポーランド政策の厳格化等があったものと考えられる。ロシア領ポーランドにおいて、若い「屈服せざる者たち」が前世代に反発し、政治活動へ回帰したことと類似した状況であったといえよう。

しかし、『ポズナン評論』の発行は、創刊から約三年間しか続かなかった。その原因としては、資金上の問題もさることながら、社会的な共感を得られず、活動をより広い層へと拡大できなかったことが挙げられる。それは一方においては、彼らが重視しながらも実際のかかわりを持たなかった労働者層の取り込みの失敗のためであり、また他方においては、彼らの批判する「忠誠主義的な」層との歩み寄りの失敗のためであった。[12]『ポズナン評論』の知識人は、発行中止を受け、こうした活動を行う上ではより広範な社会層との協力が不可避であることを認識したとされる。それが、後に『主導者 *Orędownik*』の編集者ロマン・シマンスキ（Roman Szymański, 1840-1908）との協力関係を築く動機となったと考えられる。[13]

こうして既に独自に成長していたポズナンの若い知識人の活動が、ロシア領ポーランドを中心とする国民連盟と本格的に協力を始めたのは、一八九九―一九〇一年頃であった。ドモフスキが最初に接触したフシャノフスキは、一八九九年に国民連盟に加わり、プロイセン領ポーランドからの最初のメンバーとなった。これ以降、『ポズナン評論』に携わっていた知識人の参加が続き、数年間に徐々に人数を増して、ポズナン、西プロイセン、上シレジアにおいて国民民主党の組織的地盤を固めていった。[14]

『ポズナン評論』時代からの、活動範囲を知識人サークルに限る傾向を引き継ぎ、当初ポズナンの国民民主党は、少数の高学歴な知識人のみで構成されていた。しかし、プロイセンのポーランド政策が厳格になり、忠誠主義が失敗し、学校ストライキが発生すると、プロイセン領のシュラフタがとっていた政治スタイルである議会志向は廃れていった。一般庶民の支持と信頼を得るために、シュラフタや聖職者は、よりラディカルで非妥協的なナショナリストの論調を取り入れ、大衆との結びつきを深める必要に迫られていた。そのため、若い知識人達は、しばしば露骨な排外主義や反ユダヤ主義、反シュラフタ、反聖職者のスローガンを使用するようになったという。[15]

国民民主党が最初に公然の活動において成功を収めたのは、一九〇一年に党指導者の一人フシャノフスキが、帝国議会の補欠選挙においてポーゼンの議席を獲得したときであった。選挙活動を支えたのは、シマンスキらであった。続く一九〇三年の帝国議会総選挙では、三人のポーランド人が議席を獲得した。彼等は、人民や国民民主党、「進歩的シュラフタ」の代弁者であった。これに対し、保守派の聖職者は、従来の独占状態から一転しわずか五議席しか守ることができなかった。一九〇四年までに、ポズナンの国民民主党の構成員は増加し、正式な政党綱領を掲げるまでになった。そこには、「全ポーランド主義」的主張が含まれていた。[16]

このように、プロイセンにおける初期の国民民主党の活動は、シマンスキの協力を得て、保守派のポーランド人議員サークルに対し優位に立った。国民民主党は、「ポピュリスト」であるシマンスキにリーダーシップとイデオロギーを提供し、シマンスキらがそれを大衆に喧伝して支持を集めるという役割分担が形成された。そこでは、教育を受けた知識人の優越を認めつつも、一般の民衆をポーランド社会の中心となる重要な存在と位置付け、彼らに物質的な繁栄をもたらすと同時に国民意識に目覚めさせることが政治活動の主目的とされた。

一九〇六年、シマンスキは国民民主党との正式な合流に同意し、[17]自己の運営する『主導者』を売却して、国民民主党主導の新しい新聞『ポズナン新報 *Kurier Poznański*』を創刊した。同紙の編集には、ドモフスキと親しく、プロイセン領ポーランドにおける国民民主党の主要イデオローグであったマリアン・セイダ(Marian Seyda, 1879-1967)があたった。『ポズナン新報』が、高学歴層に向けて国民民主党の公式見解を伝える一方、『主導者』やその下部にあるローカル紙は、大衆(とりわけ農民)向けに平易な庶民の語風を用い、内容を嚙み砕いて伝えた。国民連盟の主張に立つなら、シマンスキとの協働は、大衆扇動的なポピュリズムとの融合というよりは、階級を克服するという全ポーランド主義の一つの要素を農民に説明し実践する試みであったのであろう。

一八九六年の最初の訪問から第一次大戦までの間に、ドモフスキがプロイセンを訪れた記録は、一八九九年にベルリンに三日間滞在した際のほか、一九一三年、やはりベルリンにおいて国民連盟の総会に出席した時の二回しか確認できない。(18) ただし、『全ポーランド評論』紙上では、継続的にプロイセン分割領からの状況報告が掲載されていた。これは、ポプワフスキやセイダといった他の国民民主党の指導者が活動を分担していたものであり、ドモフスキはやや距離を置いた立場からにいたと考えられる。

第二節　オーストリア領時代のガリツィア

プロイセン分割領のポーランド政治について、ドモフスキは活動家との直接的な交流をほとんど持たなかったのに対し、オーストリア分割領ガリツィアは、現実の政治空間として重要な意味を持った。

まず、以下に必要な限りでのガリツィアの歴史を概観しておく。

一七七二年の第一次ポーランド分割に際し、オーストリア領の一部となった新しい領域を、マリア・テレジアはガリツィア・ロドメリア王国 Königreich Galizien und Lodomerien と名づけ、公式名称とした。その後一七九五年の第三次分割に伴い、オーストリアは西部の「新ガリツィア」(西ガリツィア)を獲得した。「新ガリツィア」はピリツァ川とブーク川およびクラクフ、ラドム、キェルツェ、ルブリン、ヘウム、ビャーワ・ラジヴィウォフスカに囲まれた領域であった。一七七二年に併合された「旧ガリツィア」(ガリツィア・ロドメリア王国)と区別し、一七九五年、第三次分割の後にオーストリアに加えられた領域は「新ガリツィア」(ないし西ガリツィア)と呼ばれる。対ワルシャワ公国作戦(一八〇九年)(19) が失敗に終わった結果、「新ガリツィア」の領域は一時ワルシャワ公国に属したが、一八一五年、ウィーン会議において、旧「新ガリツィア」の大部分がクラクフを除きオーストリアへ再併合された。さらに、チョルトクフやタルノーポルが賠償として付け加わった。そして、一八四六年にクラクフ自治共和国を併合し領土的基盤が整えられた[20]。

新王国は、ハリチおよびロドメリアという古代ルテニアの公国から名をとり、かつて中世ハンガリー王冠に属し、長く忘れられていた領域の再興を図るという願いが込められていた。しかしながら、そのガリツィア・ロドメリア王国という公式名称を揶揄したものに「ゴウィツィア・グウォドメリア」(剝き出しの飢餓の土地)という表現があるように、おそらく住民の大多数にとっては後者が現実に即したものであった。なぜなら、ガリツィア社会の構成は極端に不均衡であり、一握りの貴族の家系(ザモイスキ、ポトツキ、ゴウホフスキ、ルボミルスキなど)は一七八〇年代に帝国から貴族として認められ、その権利を守り通したのを除き、大多数の住民は貧農であったからである。一八八七年時点で、農民はなお全人口の八一%を占めており、彼らの多くは文字を知らなかった[21]。

そうかといって、地主もまた裕福な階級ではなかった。登録された地主の総数はおよそ二〇〇〇家であり、そのうち約三〇〇家は外国系であった。例えばその中には、ロシアで土地を購入できず移入してきたルイス・ネーミアの父のようなユダヤ人も含まれていた。他方、登録されていない地主の多くは、自らの地所に対する諸権利を享受できず、借金や抵当に悩んでおり、独立した大地主の良家と推定されるのはおよそ四〇〇家に過ぎなかった。また、この地方では伝統的に家の地所を分配し相続させていたために土地の細分化が進み、さらに慢性的な人口過剰の影響で小自作農階級や借地人の出現が遅れていた。そして、商業や工業が未発達であったために有力な中産階級が成長しにくい状況であった。それに加え、卸売りや同業者連におけるユダヤ人の小売商が不釣り合いなほど多数存在したことも影響していた。そのユダヤ人共同体は、都市の貧しい大衆や、また尽きることのない社会的不安感によって抑圧されていた。[22]

歴代の総督は、おしなべてハプスブルクの忠実な臣下であった。首都ルヴフ(レンベルク、リヴィウ)は、一地方としての社会的地位を確固としたものにする以上の野望を決して抱かなかった。一流の知識人が集まっていたクラクフは、輝かしくかつ失われたポーランドの過去の影が住む場所であった。

マリア・テレジアの絶対主義は、息子ヨーゼフ二世(Joseph II, 1741-90: 在1765-90)に進むべき道を示したといえるが、レオポルト二世(Leopold II, 1747-92: 在1790-92)やフランツ二世(オーストリア皇帝フランツ一世)(Franz II, 1768-1835: オーストリア皇帝位1804-35)の時代には、革命が障害となった。その間、一八〇六年には、神聖ローマ帝国がオーストリア帝国に取って代わられた。反動的かつ断固としたクレメンス・フォン・メッテルニヒ(Klemens von Metternich, 1773-1859)の支配は三〇年以上継続し、フェルディナント一世(Ferdinand I, 1793-1875: 在1835-48)の治世まで続いたが、一八四八年革命により崩れ去った。フランツ・ヨーゼフ一世(Franz Joseph I, 1830-1916: 在1848-1916)の長い治世は、幾度かの根本的な変化を経験し、初期の絶対的な姿勢から、一八六〇年には慎重な実験期間へと移行した。一八六〇年の「十月勅書」発布とともに開始されたその試行錯誤を通じて立憲体制が創設されたものの、それもオーストリア＝ハンガリー二重君主国体制を導いた一八六七年のアウスグライヒ Ausgleich/Kiegyezés(妥協)によって危機に陥った。フランツ・ヨーゼフ一世は晩年、民主主義とマイノリティの諸権利のために多大な譲歩をし、一九〇七年には普通選挙権を認めた。オーストリアが既に崩壊にさしかかるのと時を同じくして、彼は一九一六年一一月に没した。大甥にあたるカール一世(Karl I, 1887-1922: 在1916-18)には、もはや効果的な統治を行うことは困難であった。この時代を通じて、ウィーンの帝国政府は内部の諸難題に囲まれていたため、ガリツィアの利害に注意を払うことなどなかった。[23]

このように、一九世紀の後半にはオーストリアの衰弱は明らかであった。オーストリアには、プロイセンのような力強さがなく、ロシアのような野望もなかった。帝国政府は、帝国内で承認された一七民族の矛盾する要求に苛まれていた上、国際的には一八五九年にイタリア統一戦争に敗れ、また一八六六年にはサドヴァにおいてプロイセンに決定的敗北を喫した。その結果ドイツ連邦は解体され、プロイセンは北ドイツ連邦を結成して統一の条件を整えた。以降オーストリアは急速にドイツの影響圏に取り込まれていった[24]。世紀転換期までに、オーストリアは、国際領域に影響を及ぼすための手段をほぼ全て失ったのである。

こうした状況において、帝国の辺境たるガリツィアは、多方面にわたる諸問題を解決する手段も意思もなく、常に嘲りの的となっていたという。経済的にみて、ガリツィアは帝国内で最も後進的な地域の一つであったとされることが多い[25]。デイヴィスは、ガリツィアについて、「マリア・テレジアがロシアやプロイセンと交わした罪深き条約から生まれたガリツィアは、最初から望まれない子であり、また完全に成長することもなかった。一九一八年にガリツィアは消滅し、それを悲しむ人々はほとんどいなかった[26]」とまで断じている。

確かにデイヴィスの指摘するように、第一次分割後にオーストリア帝国が置かれていた内外の状況は不安定で変動続きであり、その崩壊も予見されていた。しかし、いわば「外国人」であるロシア領ポーランドの政治活動家たちにとって、そこは(少なくとも第一次大戦までは)最も有用な拠点であった。後述のように、ドモフスキは、一八九〇年代以降ルヴフおよびクラクフに活動拠点を移し、ガリツィアのポーランド人とときに対立しつつ、その思想を確立した。彼の思想においてオーストリアはドイツの影響圏に取り込まれた斜陽の帝国に過ぎず、国際関係論においてオーストリアは重視されていない。しかし現実の政治過程において、その支配の脆弱さからくる自由ゆえに、オーストリア領ポーランドはなくてはならない場所であった。

そこで以下では、第三次分割後のガリツィアにおいてポーランド人政治家たちがいかにしてその地位を築き、また何を目的として政治活動を行っていたのかを俯瞰することにする。そうしてオーストリアにおけるポーランド政治の概要をおさえた上で、現実の政治過程において、ドモフスキがガリツィアのポーランド人政治家たちとどのような関係を築いたのか(ないし築きえなかったのか)、ドモフスキの思想においてガリツィアはどのように位置付けられていたのかをみる。そして最後に、それが後に彼の政治活動に与えた影響を検討する。

ルヴフからウィーンへ——オーストリア領におけるポーランド政治の成立

立憲時代より前にウィーンにおいて高級官僚にまで上りつめた最初のポーランド人は、作家であり優れた民俗学研究者でもあったヴァツワフ・ミハウ・ザレスキ(Wacław Michał Zaleski, 1799-1849)であった(27)。諸国民の春の時期のウィーンにおいて、彼らポーランド人が政治的な存在感を持つようになったのは、一八四八年四月初旬にガリツィアの代表団が到着したことが始まりであった。代表団の任務は、皇帝フェルディナント一世にポーランドの国民的権利の承認およびガリツィアに立憲的自由を与えるよう要請する嘆願書を提出することであった。嘆願書の執筆者には、ルヴフの法律家フランチシェク・スモルカ(Franciszek Smolka, 1810-99)やフロリアン・ジェミアウコフスキ(Florian Ziemiałkowski, 1817-1900)がいた。代表団の座長を務めたのはイェジ・ルボミルスキ(Jerzy Lubomirski, 1817-72)であり、ジェミアウコフスキがその秘書であった。ポーランド代表団は、これ見よがしの好感を持ってウィーンの人々に歓迎され、四月六日、皇帝の特別謁見を許された(28)。こうした動きに対し、フランツ・スタディオン(Franz Stadion, 1806-53)が、農民の支持を獲得するために農奴制廃止を打ち出し、ポーランドの運動に対抗したことは、よく知られている(29)。

それから間もない一八四八年六月、まずウィーンにおける憲法制定議会Konstituierender Reichstagの選挙が実施された。憲法制定議会の主要な課題は、憲法の起草及び採択であった。

ガリツィア選挙区の議員構成

一八四八年七月のウィーン議会においては、全体で三八三の議席のうち、ガリツィア選挙区は九六議席を有していた。[30]この選挙区の特徴は、第一に農民出身議員の多さであり、第二に貴族出身議員の多さ、そして聖職者議員の多さであった。[31]

第一に、ガリツィア出身の農民議員は三二人、うちポーランド人一八人、ウクライナ人一四人であった。全体では農民九二人が議会に選出されていた。しかし、その数の多さにもかかわらず、農民議員が討議に影響を与えることはほとんどなかった。第一回の会議で既に、彼らの数多くが読むことも書くこともできないことが判明し、それに加え、半分近くがドイツ語を知らなかったためである。[32]

こうした農民議員の数の多さと並んで、ガリツィア選挙区の第二の特徴としては、最も数多くのシュラフタ議員を送り込んだという点がある。オーストリアのガリツィア以外の全ての選挙区を合わせても、爵位保有者は一〇人に満たなかった。これは、ガリツィアから地方に大規模な地所を持つ貴族が非常に多く送られ、その数が三六人に上ったことと、著しい対照をなしているといえよう。[33]

そして第三に、ガリツィアは聖職者の代議士の数が他の領邦と比べて最多であった。その背景には、農民人口の多さがあったといわれている。合計すると、衆議院に議席を得た二四人の聖職者のうち、一七人がガリツィアから選出されていた。[34]

一八四八年の混乱

一八四八年七月、まず議会の予備会議がウィーンで開かれ、第一段階で開かれた会議の一つにおいて、憲法草案を用意するための委員会の構成員が組織された。各領邦議会の議員から、それぞれ三人の代議士が選ばれ、ガリツィアからはスモルカとジェミアウコフスキ、そしてガリツィアのウクライナ人の指導者であるルヴフ出身のフリホリー・ヤヒモーヴィチ(Hryhorii Yakhymovych, 1792-1863)が選ばれた。(35)

ところが一〇月六日、ウィーン十月革命が勃発すると、皇帝・宮廷の例に倣って、議長アントニン・ストロバッハ(Antonín Strobach, 1814-56)はウィーンから逃れてしまった。そのためこのとき副議長となっていたスモルカが議長の職務機能を引き継ぎ、ウィーンにとどまっていた議員と共に、その維持にあたった。(36)一〇月一二日の第四回目の議会において、圧倒的大多数の票を得、議長となった。

ウィーンへの攻撃が開始される直前の一八四八年一〇月二二日、議会の会期延期問題について、また、ウィーンからモラビア地方のクレムジール(クロムニェジーシ)への議会の移転について、皇帝の宣言が出された。それにもかかわらず、スモルカから少数の急進派はウィーンに残り、一一月一日まで――つまり、皇帝の軍によってこの都市が陥落した日まで会議を継続した。一一月一八日、スモルカは、ウィーンからクレムジールへ赴き、そこで同月二二日に会議を再開した。そしてこの日、議長に再任された。(37)

一二月二日、「立憲皇帝」フェルディナント一世が退位し、一八歳の皇太子フランツ・ヨーゼフ一世が即位した。翌一八四九年三月初頭、憲法制定委員会は憲法起草に関する作業を終えた。(38)しかし最終的には、三月七日に政府によって議会が解散されたためにこの草案に基づく憲法が発効することはなかった。欽定憲法の布告がなされ、委員会の意義は失われた。(39)

春の残照

こうして諸国民の春が終わった後、ウィーンは再びポーランド人による独立運動の中心となった。一八七七年七月、露土戦争が勃発した後、ウィーンにおいて、半ば地下活動、半ば公然の形で、ガリツィアやポズナンの出身者や亡命中のポーランド人活動家・政治家により集会が行われた。この時ウィーンへ集まった中には、ガリツィア貴族のアダム・サピエハ(Adam Sapieha, 1828-1903)やアルトゥル・ゴウホフスキ(Artur Gołuchowski, 1808-93)、一月蜂起の司令官ミハウ・ヘイデンライヒ(Michał Kruk-Heydenreich, 1831-86)、詩人のコルネル・ウィェイスキ(Kornel Ujejski, 1823-97)やカロル・ブジョゾフスキ(Karol Brzozowski, 1821-1904)といった多彩な顔ぶれがあった。また、ポズナンからの参加者には、アレクサンデル・グトリー(Aleksander Guttry, 1813-91)らがいた。そして、当時ウィーンにおいてオーストリアの政治に関わっていた小説家ジグムント・カチコフスキ(Zygmunt Kaczkowski, 1825-96)が加わった。彼らは、いわゆる「国民政府」(これは十一月蜂起の伝統に因んだ名称であった)と称した。「国民政府」は、サピエハら四人で構成され、イギリスに鼓吹されたオーストリアが対ロシア戦争を起こすという期待に基づき、ポーランドに反ロシア的つまり親オスマン帝国的蜂起を起こそうと意図していた。しかし、実際にはオーストリアはロシアと秘密協定を結んでおり、戦争に参加しなかったため、この蜂起計画が実現されることはなく、「国民政府」は一八七七年一二月に解散した。翌年一月、再度「国民政府」が創設されたが短命に終わり、ここにガリツィアにおける古典的武装蜂起の伝統はついえた。(40)

諸国民の春の次にハプスブルク王朝内部の改革の機運が高まったのは、一八五九年からのイタリア統一戦争における敗北の後であった。この前後の時期にガリツィア総督であった保守派のアゲーノル・ゴウホフスキ(父)(Agenor Gołuchowski (st.), 1812-75)は、地主層と密接に結びついており、オーストリア帝国支配下にある諸領邦とりわけガリツィアが、帝国の枠内でより大きな自立性を獲得するよう望んでいた。一八五九年八月、彼は内務大臣に任命され、その後には、国務長官に就任した。一八六〇年一〇月二〇日、「十月勅書」が公表され、連邦的な王朝再建を提案し、諸領邦にかなりの自治が認められた。しかし、ハンガリーやドイツ系の中央集権主義者からの反発を受け、一八六〇年一二月、ゴウホフスキは皇帝の名において免職された。(41)

一八六六年、プロイセンとの戦争に敗れると、オーストリア政界においてポーランド人の本格的な参入が進んだ。一八六七年の「十二月憲法」は、自治を各領邦に保障し、また議会に政府が従属することを保障した。そして一八六六—六七年にかけて、保守主義的なガリツィアのシュラフタ政治家たちと皇帝との間に妥協が成立した（"przy Tobie, Najjaśniejszy Panie, stoimy i stać chcemy"）。これ以降、ポーランド人は、議会においてと同様、オーストリア政府においても、重要な役割を果たすようになった(42)。

オーストリアのいわゆる帝国議会（Rada Państwa/Reichsrat）は、一八六一年二月二六日の「二月勅令」に基づき立法機関の機軸として創設され、衆議院（Izba Posłów/Abgeordnetenhaus）並びに貴族院（Izba Panów/Herrenhaus）からなった。貴族院へは、皇帝の親族、皇帝により任命された人々、（しばしば世襲的に）貴族や高位高官のほか、選挙にも指名にもよらず特定の職業（司教、大学学長、等）によって選出された人々が入った。他方、衆議院は、当初、各領邦議会から送られた諸代表団からなっていたが、後に、一八七三年以降は、直接選挙で選ばれた代議士によって構成されるようになった。しかし、極めて非民主的な選挙規則が強制力を持ち、地主層やブルジョワジーの絶対的な優位を確保していた(43)。

ポーランド人の代議士たちの間では、始めのうち、とくに地主と貴族が圧倒的に優勢であった。彼らは、議会においてポーランド・サークルを作り、その長をジェミアウコフスキが務めた。彼の後任として、東ガリツィアの保守派の地主カジミエシュ・グロホルスキ（Kazimierz Grocholski, 1815-88）が長期にわたり在任した。グロホルスキは後に、初代の「ガリツィア担当相」となった(44)。このガリツィア担当相の地位には、大抵の場合ポーランド人が就いており、グロホルスキの次には、二年間の中断の後、ジェミアウコフスキが一五年間連続してこの職にあった(45)。

諸国民の春の後、政治活動が強制的に抑制されていた期間を経て、体制が一新されると、あらためてスモルカは政界に復帰し、以前より高い地位を得た。一八六一年から、彼は再びウィーンにおいて代議士として活動し、一八七九年以降は副議長となる。そして一八八一―九三年には衆議院議長となって、ハプスブルクの議会史上、最長となる任期を務めた。(46)

そのほかの主だった政治家として、東ガリツィアの保守的な地主アポリナリー・ヤヴォルスキ(Apolinary Jaworski, 1825-1904)は、一八七〇年から衆議院の議席を守り続けた。グロホルスキの親しい協働者としてポーランド・サークルの副代表となり、グロホルスキの死後、一八八八年には自身が代表となった。一八九三―九五年にかけ、彼はガリツィア担当相の職務についた。そして、一八九六年、ポーランド・サークルの長に再び選出され、死去するまでその任にあった。(47)

また、ウィーンの最も優れたポーランド政治家の一人として、法律家で経済学者のユリアン・ドゥナイェフスキ(Julian Dunajewski, 1821-1907)の名が挙げられる。彼は一八七三年の最初の直接選挙の際、衆議院に選出され、一八八〇―九一年にかけては、オーストリアの財務大臣の職務を果たした。彼の残した偉大な成果は、「恒久的な」財政赤字の抑制と、オーストリア通貨レートの安定化であったと評されている。さらに、根本的な通貨改革の導入にも貢献した。(48) 政界に後継者を残したこともまた、彼の業績であった。(49)

彼の後継者たちの中で最も優れた人物とされるのがレオン・ビリンスキ(Leon Biliński, 1846-1923)であり、彼はウィーンで多くの高位の職を務めた。もともとはルヴフ大学の経済学教授であったが、一八八三年に衆議院に選出され、グロホルスキ議長の「鉄拳の下」、議会運営の研鑽を積んだ。一八九五―九七年にかけての、カジミエシュ・バデーニ(Kazimierz Badeni, 1846-1909)の政権(いわゆる「ポーランド内閣」)において財務大臣を務め、一九〇九―一〇年に再び財務大臣になり、一九一〇―一二年にポーランド・サークルの長となった。一九一二―一五年には、オーストリア＝ハンガリーの財務大臣(同時に、一九〇八年に併合されたボスニア・ヘルツェゴヴィナの知事）に、そして一九一五―一七年には再びポーランド・サークルの長となった。第一次大戦勃発後、彼は、最高国民委員会 Naczelny Komitet Narodowy の指導者に加わり[50]、ガリツィアからの難民を支援する活動を取り仕切った。当時、彼は親オーストリア志向の主要な唱道者に属し、ポーランドの未来を、再編されかつオーストリア・ポーランド・ハンガリーからなる三国連邦主義的なハプスブルク王朝の枠内に見ていた。

ビリンスキに匹敵するポーランド人の政治家として、同じくオーストリア＝ハンガリーの大臣の職を務めたのは、先述のガリツィア総督の息子、アゲーノル・ゴウホフスキ (Agenor Gołuchowski (ml.), 1849-1921) であった。ウィーン大学の法学博士で、一八七二―九三年にかけて外交に携わり、在ベルリンのオーストリア＝ハンガリー大使館の秘書官や、パリの大使館の参事官を務めた。その後、一八九五―一九〇六年にかけ、一一年間オーストリア＝ハンガリーの外務大臣を務めた。彼は極めて忠実なオーストリア高官として知られ、ドイツとの同盟強化やロシアとの関係改善に取り組んだ。そして一九〇七年から王朝の最期まで、貴族院のポーランド人グループを指導した[51]。

こうしてみると、バデーニ首相の在任中の二六カ月間は、ウィーンのポーランド人政治家たちのキャリアにおける頂点であった[52]。これは、かつてオーストリア帝国において生じたことのない状況であった[53]。オーストリア領のポーランド政治は、帝国の内部において完結しており、また、帝国内の他の諸アクターとの関係においてよりよい地位を確保することに目的があった。ガリツィアの政治家達にとって、政治のリアリティは帝国内にこそ存在したのであり、バデーニが考えた三国連邦主義は現実的なポーランド問題の解決策であった。それは、ドモフスキにおけるポーランド問題の理解とは、全く異質なものであった。

第三節　越境する政治

オーストリア領においては、前節に見たように、ウィーン―ガリツィアという政治的チャネルが形成されていた。またウィーンの中央政界において、ポーランド人政治家は、諸国民間の拮抗を利用しつつ皇帝から妥協を引き出すという形で、目覚ましい進出を果たしていた。他方、この時期のロシア領ポーランド(会議王国)においては、選挙や議会運営はおろか、言論・出版の自由すら危ぶまれ、政治活動が即非合法活動とみなされる状況であった。[54] 一八九五年二月、政治犯としてミタヴァの強制集住地に送られていたドモフスキが、そこから脱出しルヴフへ向かったのも、そうした状況からすればやむを得ない選択であった。[55]

ルヴフにおいてドモフスキは、国民連盟の機関紙『全ポーランド評論』の編集・発行に着手し、ほどなくして協働者であるポプワフスキを呼び寄せて活動の充実をはかった。そして、一九〇二年には初期の代表作『一現代ポーランド人の思想』の連載を行い、国民民主党内で政治指導者としての立場を確かなものとした。

しかし、一見順調にみえるドモフスキの政治活動も、実効的な影響をどれほど与えうるのかという点からすれば、先に述べたオーストリア領ポーランドの政治家たちと比べ、いまだ理想を追い求める活動の範疇にとどまっていたことは否定しがたい。また、ドモフスキが知るロシア領ポーランドの現状は、オーストリア政治の有り様とは別世界であった。それは、二度の外遊を経て、ルヴフからクラクフへ活動拠点を移した一九〇一年以降にも、ガリツィアのポーランド人との間にある種の隔たりを残した。

ロシア領における「服従派」との衝突については既に述べたが、それと同様に、ガリツィアの保守主義者との関係もまた悪化していた。ドモフスキは一九〇〇年秋の書簡において次のように述べている。「ガリツィアはまだ、会議王国のようには、我々の活動領域となっていない。けれども、今日すでに、既存の政党には満足しない諸勢力が、我々のほうへ傾き始めている。これらの勢力は、一方では地方根性の利害と近視眼にうんざりしており、他方では、ここの諸政党に共通の欺瞞的な行為にうんざりしていた。まだ我々は、ここでの自分たちの党の創設を考える段階にはない。だから、当面は我々に最も近い人々を後援することにしよう」[56]。ここで支援を検討しているのは、具体的には農民運動 ruch ludowy をさすと言われている。農民運動との関連において民族連盟が収めた成功の例としては、首都ルヴフにおける一九〇一年のガリツィアの議会の選挙に際し、民族連盟の候補者を強引に通し、勢力を証明したことが挙げられる。しかし、それは反面、地域の行政機構を運営する人々の反発の危険にさらしもした[57]。

やがて国民連盟は、保守派だけでなく（オーストリア的な意味での）民主主義者たちとも明白に対立するようになった。それを示す出来事として、国民連盟の最初の日刊紙であり、ルヴフにおいて発行されていた『二〇世紀 *Wiek XX*』をめぐる騒動があった。同紙は、ポプワフスキによって熟練した編集がなされていたものの、安定して市場に浸透する見込みは薄かった。そのため、一九〇二年初頭、ガリツィア最大の日刊紙である『ポーランドの言葉 *Słowo Polskie*』を取り込む試みが進められた。しかし、この引き継ぎは、スキャンダルとして受け止められた。外来の政治活動家によって、ガリツィアの主要メディアが乗っ取られたと解釈されたためである[58]。

同誌をめぐるスキャンダルは、あらゆる傾向の雑誌（保守派の諸誌から、民主―リベラル、社会主義的な『ナプシュト *Naprzód*』に至るまで）と、国民連盟との関係を先鋭化させる結果となった。『ポーランドの言葉』の引き継ぎについてドモフスキは、準備がもう進んだ後で知ったという（あるいはそのように距離を置く立場をとった）。そして、引き継ぎを主導したポプワフスキが急ぎ過ぎたことに対する非難や、同紙が既存の講読者市場(貧弱であると想定されていた)に入り込めないのではないかという懸念、また今回の騒動が、ガリツィア政治という「沼」に国民連盟を溺れさせる契機となるのではないか、という不安を隠そうとしなかった。しかし他紙との応酬が始まると、彼は望むと望まざるとにかかわらずそこへ加わらざるをえなかった。最終的に、この論争における敗北がドモフスキらの運動に与えた影響は大きかったと言えよう。単に『ポーランドの言葉』の引き継ぎに失敗したにとどまらず、それ以前の段階でガリツィア領域において達成されていた成果にまで、その悪影響が及んだ。

つまるところ、国民連盟の弱点は、連盟で要となるメンバーが会議王国(ロシア領)からの移住者であって、オーストリア国籍を持たず、常に送還される危険にさらされていることにあった。そして、オーストリア国家にとって、彼らの活動は問題のあるものになりつつあった。そのため、ガリツィアの保守派や「忠誠主義者」たちは、いちはやくこの論争を利用した。クラクフの『チャス *Czas*』紙は、『ポーランドの言葉』の出版者の変更について述べて、「彼らの名と傾向はよく知られている。……『ポーランドの言葉』が彼らの手に握られ、『全ポーランド評論』や『二〇世紀』の類の、国民連盟系の機関紙になっているのは、公然の秘密である。これは明白な事実である」となした。(59)

既に述べたとおり、ロシア領において国民連盟は非合法組織であった。こうした論争が政治化した結果、民族連盟にとって死活的重要性を持ったのは、国民連盟が秘密組織であり、オーストリア領においても、非合法であるという事実を公然と言明された点であった。『チャス』は、そこに焦点をあてた告発を意図していた。これに反論して、『全ポーランド評論』は、「そのような記述は不当で、……不誠実ですらある。たとえ何かがはっきりと分かっている状況においてさえ、私たちの関係においては、確かな思慮分別が適用されねばならない。政治色に関係なく、その思慮分別は遵守される」と批判した。しかし、この議論は、「服従せざる人々」や親オーストリアの忠誠主義者にとっては、分かりきったことであった。これは、表面的にはロシア領とオーストリア領を比較するなら、許される政治的自由が大きく異なり、従って政治活動の組織形態に違いがあることに由来する対立であった。しかし、この紙上の争いの中で、両者の価値観やメンタリティにおける明らかな違いもまた表面化したのである。(60)

ただし、こうした対立にも、ロシアにおいてドゥーマが開設されて国民連盟が議会に代表を送り、ドモフスキがその指導者として選出されると、やや変化が見られた。

一九〇七年九月、スイスからの帰国の途上、ドモフスキはルヴフに滞在した。このときルヴフの有力者たちは、ロシア・ドゥーマのポーランド・サークル代表となっていた(一九〇七年三月七日に選出)ドモフスキの来訪に対し、半ば公式訪問の性格を与えた。滞在中に、彼は、スタニスワフ・バデーニ(Stanisław Badeni, 1850-1912)らによる歓待を受けた。この歓迎会について、バデーニの息子は詳細な回想を記している。

　一九〇七年秋、ガリツィア議会の会議期間中に、ロマン・ドモフスキがルヴフに逗留した。私の父、ガリツィア議会議長のスタニスワフ・バデーニは、ドゥーマのポーランド・サークル代表である著名な客人のために、歓迎会を催した。バデーニは、歓迎会に、ガリツィア議会の最も優れた代議士たち、主として、当時の議会の保守主義者たちを招待した。……

　最初にやってきた招待客はドモフスキで、すぐに彼の後に、総督アンジェイ・ポトツキ〔Andrzej Potocki, 1861-1908〕が到着した。……ポトツキは、クラクフ党のメンバーであった。総督であり、膨大な財産の所有者であり、政治の職務における熱意と卓越した才能をもつ人物である彼は、最も強力なメンバーであった。

　ポトツキは非常に冷たくドモフスキと挨拶を交わした後、すぐに若輩の私のほうへ振り向き、私を脇へ寄せて、全く関係のないテーマの会話を始めた。つまり狩猟の話をし出したのである。ポトツキは、ドモフスキに近づくのを避けていた。その間に、より遠方からの招待客らが慌しく到着した。(61)

集まったガリツィア側の招待客は、既に前節において触れたように、オーストリアの中央政界での活動に熟練した人々であった。ここでポトツキがドモフスキに示した冷淡な態度は、当時のガリツィアの保守派がドモフスキの主張に対して抱いていた感想を率直に示しているといえよう。彼らにとって、オーストリア政治という枠組みは生存領域にほかならず、ロシア領・プロイセン領との統一や、ロシアの力を頼っての統一ポーランドの独立といったドモフスキの主張は、賛同できる議論ではなかった。他の客たちとの活気ある議論が続く中、「今日当然話し合いの主題となるのは、全ポーランドの諸問題 sprawy ogólnopolskie」であった。それぞれの立場は、「個々の分割領のもとで論じられ、比較された(62)」のである。その差異は明らかであった。

もちろんポトツキのように露骨に冷淡な態度をとる来客ばかりでなく、アブラハモーヴィチのような人物は、礼儀正しく親切で、感じのよい活気を老年まで失っておらず、「ペテルブルクの友人」たるドモフスキに対して、ドゥーマにおける議会運営の技術について、また首相ピョートル・ストルイピン(Pyotr Arkad'evich Stolypin, 1862-1911)と諸政党との関係について、数多くの質問をした。また、ドモフスキの論証力や過熱する議論における沈着さは、非常にバデーニ(父)の気に入った。そのため、ドモフスキと他の客たちが別れの挨拶をしているときに、少しの間、まだポトツキ総督だけが残っていたところ、すぐに彼のところへ行き、「しかし認めねばなりませんよ、彼〔ドモフスキ〕が一流の人物だという印象を与えたことを。それに、彼には英国の政治家の威厳があり、ロンドンの内閣の首脳に会ってもなんら不快な印象を与えないであろうことを」と告げた。そして、もはや陽気な調子でやや声をひそめて付け加えて、「アンジェイ、言っておくが、彼〔ドモフスキ〕は、実際、我らガリツィア

の政治家よりも、はるかに優れて見えるよ」とまで述べたという。(63)

確かにドモフスキがドゥーマに選出されロシア領の公然たる指導者となったことは、オーストリア領ポーランドの指導者たちに、「自分たちとは異なる集団」の代表と指導者、という同格の身分を認めさせた。しかしながら、決定的に重要であったのは、こうした好意的な応対でさえ、あくまで「ロシア領ポーランドのポーランド・サークル代表」たるドモフスキ対「オーストリア領ガリツィア政治の代表」の自分たち、という位置付けでなされていた点である。「我々」すなわちオーストリア領ガリツィアの立場からすれば、ポーランド人は高度の代表性と自治を既に保持しているのであって、それはロシア領ポーランドの代表によってなんら影響を受けることはない、と考えられていた。両者の統合など全く想定されておらず、それはドモフスキが念頭に置いていた「全ポーランド主義」の現実化の意図、つまり国民としてのポーランド人を、三つの帝国領を越境して統合しようとする政治過程をガリツィアにも持ち込もうという意図とは程遠いものであったといえよう。

ウクライナ・ナショナリズムの高まり

ガリツィアにおいて、ドモフスキら国民民主党がルヴフとクラクフへ活動拠点を移した後、オーストリア領のポーランド人保守政治家たちが対立に陥ったことは先述のとおりである。ただし、その後彼らの緊張関係は緩和されることとなった。その背景にあったのは、東部ガリツィアにおけるウクライナ人民族運動の高まりと、それに伴うガリツィアのポーランド人の警戒感の増大であった。後述のとおり、オーストリア帝国の支配機構内において一定の地位を築いていたポーランド人集団と、ロシア領出身のポーランド人との間に見られた現状認識の違いや、将来のポーランド像の違いからくる対立があった。そこへ、ウクライナ人が民族集団として勃興してきたことで、相対的にロシア領出身のポーランド人とガリツィア出身のポーランド人との距離を縮める役割を果たしたのである。

先述のように、一九〇〇年代に入ると国民連盟は急成長し、それに伴って、他の諸勢力との間に軋轢が生じ始めた。例えば、ロシア領における服従派との衝突が波及し、ガリツィアの保守主義者との関係が悪化した(64)。他方で、この時期、国民連盟とガリツィアの保守派との間では、ウクライナ問題についても立場の分裂が明らかになった。

オーストリア国家当局主導で一八九〇年代に導かれたポーランドとウクライナ間の妥協の時代は、二〇世紀初頭に終わったとされる。妥協が崩れた一つの原因としては、ウクライナのナショナリズム運動の活発化が挙げられる。中でも、ガリツィア東部における闘争は、規模が大きくかつ最も激しい闘争に発展した。ロシア領ポーランドの東部と同様に、ガリツィア東部においては、ポーランド人地主とウクライナ人農民の間で民族的障壁と階級的障壁とが重なり合っていた。このような状況において、貧窮と、経済発展の速度が遅いことからくる全般的な閉塞感とが結びつくと、対立が先鋭化することは避けがたく、二〇世紀初頭には農民のストライキが勃発した。一八九九年に創設されたウクライナ国民民主党は、活発にこの運動に携わった(65)。

この対立の影響は、『一現代ポーランド人の思想』にも見られる。ドモフスキは述べて、「もしルテニア人がポーランド人にならねばならないのなら、彼らをポーランド化しなくてはならない。つまり、もし自律し生存と……戦いに必要な能力を持つなら、多大な労力を要する方法によって、求めるものを獲得するよう彼らに命じねばならないし、戦いの炎の中で自身を鍛錬するよう命じねばならない(彼らには我々よりもなお一層それが必要である、なぜなら彼らは本来我々よりずっと貧しく怠惰だからである)。もし、我々が反対することなしに彼らに望みどおりの全てを(あるいは望んでいる以上のものを)与えるとしたら、それは、その方法によって我々だけがルテニアから退くが、しかしルテニア国民を作り出すことはしないでおく。彼らの欲望は今日満たされている。

我々はこの美しい土地を、怠惰で満ち足りた怠け者たちに残そう。誰か我々よりも活力にあふれた人が彼らに手を出さずにいる限りは、彼らの自発性は持ちこたえるであろう[66]」。この叙述には、ガリツィア東部において生じていた鋭い対立の雰囲気が言い表されている。また同時に、ここには、『我々のパトリオティズム』に見られたロシア人観との共通点が多く含まれている。

また、新たにポーランド人対ウクライナ人という民族的分極が表面化したことにより生じた、もう一つの影響としては、それまで団結し外来者に対して閉鎖的だったガリツィアの地域社会の凝集力が衰退したことがあった。新しい状況において、同郷人であったはずの「ルテニア人」に比べ、ワルシャワないしポズナン、又はヴィルノ出身のポーランド人のほうが、相対的に「部外者性」が低いように思われ始めたのである[67]。

一九〇三年、オーストリア政府は、ガリツィアの議会の権限を侵して、ウクライナ人の学校設置の要望を支持すると決定した。この介入は、ウクライナ人との妥協がオーストリア国家の主導によるものであることを示した。それはオーストリアの忠誠主義者にとって衝撃であり、多数派であった保守主義陣営における分裂を招いた。ウクライナ・ナショナリズムの高まりに脅かされた「ポドラーツィ[68]」は、古くからのクラクフの保守主義者グループである「スタインチクたち」が示したような、国民連盟に対する嫌悪を持たなかったのである。こうしてルヴフにおいては、まさにウクライナ問題への態度を背景にして、国民連盟はガリツィアの有力者として知られていたグヴォンビンスキ教授からの支持獲得に成功した。その見返りに、国民連盟としても、農民運動との関係を潰すという代償を払い、一九〇二年三月の国会選挙では、農民活動家ではなくグヴォンビンスキを後援した[69]。

第四節　全ポーランド主義の政治的限界

ここまで本章においては、一八九〇年代前半に生じたロシア領ポーランドからオーストリア領ガリツィアへ向かう政治活動家の越境的流入に着目し、ロシア帝国に遙かに先行して政治的自由と自治を確立したオーストリア帝国内におけるポーランド人の政治構造を分析してきた。

一八九〇年代にロシア当局は政治活動家の逮捕や拘留を強化し、ドモフスキもこの時期に逮捕された一人であった。政治活動の自由が存在しないロシア領ポーランドにおいて、現状への不満から列強の分割政策に対する批判が生まれるのは当然であろう。ただし、現状への不満や批判から出発して、ドモフスキらが三分割領・諸階級の全てを統合し独立するという全ポーランド主義を構想しえたのは、ガリツィアに亡命し、そこでポーランド人社会に触れた経験があったためでもあった。少なくとも、ガリツィア滞在を通じて、他の分割領における政治のあり方を知ることにより、三つの異なる部分を統合するというドモフスキの目標とそれに伴う課題は、より具体的になったといえよう。

そもそも一八九〇年代以前のガリツィアにおいては、「政治」概念の意味自体がロシア領ポーランドと異なっていた。つまりロシア領における「政治」が非合法活動、反ロシア政府活動であり、体制転換を目標としていたのに対し、ガリツィアにおける「政治」は、合法的活動、オーストリア国内政治の枠内で活動することを指したのである。

ロシア領ポーランドの政治組織ポーランド連盟は、既に一八六〇年代からガリツィアのポーランド人と連携しようとしていたが、その試みはいずれも失敗に終わっていた。いわばポーランド連盟や国民連盟の言う「政治」は、ガリツィアには存在しなかったのである。状況が変化したのは、上述のように一八九〇年代になって活動家としてそれなりの能力を持った人々が、大量にロシア領から亡命してきたときであった。そこでは、ロシア領出身のポーランド人とオーストリア国籍を持つポーランド人との間で、対立が見られた。これは、ロシア領出身者の側からすれば、ポーランド人であることの意味やポーランド政治の正統性を誰が持つのか、という重要な争点をめぐる対立であった。他方で、ガリツィアのポーランド人からすると、ロシア領からの亡命者集団は、オーストリア国籍を持たない「外国人」であった。ロシアの対ポーランド人政策に関する問題を自分たちの問題としては認識しておらず、単一のポーランド政治という構想を共有してもいなかったであろう。

「全ポーランド主義」は、ロシア領ポーランドにおいて、大衆、とくに農民を国民に編入することを目指して構築された思想であり、また、いかに社会主義革命思想に対抗するか、を課題とした思想でもあった。そのため、オーストリア領で自由と自治の確立に成功している政治家たちに、すぐに受け入れられるものではなく、両者の協力は困難であり、それらの統合は想定外であったのである。これが、「全ポーランド主義」の第一の限界であった。

そして第二に、ウクライナ・ナショナリズム運動との対立に見るように、旧ポーランド領域内(ここではガリツィア)における民族的多様性が、「全ポーランド主義」のもう一つの限界をなしていた。[70] 国民連盟が政治化させたルテニア人集団との対抗関係は、相対的にガリツィアのポーランド人とロシア領出身のポーランド人との間の距離を縮めた。しかし、こうした複数のポーランド人集団が接近するコストとして、「全ポーランド主義」がウクライナ人という異質なものを「全ポーランド」の外側に排除するメカニズムを内在していた点が、「全ポーランド主義」の第二の限界であった。

(1) プロイセン分割領がドモフスキや国民連盟にとって実際的な活動領域とならなかった理由として、コジツキは、ビスマルクによる対ポーランド政策を第一に挙げている。ガリツィアに比べポーランド人の政治活動は大きく制限されていた。国民連盟の前身であるポーランド連盟は、プロイセン領においてメンバーの獲得に努めたが失敗に終わり、国民連盟に関しても状況はほぼ同じであった。また、一八九〇年代以降、ロシア領ポーランドからガリツィアへの政治的亡命者の流入がみられたのに対し、プロイセン分割領への流入はほとんどなかったとされる。ポズナン出身の最初の国民連盟メンバーが現れるのは、一八九九年のことであった。Stanisław Kozicki, *Historia Ligi Narodowej (okres 1887-1907)* (Londyn, 1964), s. 155. ビスマルクの対ポーランド政策については、伊藤『ドイツの長い一九世紀』八六―一〇〇頁を参照。

(2) 伊藤『ドイツの長い一九世紀』六―七頁。

(3) 今野元によれば、一八世紀のプロイセン王国は、ハプスブルク帝国と同様、「ドイツ国民の神聖ローマ帝国」の「外部」たる非ドイツ人地域を支配した「多民族国家」であった。そのため、一九世紀にドイツ・ナショナリズムが台頭した中でもプロイセン王国は非ドイツ地域を切り捨てることができなかった(ドイツ人・ポーランド人の混住地域をポーランド人に渡すことはできないという主張がなされたため)。プロイセン王国においては、(ハプスブルク帝国に比べると少数であったとはいえ)ポーランド・ナショナリストにより独自性が維持され、その結果、ドイツ・ナショナリストの対立に至ったのだとされる。今野元『多民族国家プロイセンの夢――「青の国際派」とヨーロッパ秩序』名古屋大学出版会、二〇〇九年。

(4) Davies, *God's*, vol. 2, p. 85; プロイセンにおける州議会の成立について、割田聖史「一九世紀前半プロイセンにおける国家と地域――ポーゼン州議会の分析から」『歴史学研究』七八七号、二〇〇四年、三―六頁。

(5) Witold Molik, "Wokół „Przeglądu Poznańskiego": Próby politycznego usamodzielnienia się inteligencji polskiej w Poznańskiem w końcu XIX w.," w: Ryszard Czepulis-Rastenis red., *Inteligencja polska XIX-XX wieku: studia* (Warszawa, 1981), s. 221-222.

(6) *Ibid.*, s. 240.

(7) Kułakowski, *Roman Dmowski w świetle listów i wspomnień*, t. 1, s. 156.

(8) 一八九〇年代以降のプロイセン領ポーランドにおける全般的な政治情勢については、Kozicki, *Historia Ligi Narodowej*, s. 15-18等を参照。また国民連盟の活動については、同書 s. 155-173のほか、William W. Hagen, *Germans, Poles and Jews: The Nationality Conflict in the Prussian East, 1772-1914* (Chicago, 1980), pp. 231-237参照。

(9) Kułakowski, *Roman Dmowski w świetle listów i wspomnień*, t. 1, s. 300; Marczewski, *Narodowa Demokracja w Poznańskiem 1900-1914*, s. 102.

(10) Hagen, *Germans, Poles and Jews*, pp. 232-233.

(11) Molik, "Wokół „Przeglądu Poznańskiego"," s. 238.

(12) 『ポズナン評論』の編集メンバーは二〇代後半から三〇代半ばで構成されていた。その中には、ラプスキのように、『日刊ポズナン *Dziennik Poznański*』に代表される既存のポーランド語紙に対して明確に批判的な立場をとる者も含まれていた。これに対し、既存紙の側も『ポズナン評論』を反カトリック的で粗暴なデマゴーグと位置づけるなどし、両者の協調は困難であった。既存の保守系諸新聞の否定的な見解は、もともと少なかった『ポズナン評論』の購読者数のさらなる減少に影響を及ぼさずにはいなかったのである。*Ibid.*, s. 237-238.

(13) *Ibid.*, s. 236.

(14) *Ibid.*, s. 240.

(15) *Ibid.*, s. 232-233.

(16) *Ibid.*, s. 234. 『全ポーランド評論』紙上においても、一九〇二年、プロイセン領ポーランドのための国民民主党綱領が公表された。Micewski, *Roman Dmowski*, s. 48.

(17) ただし、その後も『主導者』紙の編集活動は一九〇八年に没するまで継続した。Hagen, *Germans, Poles and Jews*, p. 234.

(18) Kułakowski, *Roman Dmowski w świetle listów i wspomnień*, t. 1, s. 300, 421.

(19) 一八〇七年のティルジット講和条約の結果ナポレオンを後見として成立したワルシャワ公国は、領土的にはプロイセン領ポーランドの一部を切り取ったもので、ヴァルタ川からニエメン川に到るまでの一〇万四〇〇〇平方キロ、人口は二六〇万人の小国として、士族共和制の一部をなしていた。独自のポーランド軍を保持し、行政語としてポーランド語を用いることができたため、ポーランド国家再建のための第一段階と位置付けられていた。一八〇九年春、オーストリア軍は公国へ侵攻したが、ユゼフ・ポニャトフスキ(Józef Poniatowski, 1763-1813)の軍はこれを撃退し、公国は新たに四つの県(クラクフ、ラドム、ルブリン、シェドルツェ)を獲得した。早坂「分割と蜂起の時代」一八六―一八七頁。

(20) Davies, *God's*, pp. 101-102. 本章ではこの時点で確定した地域をガリツィアとよび、議論の対象をオーストリア領に限る。

(21) *Ibid.*, p. 105.

(22) ガリツィア社会には、ユダヤ人の商人が約一八万八〇〇〇人、宿屋・酒類販売免許を持つ者は約二二万人いたと言われている。*Ibid.*

(23) *Ibid.*, pp. 103-104.

(24) 早坂真理、中井和夫「近代民族の成立」伊東、井内、中井編『ポーランド・ウクライナ・バルト史』二一四―二一七頁。Davies, *God's.*, p. 105.

(25) Davies, *God's.*, p. 105.

(26) *Ibid.*, p. 102. なおデイヴィスに代表されるような、ガリツィアに関し歴史家の間で定着しているイメージ（ハプスブルク帝国内最貧の地域）に対し異議を唱え、ガリツィアが豊富な産油地帯であったことに注目し、イメージの修正を試みているものに Alison Fleig Frank, *Oil Empire: Visions of Prosperity in Austrian Galicia* (Cambridge, 2005) がある。

(27) Roman Taborski, *Polacy w Wiedniu* (Kraków, 2001), s. 87-88. 当初ザレスキはルヴフの総督府に勤務していたが、一八四五年一一月、ガリツィア問題に関して、事実上ウィーンの皇帝執務室の顧問官の位に任命された。これは、後のガリツィア担当相に等しい地位であった。一八四七―四八年にかけては、行政上の活動とは別に、後に皇帝となるフランツ・ヨーゼフのポーランド語教師を務めていた。「ザレスキは週に三回授業に訪れ、威厳ある生徒によって、いつも丁重に好意的に迎えられた。丁度良い教科書がなかったので、ザレスキが皇太子のために手製の教科書を作った。そこから未来の皇帝はポーランド語を学び、他のスラヴ諸語とポーランド語との区別をつけられるようになった」という。一八四八年八月から翌年一月まで、ザレスキは、ポーランド人として初めてガリツィア総督の地位に就き、最初はクラクフに、次にルヴフへ赴いた。しかし、絶対支配が回復すると、一八四九年一月に彼はその任務を解かれ、内務省の部長としてウィーンに呼び戻された。彼の期待に反して、ウィーンではガリツィア関連の仕事から切り離され、一八四九年二月二四日、まだ五〇歳だった彼は失意のまま世を去った。

(28) *Ibid.*, s. 88.

(29) Józef Buszko, *Polacy w parlamencie wiedeńskim: 1848-1918* (Warszawa, 1996), s. 16.

(30) *Ibid.*

（31） *Ibid.*, s. 18. このほか農民や貴族や聖職者と並んで注目すべき集団として、医者や弁護士の同業者集団に属する議員たちが加わっていた。
（32） *Ibid.*, s. 17; Taborski, *Polacy w Wiedniu*, s. 88. 農民出身のポーランド人議員の服装や不自由なドイツ語は、ウィーンの新聞が風刺・揶揄する格好の対象であったという。篠原琢「「長い十九世紀」の分水嶺」南塚信吾編『ドナウ・ヨーロッパ史（新版世界各国史一九）』山川出版社、二〇〇二年、一九九頁。
（33） Buszko, *Polacy w Parlamencie Wiedeńskim*, s. 18.
（34） *Ibid.*
（35） Taborski, *Polacy w Wiedniu*, s. 89.
（36） *Ibid.*, s. 89.
（37） *Ibid.*, s. 90; 篠原「「長い十九世紀」の分水嶺」二〇四頁。
（38） このとき発表されなかった憲法草案と、発布された欽定憲法については、武藤真也子ほか訳「ハプスブルク君主国一九世紀原典資料Ⅰ　一八四九年」「クレムジール憲法草案」「シュタディオーン（欽定）憲法」『東欧史研究』二六号、二〇〇四年、五九－七九頁を参照。
（39） 議会解散後、スモルカとジェミアウコフスキはクレムジールを出、ウィーンへ向かった。当初からオーストリア当局はスモルカに高い地位を提供すると打診していたが、スモルカは終始それを拒否した。一八四九年三月末に、彼はウィーンからルヴフへ戻り、そこで長期間警察の監視下に置かれた。他方ジェミアウコフスキは、一八四九年八月から翌年五月までメラーノに拘留された。Taborski, *Polacy w Wiedniu*, s. 90-91.
（40） *Ibid.*, s. 91-92.
（41） *Ibid.*, s. 92.
（42） *Ibid.*, s. 92-93.
（43） *Ibid.*, s. 93.
（44） *Ibid.*, s. 93-94.
（45） *Ibid.*, s. 94-95.
（46） *Ibid.*, s. 96.

(47) *Ibid.*, s. 96.

(48) *Ibid.*, s. 97.

(49) *Ibid.*, s. 96-97.

(50) 最高国民委員会は、一九一四年八月一六日クラクフにおいて創設され、組織的・経済的・政治的な保障の確保を目的とした。原則としてガリツィアの全ての政党が参加し、その中にはガリツィアの国民民主党メンバーも含まれていた。しかし、彼らはどちらかといえば、ドモフスキが主張するロシア志向に同調していた。Buszko, *Polacy w Parlamencie Wiedeńskim*, s. 317; ステファン・キェニェーヴィチ(加藤一夫、木島孝生訳)『ポーランド史(二)』恒文社、一九八六年、二三一頁。

(51) Taborski, *Polacy w Wiedniu*, s. 98-99.

(52) 一八八八年、当時辣腕かつ非常に活発な行政家として知られていたバデーニは、ガリツィア総督に就任した。熱心に地主の利権を擁護し、冷酷に政治的抑圧の力をかりて社会主義的運動や農民運動と戦いさえした。総督時代に皇帝から厚い信頼を得、一八九五年九月に首相に任命された。*Ibid.*, s. 99.

(53) *Ibid.*, s. 99-100.

(54) ロシアにおいてドゥーマが設置されたのはようやく一九〇七年になってからである。

(55) 一旦ワルシャワへ戻るが、すぐにオーストリア国境へ向かった。クラクフではなくルヴフを選んだ理由については、クラクフが「スタインチクたち」の街であり、ドモフスキの活動に支障が出る恐れがあったためとされている。Kułakowski, *Roman Dmowski w świetle listów i wspomnień*, t. 1, s. 171.

(56) Kawalec, *Roman Dmowski*, s. 62.

(57) *Ibid.*

(58) 新編集長としてワルシャワからやってきたヴァシレフスキは、当時の編集グループの総辞職にあい、最初から新しいチームを集める必要に迫られた。*Ibid.*

(59) Kawalec, *Roman Dmowski*, s. 63-64.

(60) *Ibid.*, s. 64.

(61) 来客には、ウィーンにおけるポーランド・サークルの長であるダヴィト・アブラハモーヴィチ(Dawid Abrahamowicz, 1839-1926)や、ボブジンスキ、当時ガリツィア担当相であったヴォイチェフ・ジェドゥシツキ(Wojciech Dzieduszycki,

1848-1909)、レオン・ピニンスキ(Leon Piniński, 1857-1938)や、スタニスワフ・グウォンビンスキ(Stanisław Głąbiński, 1862-1943)、ヴワディスワフ・レオポルト・ヤヴォルスキ(Władysław Leopold Jaworski, 1865-1930)らが招かれていた。Kułakowski, *Roman Dmowski w świetle listów i wspomnień*, t. 1, s. 349.

(62) *Ibid.*, s. 349-350.

(63) *Ibid.*, s. 350.

(64) Kawalec, *Roman Dmowski*, s. 61-62.

(65) *Ibid.*, s. 64-65.

(66) Dmowski, *Myśli*, s. 67-68. ここでは、Rusiniをルテニア人と訳出した。ルテニア人の概念は、時代や地域により多様な文脈のもとで用いられており、一義的な定義を示すことはできない。本引用の文脈としては、オーストリア政府がガリツィアに住むスラヴの人々を、ポーランド人ともロシア人とも区別して用いたRuthenenに近いと考えられる(Ruthenenという言葉は、一九一八年まで、ハプスブルク帝国内に住むウクライナ人に対する公式の呼称として用いられた。ポーランド語では同じ人々をさしてRusiniと称した)。Paul Robert Magocsi, *A History of Ukraine* (Toronto, 1996), p. 397. ここでは、引用文中のRusiniを、後にウクライナ・ナショナリズムに賛同し国民化して、ポーランド人に対抗する可能性を持つ、ガリツィアの人々、という意味に限定的に解釈した。

(67) Kawalec, *Roman Dmowski*, s. 65-66.

(68) ポドラーツィPodolacyは一八六七—一九一四年にガリツィア東部において活動した保守派集団。

(69) 対国民連盟キャンペーンとして、ウィーンとのパイプを用いてドモフスキら「外国の臣民」を排除しようとした試みについてKawalec, *Roman Dmowski*, s. 66-67参照。

(70) 全ポーランド主義において、ウクライナ人やユダヤ人といった旧ポーランド=リトアニア共和国の領域内の諸集団は、いまだ国民化・政治化していない、いわば「国民」よりも下位の集団として位置付けられていた。結果として、ウクライナ人としての政治化が始まったことで、ドモフスキらとガリツィアのポーランド人集団との距離は接近し、全ポーランド主義を強化したが、これは、旧共和国領における、かつての政治的臣民と非政治的臣民(ウクライナ人やユダヤ人、ベラルーシ人といった)の諸集団の存在を顕在化させたといえよう。従って、前述のドモフスキによる対ユダヤ系商店のボイコットは、確かに「反ユダヤ主義」との批判を当時も現在も受けているが、少なくともこの時点においては、人種主義的観点よりも帝国論の枠組みで考えることが可能であろう。かりにユダヤ人をボイコットしたとしても、それはユダヤ人をポーランドの主敵として考えたからではなく、また、ポーランド国民を内側から崩す内敵として考えていたわけでもなかったといえる。これは、一九三〇年代にドモフスキが唱えた反ユダヤ主義の主張とは、また異質なものであった。独立以前には、ユダヤ人のみを特化して排除したわけではなかったのであり、むしろ、なぜ独立後に反ユダヤ主義に特化していったのかという問題を論じる必要がある。この問題については他日を期したい。

他方で、ウクライナ人やユダヤ人の中に、全ポーランド主義と同じ論理を用いた国民形成のメカニズムが働き始めるとき、全ポーランド主義は、それらを「国家を持つべき政治的存在にはまだなっていない」と位置付けたため、摩擦が生じることは不可避であった。

第六章　新しい帝国――『ドイツ、ロシアそしてポーランド問題』を中心に

ドモフスキは、早くも一八九〇年代後半には、ポーランド独立のさらにその先にある課題を考えていた。『全ポーランド評論』の協働者であったデンビツキの回想によれば、一八九五―九七年頃、二人の間で次のような対話があったという。

「あなたはポーランドの独立を心から望んでいますか？」（ドモフスキ）
「もちろん、望んでいます。」（デンビツキ）
「では、あなたは何になりたいですか？」
「何になる、とは？」
「だから、独立したポーランドで、どういう役割を果たしたいですか？」

こうした問いは、「そんなこと一度も考えたことがなかった」デンビツキを、ひどく驚かせた。困惑するデン

ビツキに対して、ドモフスキは続けて言った。

「私だったら、一番望ましいのは、ワルシャワの警視総監になることですね。」

「？？」

「一〇年間で、ヨーロッパ式の生活を人々に教えるのです。清潔で整然とした街、ポーランドの首都に相応しい街にするでしょう。モスカレは、ワルシャワを「植民地の首都」にしてしまった。だから、できるだけ速やかに、連中の痕跡をワルシャワから拭い去らねばならないのです。さあ、あなただったらどうしますか？」

再度問われて、デンビツキは、沈黙してしまった。それに対して、ドモフスキはこう応じた。

「ああ！　あなたたちは皆同じだ。感情では独立を切に望みながら、それに対する準備が全くできていない。独立ポーランドには、大臣や政治官僚、警察署長、外交官等々が必要になるということを、あなたたちのうち誰も考えていない。外国から専門家を連れてくるわけでもないでしょうに。あらゆる場合に備えて、私たちの世代のうちに、これらの任務の準備をしておかねばならないのです。」

これを聞いたデンビツキは、自分の目の前に「新しい地平」が展開したかのように感じたという。確かに、「その日がいつか来る」とは思っていたものの、自分も友人たちも、ドモフスキが指摘した問題について、全く考えていなかったことに気づかされた、と回想している。(1)

　またドモフスキは、後年『ポーランド政治と国家の再建』において次のように回想している。すなわち、『ドイツ、ロシアそしてポーランド問題』が発表された際、信望厚いクラクフの教授の一人は、「ドモフスキ氏は、自分がペテルブルクのポーランド・サークルの代表であることを忘れ、ポーランドの外務大臣になったつもりでいる」と述べたという。(2)これはおそらく、「三面忠誠主義」の立場からなされた批判であろう。つまり、ポーランド・サークルの代表は、ロシア領ポーランドに暮らすポーランド人の利益代表たるべきであるにもかかわらず、その範囲を逸脱して、あたかも独立が可能であるかのように将来のポーランド国家の外交構想を不遜にも論じていることへの批判であった。

　ドモフスキは、こうした批判に対して、「もし、それが〔ポーランド・サークルの代表であるという立場の〕失念であったとすれば、既に一九〇七年に、私はそうした失念をしつつドゥーマに臨んでいたことになる。ポーランド・サークル代表者の主要な任務は、〔公式には〕存在しないポーランド外務大臣の義務を果たすことである、と私は思っていた。そして、ポーランド再建を可能性としてだけでなく、不可避的なものであり、しかもそう遠い日のことではないと確信している人間にとって、それ以外の見方などありえなかった」と述べている。(3)

　もし仮に、ドモフスキが一連の外交論を、これはいまだ成立していないポーランド国家にとっての外交論だったのであるが、既に一九〇七年に書き上げていたという事実がなければ、(4)後年の回想は、自らの予見の正確さが歴史によって証明されたことを、いわば後知恵として強調したものと解されるかもしれない。しかし彼は、『ドイツ、ロシアそしてポーランド問題』において、国際情勢への鋭い洞察力を示し、それに基づいて考え抜かれたポーランド政治を論じている。そして、後述のように、一九〇〇年代のポーランド問題の国際的な状況認識に基づき、あるロジックに従って構想し行動していたといえよう。(5)

第一節　「ポーランド問題」とは何か

本書においては既に何度も登場した言葉であるが、ここで「ポーランド問題」という言葉の来歴を概観しておきたい。先行研究やドモフスキの著作においては、しばしばポーランド問題(kwestia polska ないし sprawa polska、また英語では Polish question, Polish affairs, Polish problem と記される)という言葉が自明であるかのように用いられるが、その意味するところが述べられている場合は稀であり、また定義されているにしても、問題を一面的に捉えており他の諸相について言及されていない。(6)

ごく大まかに言うなら、広義のポーランド問題とは、分割後のポーランド再建を、いかなる方法において、またいかなる内容で(つまり何を最終目標とするか、例えば領土に関して言えばどこに限界線を引くか等)行うか、という問題をさす。ポーランド人の政治活動家が用いる場合、それはポーランドの国家的独立を最終目的としていることが多い。ただし、ドモフスキ自身「あらゆる国民的な諸問題の中で、ポーランド問題は、最も込み入ったものである。これ程ばらばらの、冷静な知性をもってしても容易には解決を予見しえない、非常に難しい諸問題を構成するものはない」(7)と述べているように、「ポーランド問題」は政治的事柄だけではなく、独立とそれに伴うあらゆる諸問題(国境、信仰、住民の国民的構成、経済、等々)と親和性を持つ複合的問題群であるため、その内容を一面的に特定することはできない。それだけに、独立運動に携わる活動家たちにとって、「ポーランド問題」は大目的であると同時に、具体的には何物をも意味しない(内実を持たない)という陥穽になりがちな問題であった。「象とポーランド問題」という表現が語るとおりである。(8)

既述のように「ポーランド問題」の起源は三次にわたるポーランド分割にあり、ポーランド国家が完全に消滅して以降は、旧ポーランド領土および住民を併合した三帝国の国内における対ポーランド人政策上の問題とされた。(9)

そのため、三帝国それぞれが異なる意味合いのポーランド問題を抱えていた。まずロシア政府にとってのポーランド問題とは、併合した旧ポーランド領のみならず、周辺領域に関しても帝国の支配を揺るがしかねない勢いを持つ国民運動をさし、その沈静化が主たる課題であった。(10) 十一月蜂起以降は武力行使も辞さない鎮圧政策が長期間続いたが、それ以前の時期には、度重なる武装蜂起の鎮圧だけでなく、比較的高水準の文化的・歴史的伝統を具えた貴族集団の抑制と現地行政における利用や、身分や民族的出自が異なる諸集団への分離的対応、諸集団関係のコントロールといった、複合的な対応がとられていた。

他方プロイセンおよびドイツ帝国(一八七一—一九一八年)におけるポーランド問題は、最大の国内問題の一つであり、一八世紀の分割以降、一九世紀の経過と共にポーランド・ナショナリズムの勃興が抑えきれなくなったとき、ポーランド国家の独立を認めない政府の抑圧的措置と、これに反発を強めるポーランド側の対抗運動との間に発展した対立を意味した。(11) マックス・ウェーバー(Max Weber, 1864-1920)の取り上げた「ポーランド問題」のように、農地所有という経済問題もそこに含まれる。彼が問題としたのは、一八九〇年代エルベ川東岸において、ユンカーやドイツ人農民がポーランド人によって排除されたという事例であった。ウェーバーは、聖職者や学生への講義や、政治的知識人の論壇における発言を通じて、この問題を「解決」しようと試み、結果としてある程度の成功を収めた。政府はより厳格な対ポーランド人政策を採用し、経済的な障壁を設置するなどして、ポーランド人の昂進に歯止めをかけた。(12)

そして最後に、オーストリア帝国における「ポーランド問題」は、先の二つの帝国とはやや異なる経緯を辿った。第五章で述べたとおりオーストリア帝国においては、一九世紀中頃から(ロシアの状況と比べれば半世紀近くも前から)、ポーランド人集団の政治的存在感が、オーストリア領ポーランドつまりガリツィアのみならず、ウィーンの中央政界においても認められていた。オーストリアの帝国議会(Rada Państwa/Reichsrat)は、一八六一年二月二六日の「二月勅令」に基づき立法機関の機軸として創設され、衆議院(Izba Posłów/Abgeordnetenhaus)並びに貴族院(Izba Panów/Herrenhaus)から成り、そこにポーランド人の代議士らはポーランド・サークルを形成した。[13] また、政府には「ガリツィア担当相」のポストが設置されており、その地位にはポーランド人が就くなど、ある程度の裁量を認められていた。[14] こうした「ガリツィアに関わる諸問題」が平時のオーストリア帝国における「ポーランド問題」の内容であり、それはまさに内政問題としてポーランド人政治家により処置されていた。

ただし、各帝国にとってポーランド問題は、国際的な要因が必然的に絡む問題であったことも事実である。旧共和国領の大半を領有するロシア帝国は、一八三〇年及び一八六三年の反ロシア蜂起の後は抑圧的姿勢を強めたが、その一方で一九世紀末になるとポーランドの工業(特に繊維工業)がロシア帝国本土を市場として発展し、両地域の経済的結合関係が深まっていた。他方、すでに述べたように、オーストリア領ガリツィアにおいてはポーランド人が比較的広範な自治を獲得していた。このためかえってポーランド人の大土地所有制が淘汰されず、ロシア領、プロイセン領のポーランドと比較して経済的には後進的な状態に止まっていた。三帝国は相互に、隣国が独自のポーランド政策を実施しているということを意識しつつ問題に対処し、安定を維持しなくてはならなかったのである。[15] これはいわば、「ポーランド問題」に、初めから埋め込まれていた国際政治性の現れであった。

ただし、「ポーランド問題」が西欧諸国も巻き込む形で国際政治の議事日程に上った回数は、そう多くはない。[16] その最初は、ナポレオン戦争とそれに誘発された旧ポーランド地域における対ロシア反乱の発生であった。このときにはウィーン会議においてワルシャワ公国を事実上のロシア領とすることにより、問題は再びロシアの内政領域へと戻された。

その次に問題が国際政治化する契機となったのは、ロシアに対して起こされた十一月蜂起である。ロシアによる鎮圧の結果、蜂起は敗北に終わり、ポーランド人に対する抑圧的政策をかえって強める結果となった。それと同時に、蜂起参加者たちは西欧(特にイギリス、フランス)へ逃れ、その先々に「ポーランド問題」の重要性を喧伝する種が撒かれた。

例えばイギリスにおいては、亡命ポーランド人の指導者的存在であったチャルトリスキが、ヘンリー・パーマストン(Henry John Temple Palmerston, 1784-1865)はじめ複数のイギリス人政治家と会談するなど、イギリス政界への働きかけに力を注いだ。その目的は、野党の力でポーランド問題を議会に持ちこみ、フランスと協力してポーランドを支援させることにあった。それがロシアにポーランド独立を認めさせる圧力になると期待したのである。なお、一八三一年時点で、パーマストンには、フランスと協力してロシアに反対する意思は全く無かったと考えられる。(17)

このときのイギリスの対応は、さらに一八四八年に問題が再燃した際、イギリス議会において取りざたされることとなった。(18)そこで取り上げられた「ポーランド問題」は、一八三〇―三一年の十一月蜂起に際し、対ロシア関係においてイギリスがポーランド独立を支援するべきであったかどうか、という点を議題とした。質問者の議員が、イギリスはフランスやオーストリアと協力してポーランドがロシアから独立するのを支援すべきであったとするのに対し、パーマストンはヨーロッパ全体規模での平和構築という観点から、ロシアに西方進出の口実を与えるべきでないとし、当時積極的な対応に出なかったイギリス政府を擁護している。

なお、一八四八年に再び一七年前のイギリス政府の対応が批判された背景としては、以下の事情が考えられる。すなわち、一八四〇年代に入ると、大陸諸国においては産業革命が徐々に進行し、産業ブルジョアが成長した。

それを受けて、彼らを担い手とする政治的自由獲得の運動や、国民的解放の運動が活発さを増す。そうして現状変革の気運が高まった結果、一八四六年にはプロイセン領ポーゼンやクラクフ自治共和国、オーストリア領ガリツィアにおいてポーランド人の国民的解放を目指す試みがなされた。それらの企ては失敗に終わったものの、一八四八年二月にフランスにおいて革命が勃発すると、再び旧ポーランド地域において政治的自由・国民的解放の獲得を目的とする革命が散発した。(19)このとき、革命勝利の凱旋に沸くパリにおいては、フランスのそれに刺激されて発生したポーランドの革命に援助を与えよという示威運動がしきりに繰り返された。実際のところ、革命政府には対外干渉に出る余裕などなかったものの、再び勃発したポーランド独立を求める「革命」は、フランス世論において共感を集めた。(20)他方イギリスにおいては、フランスの場合に比べ直接的利害関係はなかったものの、ホイッグとラディカルの大部分にポーランドへの深い共感が存在したようである。これは、ロシアの体制への嫌悪と表裏一体であった。ただし、ポーランドの抑圧者だからツァーリを批判するというよりは、独裁権力の象徴としてロシア皇帝を批判し、そこから敷衍してポーランドを支持するという形であった。(21)

しかし、いずれの場合にも国際政治の舞台にポーランドが国家として参加することはなく、また亡命者による各国への働きかけは精確な意味での「外交」ではなかった。活動の範囲は、多くの場合文化・芸術領域からのポーランド問題に対する関心の喚起にとどまったのであり、その効果は個人の才能や魅力によるところが大きかった。ポーランド問題は、もはや同時代的問題ではなく、過去の遺物となりつつあったのである。そうした状況を本格的に変化させるのは、ヨーロッパにおける——しかも分割列強間の——大規模な戦争の勃発にほかならないことに、第一次大戦前夜のポーランド人たちは気づいていた。

第二節　誰を敵とするのか

ドモフスキの著述において、ロシアとドイツという二大国にどう対応するか、という点が盛んに論じられるようになったのは、一八九〇年代後半から一九〇〇年代初頭のことであった。例えば、彼が編集を行っていた『全ポーランド評論』紙上では、一九〇三年に「ドイツと共にロシアに対抗するのか、それともロシアと共にドイツに対抗するのか」という問題が議論されている。(22)

「ドイツと共に」あるいは「ロシアと共に」という以外に答えは無く、これら以外に第三の選択肢は無い。なぜなら、ポーランドにとって最も正当な答えの一つは、「ドイツにもロシアにも頼らずに、むしろ独力で両者に対抗する」というものだが、これは、しかし、ある場合において、前者あるいは後者に連合を申し入れる必要性を排除しないからである。(23)

ここでは、ドイツあるいはロシアと共生することが二者択一的に検討されている。これは、事実上、どちらかの国家機構に取り込まれた上で、ポーランドとして一定の自治(あるいは自立)を確保しようという考えであろう。当然、どちらにも取り込まれることなく、ポーランドが自力で独立国家となる可能性も言及されてはいる。しかし、その際にも、「連合」という形でどちらか一国の力を借りなければ、国家として存続することは困難であろうという諦念に満ちた予想が示されている。ポーランドを政治単位として独立させようとする志向と、「連合」

という名の従属を不可避とする認識は矛盾している。従って、この時期にドモフスキがロシアやドイツとの関係を論じた狙いは、将来ポーランドが独立した(あるいはその途上で自治を得た)場合に抱える対外的「ジレンマ」への対処を論じ、ひいては彼独自の外交構想を示すことにあった。それが最も顕著に示されているのが、次節以降にみるように『ドイツ、ロシアそしてポーランド問題』であった。

ここで、彼の当初のロシア観を振り返ると、既に第二章において詳しく論じたように、一八九三年の『我々のパトリオティズム』において、ロシア人は、ポーランド社会の内に入り込みロシア化を押し進める敵として認識されていた。そして、一つの生物の肉体としてアナロジーされたポーランド国民を傷つけ抑圧する存在として、今そこにある野蛮な暴力として、具体的な事例を列挙し、その非道さを非難していた。

その際、武装蜂起を批判した理由の一つは、その非実効性にあった。ロシアの力は強大であり、蜂起を鎮圧するのに十分な軍事力を備え、ポーランド内に駐留しているのだから、蜂起は独立という目的に適切な手段ではない、というのである。そして、社会ダーウィニズムに則り、国民同士の生存競争という構図でポーランドの置かれた状況を捉え、ロシア人の暴力性を恐れつつも、文化面や経済面ではポーランド人の方が上だと考え、ロシア人を蔑視していた。(24)

これに対し、一九〇三年時点のロシア観では、粗野な暴力の具現としての「非文化的なロシア人」に対する、単なる嫌悪や忌諱だけでなく、政治領域としてのロシア帝国の現状を見極めようとする視点が、明確にされていることがわかる。(25)

従って、ドモフスキにとって「ロシア」が意味するものは、暴力の権化としてのロシア人と、政治活動領域としてのロシア帝国(ロシア領ポーランドを含む)とに二分されていた。前者においては、言語や言論の統制といった具体的経験に基づいてロシア人の暴力性が強く意識され、後者においては、ロシアという帝国が持つ内政メカニズムが冷静に観察されていた。一八九〇年代のドモフスキの著作と比べれば、ロシアの中のポーランド、という視点から、ドイツとロシアに挟まれたポーランド、という視野への拡大があり、一九〇八年の代表作である『ドイツ、ロシアそしてポーランド問題』の、基本的枠組みの起点とみることができる。

次に、彼のドイツ観を見ると、ドモフスキは、文明化されていないという点でロシアを蔑視する一方、ドイツに対しては、その文化的優位を認めており、ポーランドの国民性を同化しうる手強い国民として畏怖し警戒しつつ、敬意を払っていた。こうした国民的・文化的な優劣評価に反して、政治活動領域としてのロシア領ポーランドを、彼は重視していた。ポーランド人を同化しえないロシア人の支配下の方が、優れたドイツ人の支配下よりも、国民としての自立を獲得しやすいと考えたためであった。彼は、ロシアという防御壁の中で、プロイセンを中心とするドイツの経済的ひいては文化的また軍事的拡大に備えようと考えていた。

また、以下に引用した、一九〇三年七月の小論「ドイツとロシアに対する我々の立場」においては、ロシアあるいはドイツを根拠なく嫌悪することが批判され、またドイツがもたらす危険に対する認識の低さに警告が発せられている。

ドイツの危険は明らかに、我々が概して思っているよりも大きく、それに直面した不安ゆえにロシアの抱擁に飛び込みたいと思う人々の多くが考えているよりも、なお一層大きいものだ。長年にわたって、ドイツの側からの〔ドイツ人の〕声を〔我々は〕聞いているが、それはポーランドの国民性の成長を嘆く声であり、我々人民の数が増えていくのを嘆き、我々の経済的文化的成果を嘆き、我々の政治的・国民的な運動の発展を嘆く声である。(26)

そして、むしろ脅威として広く認識されているロシアのほうが、対応が易しいと論じられる。その理由は、次のように説明される。

なぜなら、たとえ〔会議〕王国を失ったとしても——ただ王国だけに限って言えば——〔ロシアは〕その根本から揺り動かされはしないだろうし、むしろより正常な国境を獲得するかもしれないのだから。また同様に〔我々が〕確信しているのは、ロシアはプロイセンよりも、彼らの国民的譲歩の原則に従って、迅速にある種の妥協がポーランド人との間に生まれるのを望んでいる、ということだ。(27)

ドモフスキがこのように述べた根拠は、極東での緊張の高まりにあった。この小論より半年早い一九〇三年一月の時点で、ドモフスキはミウコフスキに宛てて、ロシアは表面的にしか力が無いにもかかわらず、国際的な危機、つまり日本との戦争へと急速に向かっている、と書き送っている。(28) そして、「プロイセンにとって……目下最重要の課題は、……ポーゼンとオストプロイセンをドイツ化することにある」(29)と指摘し、ポーランドにとって脅威なのは、遠くに気を取られているロシア帝国ではなく、むしろドイツだと強調している。

ポーゼンにおいては、一九〇一年、ポーランド人生徒による大規模な学校ストライキが開始された。また、反ポーランド主義的な「ハカティスト」(30)を中心に、ポーランド人の土地取得に対抗することを目的とした、ドイツ人による東方植民活動が行われていた。これは、反面、ドイツとしても、オストプロイセンの「ポーランド化」に対して大きな危機感を抱き、断固としてそれを阻止しなければならないという見解が存在していたことを示唆している。例えば、この時期に活躍した、自由主義者でドイツ・ナショナリストとして知られるフリードリヒ・ナウマン（Friedrich Naumann, 1860-1919）は、ポーランド問題について積極的に発言していた一人である。彼は、一八九八年の帝国議会選挙に際し、選挙演説においてポーランド人の流入の脅威を盛んに説いた。その主目的は、保守派のユンカーを攻撃することにあったが、同時に、ポーランド人の排撃をも意図していた[31]。

これに対し、ロシアは目下極東の危機に集中しており、ポーランドにとって差し迫った危険性を持つ存在ではない、とドモフスキは見ていた。

〔ドイツに比べて〕ロシアは、会議王国のロシア化よりもずっと重要な、かなりの問題を抱えている。ロシアにとって最重要の国家的課題は、アジアに集中している。極東やペルシャ湾へ向けてのイギリスとの競争の領域で、非常に困難な状況が生じるのは全くもってありうることであり、ロシアは、ポーランド人に対して何らかの利権を与えることで西方における自身の安全を得ることが最重要事だと認識している[32]。

ミウコフスキへの書簡で示された見解と同様、国際事情に起因するロシア内政の危機に際して、何らかの民主的変化がポーランドにもたらされることを、ドモフスキは期待していた。ただし、ポーランド問題が国際化することは確信しつつも、それが何ら国境線の変更をもたらさないと考えていたようである。

我々は、ロシア領ポーランドにおいて、ポーランドの国民性の価値をできるだけ高めなくてはならないし、そこでは当然、政府との戦いや、あらゆるモスクワ的な組織との戦い同様、全面的な国民的活動を組織しなければならない。我々には強い国民的要求があるということを、彼らの分割政策との戦いにおいて彼らに強く感じさせなくてはならない。そうまでしてはじめて、モスカルは、〔我々の要求を〕理解するだろう。誰も弱い者たちの友情を勝ち取ろうとはしない、なぜなら誰も彼らを必要としていないからだ。もし我々が、国境線にもかかわらず、緊密な国民的統一をもって強者となるなら、もし全ての前線で、自分たちの利害をかけた精力的な戦いを組織するなら、もし最終的に、敵の妨害にもかかわらず、日々の活動によって、その〔ポーランドを分断する〕国境線にもかかわらず〔統一され〕緊密になったポーランドを建設するなら――そのとき敵はおのずと、我々に対し、より配慮することになるだろう。そしてそのときロシアは、我々の歓心を得るために努力さえしなくてはならないかもしれない――ロシア国家の利益に我々が左右されることなしに。[33]

ドモフスキは、ロシアの危機は即座にはポーランド独立に結びつかないと考えていた。しかし同時に、一九〇四年末には、ロシア領ポーランドにおいてもツァーリ政府の妥協的な姿勢が政策に現れていたことを見逃さなかった。[34] その思想のリアリズムゆえに独立運動の「ジレンマ」を強く意識せざるをえず、ロシアという政治活動領域内において活動の範囲を広げることに活路を見たのである。

第三節　ホーエンツォレルン国家の拡大

一九〇七年八月、第二ドゥーマと第三ドゥーマの端境期に、ドモフスキはラッペルスヴィルへ赴いた。それは、国民連盟の一九〇六年七月から一九〇七年七月までの活動を報告する「活動概要」を提出し、ラッペルスヴィルの亡命者組織から活動資金を得るためであった。ドモフスキはラッペルスヴィルからグリオンへ向かい、そこで『ドイツ、ロシアそしてポーランド問題』の執筆を開始した。数週間をその執筆に費やしたが、全てを書き終えることはできなかった。[35] おそらく出版地であるルヴフで後日完成させたのであろうと言われている。[36]

この時期の一連の著作では、将来のポーランド国家が置かれる国際関係や、そこでのドイツとの関係を論じつつ、ドモフスキの行動指針となるロシア防御壁論を根拠付けていく論理が展開されている。その集大成が、『ドイツ、ロシアそしてポーランド問題』であった。これらの論考は、いわば、未成立国家の外交構想として執筆されたものであった。ここでいう外交構想とは、とりわけ、この時期のヨーロッパ国際政治において圧倒的優位にあるドイツに対抗するために、反独同盟を形成することを意味していた。

それでは、ドモフスキはその外交構想において、オーストリア領ポーランド(ガリツィア)をどのように位置付けていたのであろうか。『ドイツ、ロシアそしてポーランド問題』第六部に収録されている、「ポーランド問題の新たな国際的役割」という論文において、ガリツィアは、オーストリア政府のシステムの影響下にある「最も後進的な地域」であったが、一九世紀後半の四〇年間は、ポーランド国民の活動にとって最も恵まれた条件下に置かれていた、と述べている[37]。「社会的な関係は不健全であるために反目が生じているにもかかわらず、また経済的には貧しい状況にあるにもかかわらず、さらに国土の東部ではウクライナ問題のために常に不安があるにもかかわらず、ガリツィアはここ十数年間に、制度や法を獲得し、国民の文化的発展において明瞭に進歩をとげている」とし、政治的・文化的な発展を評価している。更に、「この地域は、今日、国としての広範な自治や、ポーランド政治の権力、ポーランドの裁判所、二大学を備えたポーランドの教育制度を獲得しており、ポーランドの包括的に組織化された生存の唯一のかがり火であり、より高水準の文化的・国民的分野における平穏な活動の唯一のかがり火となっている……」として、オーストリア領での活動が不可欠であることを強調している。

他方で、「ホーエンツォレルン国家」に隣接するオーストリア＝ハンガリー二重君主国は、ドイツの経済帝国的な拡張を阻むかに見える存在でもあった[38]。プロイセンを中心として一八七一年に統一された、ドイツ人の帝国「ホーエンツォレルン国家」は、やはりドイツ人の帝国であるオーストリアと、ドイツ世界における主導権をめぐって歴史的な争いを続けていた。オーストリアの首府ウィーンは、自らがドイツ世界の中心である、という自負を持っており、プロイセンを中心とするドイツ国家の統一と相容れなかった。また、宗教においても、オーストリアはカトリックを信仰し、他方の「ホーエンツォレルン国家」はプロテスタント信仰が主であるという違いがあった。

そうした対立の上に起こったのが、一八六六年の普墺戦争であった。サドヴァの戦いでプロイセンが大勝し、決定的に敗れたオーストリアは、ウィーンを中心とするドイツ統一を諦めることになる。しかし、その敗北以降も、オーストリアは「ホーエンツォレルン国家」に取り込まれることなく、独自の国家機構を保ってきた。そして、ロシアが弱体化したのを機会に、バルカン諸国に対して以前より大胆な経済支配を展開しつつあった。これは、同じくバルカンへの経済的な進出を図るドイツの志向と対立するかに見えた。

しかしドモフスキは、こうした状況について、実際にはオーストリアはドイツと対立するつもりは全くない、と考えていた。それどころか、ドイツとオーストリアは、特殊な「同盟」関係にある、と述べている[39]。彼の見解では、そもそもオーストリアとドイツの「同盟」関係は、ロシアの脅威に対抗するために生じたものであった。しかし、日露戦争後のロシアの弱体化を待つまでもなく、何十年も前からロシアとドイツおよびオーストリアとの友好関係は続いており、「同盟」の存在意義は失われていたはずである。にもかかわらず、オーストリアとドイツの「同盟」は、通常の同盟以上の「何か」になっている、という点に、ドモフスキは注意を促す。そして、この「何か」が存在することによって、ドイツがオーストリアの内政にまで作用しているのだと論じる。以下の引用部分では、そうした内政への浸透の指標として、二重君主国内部での、オーストリアとハンガリーの関係が分析されている。

二重君主国はドイツ語で物事を片付けており、ハンガリー人の執拗な要求にもかかわらず、ドイツ語が軍用語となっており……ドイツ〔の国民性〕は国家の中で最強の国民性である。議会が強化されたにもかかわらず、国家政治に影響を及ぼしているドイツ人層つまり王冠の助言者を自認する人々のサークルは、軍や官僚のより高次のヒエラルヒーに等しく、結局ドイツ的であることが、あらゆる王朝や国家の伝統になっている。(40)

ここには、オーストリア=ハンガリー二重君主国において、ドイツの「国民性」がハンガリーや他の「国民性」よりも優位にあり、そのことが「ホーエンツォレルン国家」とオーストリアとを結びつけている、という分析が示されている。過去のドイツ世界における勢力争いの記憶や、カトリックとプロテスタントという宗教上の差異は、言語や文化や経済的利害の共有によって、乗り越えられるであろう。ドモフスキにとって、オーストリアは、既にプロイセンの影響力に収められた「ホーエンツォレルン国家」の一半であった。やがて、オーストリア人は、プロイセンに発するドイツ人意識の拡大に取り込まれ、オーストリア人としての意識よりも、ドイツ人としての意識を優先するようになる。また同時に、オーストリアは、列強間の抗争が激しくなる中で「ホーエンツォレルン国家」との「同盟」に向かい、ドイツの帝国的発展に共に願いを託したのである。そうしたドイツとオーストリアの共通の志向は、ポーランド人も含めたスラヴ人にとって脅威になる、と彼は指摘する。そしてチェコ人を例に挙げ、彼らが勢力を伸ばして、ドイツ的なるものを脅かすときにはいつも、ドイツ的な文化や、ドイツ人としての団結力が増大した、と論じる。

オーストリア人としての性格が非常に弱く、その分プロイセン型ドイツ人としての性格が非常に強いホーエンツォレルン人の国家には、スラヴ人の土地が隣接している。そのスラヴ人の土地に住むドイツ人の間では、全ドイツ主義的な趨勢が広がり、それは「Los von Rom〔ローマからの解放〕」というスローガンを発しつつ、ほとんどホーエンツォレルンの人々に対する忠義にまで達している。明らかにこの趨勢は、独自のものとしてのオーストリアの存在を、既に脅かしてしまっている。……オーストリア人の間でドイツ的な感情が弱まることはなく、プロイセン人との戦いの記憶が鮮明さを失うにつれ、それはむしろ増大した。(41)

オーストリアは、「ホーエンツォレルン国家」への「従属関係」に置かれ、ベルリンとヨーロッパ南東部、さらにはトルコを結ぶ、外交上の架け橋となってしまっている。従って、オーストリアのバルカン拡大は、ドイツの拡大そのものであった。オーストリア人のバルカンにおける活動は、「ハンガリー人としてでもチェコ人としてでもなく、ドイツ人として」地位を獲得することに目標を置いていたからである。(42)

「東ヨーロッパの状況」論文におけるドモフスキの分析は、「プロイセン国家の拡大」がドイツ国民的な文化や感覚を基礎にして国家形成を行うというダイナミズムを示している。(43) だからこそ、スラヴ諸族にとって「ホーエンツォレルン国家」のもたらす危険は、ロシアやオーストリア＝ハンガリー君主国といった旧い帝国による支配とは異質な、新しい危険であった。そして、新しい帝国たる「ホーエンツォレルン国家」に隣接するポーランドにとっては、より一層大きな危険だったのである。

第四節　影響力の政治

『ドイツ、ロシアそしてポーランド問題』の第三章「東ヨーロッパの状況――ドイツとロシア」には、一九〇七年八月にスヴィーネミュンデ（シフィノウイシチェ）で開催された会議の記述があり、また『ドイツ、ロシアそしてポーランド問題』第一版の序言は一九〇八年四月一九日付けであることから、この章が執筆されたのは、一九〇七年八月三一日、英露協商が成立した直後の時期であったと判断できる。英露協商では、ペルシャ（イラン）、アフガニスタン、チベットでの両国の勢力範囲に関する合意が成立する。このとき、既に存在していた露仏同盟（一八九三年）や英仏協商（一九〇四年）と合わせて、イギリス、フランス、ロシアの三国協商が成立し、ドイツに対抗する構図が生まれることとなった。また、一九〇七年六月に日露協商が結ばれ、日本・イギリス対ロシア・フランスの対立は解消されていた。そのため、極東での紛争に区切りをつけたロシアがイギリスやフランスと協力してドイツを取り囲む、という国際関係の対立構図が形成された。

ドモフスキはこの時期、ワルシャワとペテルブルクを中心に政治活動を行っていた。特に、一九〇七年三—四月及び五—六月にかけて、ドゥーマへの出席も含め、ロシア内政領域での政治活動を行うため、ペテルブルクに滞在している。[44]そのため、この時期のドモフスキの見解には、ロシア政府が置かれていた状況が反映されていると考えられる。

ドモフスキは、国家間の軍事的権力関係とは別の次元から、「影響力」という基準を用いて、東ヨーロッパの状況を示そうとした。そこで、本節においては、ドイツがもたらす危険について、特に詳細に説明されている第三章「東ヨーロッパの状況——ドイツとロシア」[45]から、この時期のドモフスキのドイツ観を見ていくこととする。「東ヨーロッパの状況」論文において、まず強調されているのは、日露戦争後のロシアの弱体化である。そして、ロシアが弱まった状況をついて、ドイツが優位に立とうとしないはずがない、とドモフスキは予測する。しかし、その場合想定されているのは、ドイツによる武力攻撃ではない。

ドイツには〔武力攻撃とは〕別の方途があり、その手段の方が、ずっと多くの利益をドイツに約束してくれる。このやり方は決して新しいものではないが、ロシアの弱体化に際して、新しく魅力的な展望をひらいている。それはつまり、一方ではロシアの対外的な影響力とロシア国外にある利益圏を奪い、他方では、ロシア自体における影響力を強化し、ある一定の〔ロシアの利益〕圏内で影響力強化を実行すること、である。(46)

武力攻撃によるロシア領土の簒奪よりも、ドイツが望むのは、ロシアの「利益圏」つまりロシアが優勢な地域に入り込み、そこでドイツの勢力を広げることであった。

〔日露戦争後ロシアは弱体化したが〕だからといって、戦闘的だったロシアが弱まったところをついてロシアをドイツが攻撃し、ロシア領の一部を強奪する、ということではない。国際状況がそれを許す場合でさえ、〔ドイツがロシアを攻撃することは〕なさそうである。なぜなら、今日プロイセン政治が抱えている自領域内のポーランド人との問題を考えると、ドイツに隣接し部分的にドイツ領に割り込んでいるポーランド地域は、戦利品として魅力的でないからだ。ポズナンのポーランド問題が依然として解決されず、ドイツの利益とならない限り、この点について考えるのは難しい。(47)

ドイツに隣接するロシア領土、つまりロシア領ポーランドは、抱え込めばドイツにとって問題の種となるだけで、支配するに魅力的な地域ではない、とドモフスキは考えていた。行政機構によって直接に統治するより、むしろ経済的な利益拡張において、いわば非公式の帝国としてドイツは優越していくであろう。そうなれば、ロシアが従来利益を得ていた活動領域は、ドイツに奪われることになる。より具体的には、それまでロシアに向けられていたフランス資本の新たな投資先がドイツとなり、フランス財界の好評を得て、ひいては財界につながる政界まで味方につけるであろう、という一例が挙げられている。

ロシアは従来、東方問題に関して、ダーダネルス海峡への通路を確保し、バルカン半島を自己の勢力圏とすることを志向していた。しかし、露土戦争の戦後処理のために、一八七八年開かれたベルリン会議において、ビスマルクが中心となってロシアの南下を抑制して以降は、ドイツという壁に阻まれていた。ロシアの影響力は、アジアにおいてはイギリスの影響力と競合し、同時に、大陸ではドイツによって急速な侵食を受けていたのである。オスマン帝国をめぐるロシアとドイツの勢力争いは、それを明示した例であった。ドイツは既に、日露戦争後のロシアを恐れなくてもよくなっている、というのが、ドモフスキの見方であった。そうして、ドイツはバルカン半島を勢力圏に収め、アナトリアやバグダットにおける鉄道路線の拡大方向に沿って、政治的影響力や貿易、事業、入植を発展させている。こうした拡大路線は、いずれはイギリスのような植民地帝国の地位へとドイツを押し上げるであろう、という予測が示されている。[48]

ドイツはヨーロッパ大陸で勢力を伸ばし、更には、アジアやアフリカへの植民地主義的な拡張にまで興味を示している、とドモフスキは認識していた。ただし、ドイツ国内には、コンスタンティノープルからテヘランまでの植民地主義的な拡張を唱える勢力と、ヨーロッパ大陸南東部つまりバルカンへの拡大にとどめようとする勢力の、二つが存在することに注意を払っている。そして、ドイツ国内において拡張路線を主導する前者を、「全ドイツ主義者たち wszechniemcy」と呼んだ。[49] 全ドイツ主義者を、ドイツ政府の指導部つまり「ベルリンの政治家たち」が宥めているのだと、ドモフスキは考えていた。

全ドイツ主義の熱狂者たちの想像力は、あまりにも遠くまで行ってしまったために、ベルリンの政治家たちの考えを追い越し、自分たちの計画においては既にオーストリアを簒奪してしまっている。今日、〔全ドイツ主義者らの考えでは〕ベルリンからペルシャ湾やテヘランまで連続することになっているドイツ領土に沿って、ドイツはロシアを西と南から包囲し、またエジプトや東インドにおけるイギリスを脅かしつつ、バルト海から中央アジアまで、ドイツ帝国の境界線を半円で描いている(50)。

しかし、堅実なベルリンの政治家たちは、「全ドイツ主義者」の幻想に反して、ヨーロッパの南東部つまりバルカン半島へ進出することを選んだ。しかもそれは、「静かで平和的な征服(51)」であった。武力による侵攻ではなく、経済活動による掌握である。ドモフスキは、経済帝国的な拡張に、ドイツがもたらす危険の重要な特徴の一つを見ていた。

第五節　未成立国家の外交構想

「急転の年」――一九二五年の回想より

それでは、ポーランド独立後に振り返った場合、『ドイツ、ロシアそしてポーランド問題』が執筆された一九〇七年前後の東ヨーロッパにおける政治状況は、どのように見直されたのであろうか。ドモフスキは、一九二五年に回想して、戦間期ポーランドが「どのような道を経て独立に到ったのか、本当に知ろうとする者は、一九〇七年の政治がどのようなものであったのかを知らねばならない」と述べている。その理由は、この年に国際状況が大きく変化し、とくにロシア政治とドイツ政治において重大な変化が起こったためであった。以下では、ポーランド独立後に執筆されたドモフスキの回想録『ポーランド政治と国家の再建』（一九二五年）に基づき、ドモフスキの一九〇七年認識を概観する。

この年、ロシアは日露戦争に敗れた上、深刻な内政危機に瀕していた。その結果、「対外的にもロシアの力は急激に弱まり、同時に、ドイツの立場を強めることになった」。更に、フランスとイギリスはこうした戦争の帰結を予測して、開戦後まもない一九〇四年に英仏協商を結んだのだというのが、彼の分析であった。英仏協商により、「両国間で係争中だった植民地問題は全て処理され、フランスはモロッコで自由行動権を得、ドイツはモロッコに関して利権の外に置かれることとなった[52]」。そして、一九〇六年のアルヘシラス会議において、フランスとイギリスの間で和親協商が結ばれ、更にイギリス・ロシア間の接近も始まった。次いで一九〇七年には、中央アジアの対立事項について、英露協商が結ばれた。「イギリス、フランス、ロシアの合意は、三大国間の絆を密にするものであり、それが現れたことで、世界政治におけるドイツの役割はますます縮小していかざるを得なかった[53]」。そして、「ヨーロッパは、相互に対立する二大陣営に分かれた。一方には、三国同盟（ドイツ、オーストリア＝ハンガリー、イタリア）があるが、イタリアにとってはあまり安定した配置ではなかった。なぜなら、海岸線の長さゆえに、英仏の海軍力に対抗できる状態ではなかったからである。結局、イタリアは地中海に関して、もう一方の陣営であるイギリス、フランス、ロシアと合意を結ばねばならなかった[54]」。

国際社会において、イギリス、フランス、ロシアが対独包囲網を形成しつつある状況で、ロシアの内政もまた、安定を取り戻しつつあった。

ロシアは、既に一九〇七年には、内政危機に対処できるようになっていた。第三ドゥーマにおいて、政府は、もはや勝者となっていた。ドゥーマの運営は、既に十月党の穏健派に握られており、彼等は、ナショナリストや、右翼過激派と共に、議会の三分の二を占めた。ドゥーマとの協働、とくに、十月党指導者グチコフとの協働によって、ほとんど新編成とも言うべき、軍の大規模な再編が始まった。この仕事は、まだ記憶に新しい敗戦の経験を活かし、速やかに進められ、その進展に伴って、ロシアの対外的な威力が再びよみがえってきた。(55)

内政において、一応の安定を得たロシアは、再び外に目を向け始めた。「〔ロシアの〕対外政策は、自信を取り戻し、戦争中に拡大しつつあったドイツへの依存を払いのけた。新たなイギリスとの合意は、ロシアにとって、少なからぬ励ましとなった(56)」。しかしそれは、ドイツとの対立を生む原因となった。なぜなら、「ドイツは、諸大国の新たな結合によって、世界政策の広い道を進む勢いに歯止めをかけられたため、ベルリンとバグダットを結ぶ線に沿った大陸拡大の大計画を描きつつ、自分たちの力を、最も小規模な抵抗へ、バルカンと西アジアの方向へと向けた。それは何よりも、ロシアの利益を阻むものであった(57)」という。

ここで注目すべきことは、「ロシアでは、ドイツに対する好戦的な気分は存在しなかったにもかかわらず」、ドイツとロシアの衝突は近づいており、「既に一九〇七年には、ロシアとドイツとがぶつかり合う大戦争が起きるのは、時間の問題であることが明らかになっていた(58)」とドモフスキが回想していることである。

このときロシア国内では、「確かに、第三ドゥーマの後、パトリオティックな空気が途方もなく強まっていった。それは、革命への反動や、ユダヤ人へのポグロムといった攻撃に示されたばかりでなく、ロシアの影響力を対外的に拡大し、大国としての役割を強化しようとする熱望の中にも現れていた(59)」という。

しかし、戦争が近いというドモフスキの見方は、当時のロシア国内の雰囲気とは、異なっていたという。ロシア国内は、まだドイツとの戦争ムードに入っているわけではなかった。

ロシアの進む道を阻むものは何よりもドイツである、という意識は、まだ明確にはなっていなかった。それどころか、国家の内部にはドイツの強い影響が感じられた。そうした影響が、〔反独的な〕意識を拭い去り、ドイツの危険性から注意をそらそうとしていた。もしロシアの外政がますます明確に反ドイツ的な方向へ進展するなら、国内に親ドイツ的傾向や、ドイツ人への支援や、それと並行的なポーランド人に対する敵対行為が支配的となり、内政においてベルリンからの教唆や圧力を被ることになることは明らかであった。(60)

後述のように、ドイツの「影響力」がロシア内政に大きく作用していたという見解は、彼のドイツ論において一貫している。ドイツは、経済的・文化的な「影響力」によって、直接軍事力を行使することなしに、ロシアの内政を動かし、その反ドイツ傾向を抑制している、というのである。

更に、この時期ロシアの内務大臣であったピョートル・ドゥルノヴォ(Piotr Nikolajewicz Durnowo, 1844-1915)が指摘したように、「ロシアにはドイツとの戦争を行う余裕など全くなく、そのような戦争はロシアにとって破滅になりかねない(61)」という考えが常識的だったのであろう。

こうしたロシア国内の見解について、ドモフスキは次のように結論付けている。

　ロシアの世論は、オーストリア゠ハンガリーを主要な敵とみなしていた。オーストリアとドイツを結びつける絆の性質や力を理解せず、必要以上にオーストリア政治とドイツ政治と区別し、ドイツとの戦争を伴わずに、〔ロシアが〕オーストリアと衝突する可能性を考えていた。それからほどなくして、ロシア人が間違っていたことが示された。(62)

ただし、ポーランドを分割した三カ国においては、ドイツとロシアとの戦争が予見され、更にポーランド問題の処理の仕方が模索されていた、とも指摘している。それは、三政府の対ポーランド政策が、突如変化したことに現れていたという。

ロシアとドイツの間の戦争が急速に近づいており、その戦争においてポーランド問題が表出するであろう、という認識は、我々の敵対者たちの側〔ドイツ、ロシア、オーストリア〕に存在していた。そこから、三分割列強のポーランド政治に対するインスピレーションが浮かんできた。

当時、突如として三カ国全てにおいて、対ポーランド関係へのイニシアチヴがよみがえったことが、それを示していた。

その具体例として、まず、ドイツ領においては、「前例にないほど速やかに反ポーランド的な立法措置が進展し、ポーランドの土地においてドイツ性を強化するために莫大な額を供給し、ますます集中的にオストマルク協会が活動して」いると指摘する。そして、オーストリア領については、「ポーランドの手から東ガリツィアをもぎとろうという明らかな意図」のもとで、ウクライナ人に対する組織化や保護が行われている、とする。最後にロシア領においては、ヘウムに知事を設置して会議王国から分離させるプロジェクトが持ち上がったこと、また、「非公式の布告において東ガリツィアへの欲望」が示された、としている。(63)

ドモフスキは、こうしたドイツ、ロシア、オーストリアの政策について、「三カ国全ての目的は一つ、ポーランドの領土を最小限に抑えるということであった。活気と性急さとが、同時にそこ此処で見られた。それが、ただ偶然の一致であったということが、あり得るであろうか」と述べている。ブレスト=リトフスク条約が後に示したように、三政府は合意の上で、ポーランド領土を最小限に抑える形での、ポーランド問題の処理を図っていた、というのである。(64)

「一九〇七年に、何が起こっているのかを認識し、少しでも状況について知っている人々であれば、我々には無駄にする時間など一瞬たりともないことを理解していたに違いなかった。敵〔ドイツ〕の計画の成功を望まず、ロシアとドイツの衝突の瞬間に、ポーランド問題を、ベルリンの言う意味ではなく、我々の言う意味において導くには、速やかに行動を重ねなければならなかった」(65)と述べているように、一九二五年の回想においては、ポーランド問題の処理を有利に運ぶために、ドイツの政治に対抗することがいかに重大な意味を持っていたかが強調されている。まだロシア国内が気づかないうちから、ポーランド人活動家たちはロシアとドイツの間の戦争の勃発を予想し、その結果、ポーランド問題の処理がベルリンの思惑通りにならないよう、活動を始めていたというのである。一九〇七年以降、静かに、しかし緊張を伴いつつ、二国間の戦いは始まっていた。このとき、ドイツとロシアは「極めて不均衡な」力関係にあったとドモフスキは述べている。一方のドイツは、ポーランドも含め「全世界で活動中のエイジェントを通じ」、「ウィーンばかりか、ペテルブルクにおいても、ポーランド問題の運命に強い影響を及ぼしていた」という。(66)これに対しロシアは、ようやく対ポーランド政策の編成を始めたばかりであり、「自分たちの目標や方針を、少数の頭脳においてのみ」認識している状態であった。(67)

この戦いの経過は、今日まで知られておらず、理解されてこなかったため、ポーランドに関わりのない人々にとってさえ、興味深いものかもしれない。

一九〇七年に、我々がドゥーマにおいてきた政治的基盤は、我々の足下から取り除かれてしまった。六月〔第二ドゥーマ解散〕以降、政府が議会を掌握し、議会の大部分は政府を支持してポーランド人に対抗し、従って我々だけが少数議席へと縮小させられ、重要な役割を担うことができなくなる、と予想されていた。それにもかかわらず、私は第三ドゥーマに出席した。それは第一に、名誉の問題であった。ポーランドに一撃が加えられた後で、退くことなどできなかった。……第二に、首都から選出された議員であり、ポーランド・サークルの代表であるという立場が、ポーランドの名の下に演説し、活動するための公式の肩書きを私に与えていた。それは、あの時期の私にとって、非常に必要なものであった。……同時に、もしドイツとロシアの間の戦争勃発の瞬間にポーランド問題を準備しておくには、私たちの活動の重心を、ドゥーマの壁の外に移さねばならなかった(68)。

ロシアの戦争準備に関する低い評価に比べ、ドイツの好戦性や、ポーランド国民に対する敵対性への認識は、一八年後に回想の中で述べられたものであるにもかかわらず、過剰ともいえるほどに危機感に満ちている。戦間期の独立状態は、ドモフスキにとって、ドイツの危険性という思念からの解放を全く意味していなかったのであろう。

我々を押し潰し、首尾一貫して我々の国民の生存を完全に消し去ろうとし、……ドイツ国家の中であれ、国境の外であれ、我々を残酷に根絶しようとしてきたドイツの勢力が衰退するようにと、私たちは切に願わざるをえなかった。

ビューローは議会で、「我々は、わが国内のポーランド人と戦っているのみならず、ポーランド国民全体と戦っている」と述べた。これに対する、唯一の実直かつ論理的な回答は、ポーランド国民全体が、ドイツに対抗して戦うことであり、その没落を切望することであった(69)。

彼の評価からすれば、ドイツとの戦争にロシアが勝利するためには、ロシア軍の再編だけでは不十分であった。多少なりとも、「ロシア政治上の準備が必要であったし、国内におけるドイツの影響力を打ち壊すことが必要であった」という。

おそらく歴史上、ロシアほど奇妙な、はっきり言って醜怪な状況にある国家は、存在しなかったであろう。ロシアの対外政策は、そうならざるをえなかったために対ドイツ的であったが、他方で内政では、親ドイツ傾向が支配していた。ロシア政府のような、こんなにも協調のない政府の中でのみ、外務大臣とそれ以外の閣僚との著しい対照が生じえたのであろう。こうした事態の根本的な原因は過去に存在した。そして、そこではプロイセンが大国としての成功を収めていた。

フリードリヒ大王は、シニカルに言うなら「ポーランドの聖体」を食するという共通点においてロシアと結びつくことが、プロイセンにとってどんなに大きな意味を持つことになるか、既に理解していた。[70]

以上の状況をドモフスキは総括して、「ポーランド分割を機に結ばれたロシアとプロイセンとの関係は、対外政策の反目によって解れることとなり、ロシアはプロイセンとの断絶に至った。しかし、一八六三年の蜂起を起こしたことにより、ビスマルクに改めて友好関係を緊密にする機会を与えてしまった。仏露同盟によって、ロシアがドイツには頼らずに国際的な立場を得ると、日露戦争と内政危機がロシアの対外的立場を弱め、ドイツに対するロシアの依存は再び大きくなり、ポーランド人の革命主義者たちが、再びそれを少々促進することになった」[71]としている。つまり、ロシア政府のドイツに対する依存は、外交上の対独包囲網をイギリス、フランスと共に築いたことで弱まる気配を見せながら、内政におけるドイツの「影響力」の作用や、ポーランド人による近視眼的な武装蜂起や革命主義活動によって、よみがえってしまった、というのである。

ロシア政府がドイツに依存していることを暴露し、そうした依存を白状せざるをえない、あるいは、見解を変えざるをえないような難しい状況に、ロシア政府を置くことだけでは十分でなかった。ドイツとの戦いにおいてポーランドはロシアの側に立つであろうという意識をロシアにおいて広め、口先だけでなく、活動においても、ドイツの傀儡になってロシアに対抗したくないと我々が思っていることを示し、ロシア世論を組織して、ポーランド破壊へ向けてロシアをドイツの道具としている政策に対抗する必要があった。[72]

こうしてみると、少なくとも一九二五年の回想からする限り、ロシアとドイツの間に戦争が勃発した場合、ドモフスキがロシアを支持し、「ポーランド問題」の解決からドイツの「影響力」を排除しようとしていた様子がうかがえる。それは、イギリス、フランス、ロシアによる対独包囲網や、ひいてはドイツとの戦争を利用し、「ポーランド問題」の処理を有利に進めようという外交構想であった。以下では、一九〇七―〇八年にかけての彼の著述に戻り、そうした外交構想がいかにして考え出されたのか、また、どの程度明確化されていたのかを検証する。

「ポーランド問題」の転換

後年の回想における一九〇七年に関する分析は、ある程度歴史の後知恵において、ロシア革命後の戦争の利用を論じた側面があることは否めない。では、「ポーランド問題」の処理と、ドイツとロシアとの関係について、一九〇七―〇八年当時はどのように論じられていたのであろうか。

『ドイツ、ロシアそしてポーランド問題』において彼が論じている外交構想は、「ポーランド問題」の意味が転換したという確信に依拠していた。

第六章第一節において論じたように、一八六四年以降、「ポーランド問題」は分割三国の内政問題とされ、国際政治の舞台においても、またポーランド人自身の意識においても、「完全に葬られたように見えていた」[73]。それは第一に「ポーランドの蜂起の七年後にフランスがプロイセンとの戦争において撃破され辱められ」、第二に「プロイセンの優越のもとに統一されたドイツと、アレクサンドル二世の改革後、新編成の軍によって強化されたロシアという、ポーランド独立にとっての二つの敵が、ヨーロッパの勢力配置において主要かつ支配的になり」、その結果、ポーランド人の中の「最も頑固な楽観主義者たちでさえ、外からいかなる援助を受ける望みも潰えたと認めざるを得なくなった[74]」ためであった。

新たな国際情勢において、ポーランド問題を取り上げることで利益を得る国家は一つとして存在しなかったし、ポーランド人が政治ファクターとして何の可視的な価値も示さなかったにもかかわらず、もしどこかにポーランド問題を取り上げようという願望が現れたとしても、二つの最強国家は完全な沈黙を命ずることができたであろう。

ポーランド領土を保有する三国家のそれぞれにおいて、ポーランド問題は、単に国内問題であり、専らその国に属する問題であり、外部からのどのような干渉をも認めない問題であるとみなされていた。しかも、その問題の状況は、どの国においても、国家に対して深刻で危険な性格のものとはみなされていなかった[75]。

こうした、いわば古い「ポーランド問題」は、ポーランド人にとっては「政治的独立の回復」の問題であり、諸外国にとっては、「ロシアの勢力を弱め」、「ロシアとヨーロッパとの間にダムを築く」という問題であった。[76]その後、一月蜂起の鎮圧とともに「ポーランド問題」は葬られた。それが、一九〇七年前後になって再浮上してきたというのである。しかも、その意味を大きく転換して、よみがえったのであった。そうであるとすれば、『ドイツ、ロシアそしてポーランド問題』は、ロシアとドイツとの戦争の予感が高まる中で、非常な緊張感〔あるいは危機感〕を持って書かれた文章の集積といえる。

彼は、一九〇七年までの十数年間に、一方ではポーランド政治の内的・本質的基礎がしっかりと形成され、他方でヨーロッパの国際状況は全面的に変化していたため、その結果として、ポーランド問題は、一九世紀前半に有していたのとは全く異なる、新たな役割を担うようになったと述べている。

フランスに対するプロイセンの勝利、そして、それに伴うドイツ帝国建設は、ヨーロッパにおける第一位の席をドイツに与えた。ドイツは、その勢力を急速に伸ばしつつあり、他の諸国民の利益をますます阻み、中世の〔神聖ローマ〕帝国が果たしていたよりも大きな役割を得ようという野望を抱いていた。他方で、日露戦争におけるロシアの先の敗北ならびにその内政危機は、ヨーロッパ全体が長きにわたって震えおののいてきた〔ロシアの〕威力が、思っていたよりもずっと脆弱な基盤の上に築かれていたものであったことを明らかにした。[77]

こうして、ヨーロッパの勢力均衡において、成長するドイツに対し、弱体化したロシアは、全く貧弱な立場に置かれるようになった、と彼は分析している。そして、次のように説く。

今日、西ヨーロッパ諸国の利益は、ロシアの弱体化にあるのではなく、ロシアを強化し、ドイツに対抗させるに十分な能力を持たせることにある。なぜなら、さもなければ、ロシアはベルリン政治の意のままの道具に、ドイツの影響圏に、ドイツが徐々に征服していく対象になってしまうからである。

こうした国際状況において、ポーランド社会にとって明らかなのは、もし今後、ポーランド社会に、国民的生存の破滅という危機が差し迫るとすれば、それはロシアからではなく、ドイツからもたらされる、ということである。(78)

この引用に続く部分で、ドモフスキは、ロシア支配が用いる「ロシア化」という手段が「ポーランド人という国民の特殊性や独自性を少しも弱めることができなかった」と述べている。そして、ロシア支配によってポーランド国民の文化的成長が抑制された等のマイナス面を指摘しながらも、「ロシアはもう決して、少なくとも予見できる将来においては、反ポーランド的な政治システムを獲得するほどの能力を持たないであろう」と断じている。(79)

これに対し、ドイツに対する見方は、首尾一貫して厳しいものである。「ドイツがポーランドの国民性にとって危険なものであり続け、プロイセン政府を通じて、我々の国民に対する戦いの手段を、絶えず先鋭化させ」ていき、ますます大きな危険をもたらすことになる、と予測している。その結果、ポーランドは、ロシアとオーストリアという残る二つの分割国に頼らざるを得なくなる、というのが彼の見方であった。しかし、ロシアもオーストリアも、ドイツに依存しているため、「今日ポーランド国民の運命全体にドイツは強い影響力を及ぼしている」とも指摘している。

こうした危険性について、ドイツがポーランド人という部族の特殊性を消し去るためだと理解してはいけない。なぜなら、この点で経験が示しているのは、その無力さなのだから。ドイツ側からなされる攻撃は、何より、我々の生存の根本的要素(それらの要素のおかげで、我々は、政治的独立を失いつつも、独自の伝統や、独自の国民的思想を持つ政治的国民であり続け、国家を持つ他の大きな諸国民とも対等な国民であり続けている)を脱組織化し、消滅させることに向けられている。ドイツは、国民的独自性や自立した生活、高水準の文化の維持に不可欠な、また(プロイセン分割領の同胞たちが用いる定義での)ポーランド国民のプロレタリア化に不可欠な、これらの文化的・経済的手段を、我々から切り離そうと切望している。(80)

換言するなら、ロシア支配による損害が表面的な文化的発展の抑制にとどまるのに対し、ドイツの政策が与える打撃は、ポーランド国民の存在そのものを脅かす、国民としての生存手段を一つ一つ断ち切っていく性質のものである、とドモフスキは認識していた。

いまやドイツの危険性に対する意識は、ポーランド全体において、強固なものとなった。そして、ポーランド国民全体が、ポーランドの国民性の強化や防護に役立つものは全て最終的にはドイツとの戦いなのだと理解しつつ、今日、ドイツを自分たちの主要な敵とみなしている。……ポーランドの対ドイツ関係は、ポーランド問題が新たにヨーロッパにおいて揺り動かし始めた利害関係の出所でもある。ドイツという成長しつつある危険な大国や、ドイツの南東方向への拡大が、この行進を阻む主要なダムとしてのポーランドの役割を説明付けた。我々の国民のこうした今日の役割は、ポーランド問題が近い将来、ヨーロッパにおける重要な問題の一つになることを示しているに違いない。

現在のポーランドは、ピャスト朝国家が果たしていたような歴史的役割に回帰しつつある。……当時、ポーランド国民の歴史的役割は、ヨーロッパを東から防護する者としての役割であると理解されていた。そして、ポーランド国民は、一九世紀後半までこの役割にとどまり続けた。ポーランドの蜂起は、ヨーロッパの諸国民によって、（ポーランド国民がなおその権利を失っていなかった）国民国家としての生存をかけた戦いとして理解されていただけでなく、ヨーロッパとその現代的な政治制度を、ヨーロッパの反動を守護する役割を引き受けた東の大国から防護する戦いとしても理解されていた。最後の蜂起以降ヨーロッパで起こった変化を経て、ヨーロッパの東は脅威ではなくなり、それに対して、諸国民とりわけポーランドにとって、危険の主たる出所となったのは、中央ヨーロッパ、つまりドイツ・ヨーロッパであった。(81)

ロシアが衰退し、それと表裏一体の関係においてドイツの「影響力」が増大しつつあるヨーロッパの国際情勢において、ドモフスキにとって「ポーランド問題」の新たな意味とは、国民の生存をかけたドイツとの戦いにほかならなかった。ここでは、一九二五年の回想とは異なり、明確な「戦争 wojna」という表現ではなく「戦い walka」という表現が頻繁に用いられている。従って、一九〇七年当時からドモフスキがロシアとドイツの間の戦争の可能性を予測し、それを「ポーランド問題」解決に利用しようという構想を抱いていたのかは断定できない。あるいは、もしそのような着想があったとしても、一九〇七年時点で、戦争を扇動するような言動を行うことが、彼への政治的支持調達に有効であったとは考えにくい。むしろ、戦争勃発時の具体的な対策が検討され始めるのは、後述のように、この論集執筆の直後に生じた一九〇八年一〇月のバルカン危機以降であったと考えられる。

こうしてみると、『ドイツ、ロシアそしてポーランド問題』は、旧い帝国としてのロシアと、新しい帝国としてのドイツの相対的な力関係を「影響力」という観点から描き、そこにおいてポーランドが選択すべき位置を分析した概念論であることが分かる。このとき、オーストリアは、既にドイツの影響圏に取り込まれ、独立した帝国としての存在意義を失っているとドモフスキは考えていた。それゆえに、統治のあり方としては望ましいものであったにもかかわらず、彼の思想において親オーストリア志向は排除されたのである。

ここで、三帝国のうちの一つが排除され、残るドイツとロシアのどちらを選ぶべきか、そもそもどちらかを選ぶべきなのか、という問いに対して、ドモフスキはロシアを選択した。その理由は、新しい帝国としてのドイツの支配が、旧い帝国であるロシアのそれよりもポーランドのアイデンティティを消滅させうるものであり、それに対抗するには、ポーランドのみでは不可能だからというものであった。支配される側にとってもなお御しやすいロシアの内部にいた方が、自分たちの要求を通しやすく、また独自性を維持できると考えたのである。おそらくは、ロシア帝国内において各分割領を統一し、ガリツィアが獲得したような地位を作り出すことが、当面の目標であった。

こうした彼の意図は、第七章に見るように、第一次大戦の勃発によって非常に急速に現実味を持つことになる。更に、戦略的にではあるが、共存の相手としてドイツを選択したピウスツキや他のポーランド人各派との関係において、ドモフスキの構想は国際的な正統性を獲得すべく争うことになるのである。

（1）Kułakowski, *Roman Dmowski w świetle listów i wspomnień*, t. 1, s. 186–187.
（2）Dmowski, *Polityka polska.*, t. 1, s. 116.
（3）*Ibid.*

（4）『ドイツ、ロシアそしてポーランド問題』は、一九〇七年に『全ポーランド評論』に掲載された一連の外交論を、翌一九〇八年に再編し出版された。

（5）Micewski, *Roman Dmowski*, s. 150.

（6）比較的まとまったかたちで、第一次大戦期の「ポーランド問題」の諸相（ポーランド人、同盟国、連合国、ボリシェヴィキそれぞれと「ポーランド問題」との関係）を論じているものとしては、Gerson, *Woodrow Wilson and the Rebirth of Poland 1914-1920* がある。

（7）Dmowski, "Ojczyzna.," s. 45.

（8）「ポーランド文学の良心」と呼ばれた小説家ステファン・ジェロムスキ（Stefan Żeromski, 1864-1925）の最後の作品『早春』（一九二五年）の中で、象に関する論文の執筆を課されたポーランド人学生が、その表題をためらうことなく「象とポーランド問題」と定めたシーンに由来する表現である（現在では、何でもポーランドと関連付けて考えようとする精神的傾向をさして用いられる）。一九世紀後半の分割期においては、些細なものも含めあらゆる事象にポーランド問題との関連性を見いだすメンタリティが存在していた。それを、目標が達成された後の独立ポーランドにおいて目にした幻滅をふまえて、ジェロムスキは回顧したのであろう。「数世紀にわたって追い求められてきた目標の達成に寄せられた熱狂も、不愉快な現実を覆い隠すことはできなかった」とミウォシュが指摘するように、「独立」そのものは、「古い不正」や「後進性という遺産」を取り除く解となりえなかったのである。チェスワフ・ミウォシュ（関口時正、西成彦、沼野充義、長谷見一雄、森安達也訳）『ポーランド文学史』未知谷、二〇〇六年、六〇六―六〇八頁。

（9）西側諸国においては、ポーランド問題は分割三帝国の内政問題（ナショナル・マイノリティの問題）とみなされる習いになっていた。ドモフスキ自身、そのように認識していた。例えば、「ここ五〇年間に、ポーランド問題に興味を持ったのは、ポーランドを領有する三列強のみである」という記述がみられる。Roman Dmowski, "The Political Evolution of Poland," part I, *The Russian Review*, vol. 2 (1913), pp. 55-56. ただし、分割直前（第一次分割が一七七二年）に執筆されたガブリエル・マブリ（Gabriel Bonnet de Mably, 1709-85）の改革案や、ジャン・ジャック・ルソー（Jean-Jacques Rousseau, 1712-78）の『ポーランド統治論』（ともに一七七一年）は、西欧の思想家によるポーランド問題の検討として先駆的な位置を占めている。『ポーランド統治論』の背景については、永見文雄の解説を参照。永見文雄「解説『ポーランド統治論』」ルソー（永見文雄、浜名優見、清水康子、阪上孝、作田啓一、遅塚忠躬訳）『ルソー全集（第五巻）』白水社、一九七九年、五〇〇―五一一頁。

(10) カペレルは、ポーランドの民族運動は政府に挑戦しただけでなく、ロシア社会の大部分に対しても挑戦したのであり、数世紀にわたってポーランド人貴族政治に従属し、ポーランド人の文化に影響されていたリトアニア人・ベラルーシ人・ウクライナ人にも影響を与えたとする。なおカペレルは、「先駆的なポーランド人の役割は、二〇世紀末、ソヴィエト帝国の危機においても繰り返された」と指摘している。Kappeler, *The Russian Empire*, p. 216.

(11) 今野元『マックス・ヴェーバーとポーランド問題——ヴィルヘルム期ドイツ・ナショナリズム研究序説』東京大学出版会、二〇〇三年、ii—iii頁。

(12) Gary A. Abraham, "Max Weber: Modernist Anti-Pluralism and the Polish Question," *New German Critique*, no. 53 (1991), p. 33.

(13) Taborski, *Polacy w Wiedniu*, s. 93-94.

(14) *Ibid.*, s. 94-95.

(15) 今野『マックス・ヴェーバーとポーランド問題』ii—iii頁。

(16) 概してポーランド及び「ポーランド問題」は存在を忘れられていた。デイヴィスによれば、一九一四年に至っても、「ポーランドは名ばかりの存在」であったという。つまり、(アレクサンドロスの時代の)マケドニアと同様歴史的名称とみなされており、政治的な現実味を持ち合わせてはいなかったという。また、イギリスにおいてポーランドについて知る人々は一握りに過ぎなかった。「ポーランド問題 Polish question は、目立たない、ロマンティックな、文学や歴史の周辺的テーマ」であった。そのため、第一次大戦におけるポーランド問題の劇的な出現は、「非現実的で奇妙な雰囲気」を生じさせたという。Davies, "The Poles in Great Britain 1914-1919," p. 63.　ドモフスキによれば、戦争が始まった当初、「戦っている列強政府のどれ一つとしてポーランド国家再建問題に注意を払っていなかったし、"kwestia polska"という言葉は長い間発音すらされなかった」という。Dmowski, *Polityka polska.*, t. 1, s. 171.　しかし、わずか五年の間にイギリスは、「ヨーロッパ第五の国power」としてのポーランド再生を支援するようになる(そして二五年後には、ポーランドのために宣戦布告をするまでになっていた)。

(17) Charles Webster, *The Foreign Policy of Palmerston 1830-1841: Britain, the Liberal Movement and the Eastern Question* (London, 1951), vol. 1, p. 183.　また、もともとイギリス世論(社会)には、フランス社会やアメリカ社会やイタリア社会に比べポーランドやポーランド問題に対する共感が欠けていた。一八世紀中葉以降、イギリスは絶えずポーランドの敵の側に立ってきた。一八一五年のウィーン会議においては、イギリスは、国家を完全な形で再建するというポーランド人の願望を最終的に抹消した。イギリスは、ヨーロッパの地図からポーランド国家が消えるという事実と完全に和解し、ポーランド国家の再建は、イギリスにとってもヨーロッパにとっても全く必要のないものと理解したのである。そこには、イギリスにとって都合のいい政治システムが存在していた。つまり、西方ではドイツとフランスの対立を拠り所とし、東方ではロシア・ドイツとオーストリアの対立を拠りどころとする大陸の勢力均衡である。これを秩序として維持することが、イギリスにとって最大の戦争目的であった。Piszczkowski, *Anglia.*, s. 1.

（18）“The Polish Question by Henry John Temple, 3rd Viscount Palmerston,” in Edgar Jones ed., *Selected Speeches on British Foreign Policy 1738 to 1914* (Montana, 2004), pp. 135-142.

（19）例えば、一八四八年五月一日、ポズナンにおいてミウォスワフの戦いが生じた。これは四月三〇日に勃発したポズナン蜂起のうち最大の戦闘であった。また五月三日にはモシンとクルニクにおいて独立ポーランド共和国が宣言されたが、同月八日に敗北した。

（20）その背景には、単なる英雄的行為への共感というだけでなく、ポーランドの独立が真にフランスの利益になるという考えが存在していた。また、ポーランドの反乱があったために、オーストリアやプロイセンによるフランス攻撃を免れた、という謝意もあった。Webster, *The foreign policy of Palmerston 1830–1841*, p. 183.

（21）*Ibid.*

（22）Pobóg-Malinowski, *Narodowa Demokracja*, s. 232-233.

（23）*Ibid.*, s. 233.

（24）ドモフスキの著作では、モスカル等の蔑称が頻繁に用いられる。また、ヤギを意味するカツァプ kacap という単語によって、ロシア語を話す人・ロシア系ユダヤ人をさす場合もあった。注意しなければならないのは、比較的ニュートラルな名称として用いられる場合であっても「ロシア人 Rosjanie」や「ドイツ人 Niemcy」、あるいは「ユダヤ人 Żydzi」という言葉が発せられる場合に、その言葉が持つ背景から完全に自由ではありえない、という点である。おそらく今日においても、語られる状況によっては、いわゆるニュートラルな名称も負の価値を持つことがある。「民族」あるいは「人種」など、意図的に他者の出自に触れる場合、あからさまな蔑称でないにせよ何らかの含意を負う可能性は避けられない。

（25）Roman Dmowski, “Nasze stanowisko wobec Niemiec i Rosji (lipiec 1903 r.),” w: Dmowski, *Dziesięć lat walki*

(Częstochowa, 1938)（以下、Dmowski, “Nasze stanowisko.” と表記）, s. 148.

(26) Dmowski, “Nasze stanowisko.,” s. 157. なお、ここでの議論と対照的に、一九〇二年五月のDmowski, “Ojczyzna.,” s. 50においては、「(スラヴ的教条主義は)ドイツ性との戦いにおいてロシアの後援を獲得しようとしている。たとえ、その後援の代償として東部国境において受ける損失が、西部国境において獲得できるものを数倍上回っていたとしても」とし、ロシアから被る損害がドイツからのそれよりも大きいものとして、「スラヴ的教条主義」を批判している。従って、おそらく一九〇三年前半がロシア志向の明確化した転換期であったと推測される。

(27) Dmowski, “Nasze stanowisko.,” s. 158.

(28) Kułakowski, *Roman Dmowski w świetle listów i wspomnień*, t. 1, s. 245.

(29) Dmowski, “Nasze stanowisko.,” s. 158. なお、ドモフスキは著作の中で、ドイツ Niemcy という語とプロイセン Prusy という語を使い分けている。一八七一年以降、プロイセンがドイツ全体を統一し、勢力を伸ばしていく、というのがドモフスキの基本的認識であった。「プロイセン」とほぼ同義で用いられているのが「ホーエンツォレルン人の国家」という言い廻しであり、それが各地のドイツ人の忠誠を集める、とされた。ドイツの脅威を論じる場合にも、常にプロイセンが中心に置かれていたといえる。例えば、Roman Dmowski, *Niemcy, Rosja, a kwestia polska* (Częstochowa, 1938)（以下、Dmowski, *Niemcy.* と表記）, s. 133-134や、Dmowski, “Poland Old and New,” pp. 83-121参照。

(30) ハカティスト Hakatisten は、一八九四年にポズナン地方からポーランド人を根絶することを目的として設立されたドイツ人の組織であるオストマルク協会(創設者三人の頭文字 H. K. T. から通称「ハカタ」とも呼ばれる)のメンバーをさす。ただし、ポーランド人の視点から、ドイツの保守党だけでなく、他の諸政党に対しても「ドイツ民族主義者」という意味合いでハカティストという呼び方が用いられる場合があった。伊藤『異郷と故郷』二四—二五頁。

(31) ナウマンは、「大農場はポーランド人、スラヴ人を呼び込んでいるのです。……ポーランド人は入ってこようとします。彼らもまた生きたいというわけです。しかしそれは、我々民族にとっては脅威なのです。保守派の支配下にある東部は、国民的にいって脅威なのです。」と訴えている。オストプロイセンにおけるポーランド人農業労働者の増加に、ドイツ側としても危機感を抱いていた様子がうかがえる。今野『マックス・ヴェーバーとポーランド問題』一〇三頁。

(32) Dmowski, “Nasze stanowisko.,” s. 158.

(33) Dmowski, “Nasze stanowisko.,” s. 159.

(34)　例えば、農村の自治拡大や、新聞検閲の緩和が実施されていた。宮島『ポーランド近代政治史研究』三七頁。
(35)　Kułakowski, *Roman Dmowski w świetle listów i wspomnień*, t. 1, s. 415.
(36)　Micewski, *Roman Dmowski*, s. 150.
(37)　Dmowski, *Niemcy*., s. 242.
(38)　*Ibid*., s. 132.
(39)　*Ibid*.
(40)　*Ibid*., s. 132-133.
(41)　*Ibid*., s. 133-134.
(42)　*Ibid*., s. 134-135.
(43)　ドモフスキの思想においては、ドイツとは、プロイセンを中心に統一された帝国に他ならなかった。そのため彼のドイツ脅威論は、プロイセン脅威論とした方が適切であるかもしれない。これに対して、例えばウィーンを中心とするドイツ統一がなされていたならば、彼の恐れは違った形になっていたであろう。ドモフスキの文章においては、先述のように、ドイツ帝国をさして「プロイセン」という言葉を用いていることも多い。ここでは原典に沿って訳出した。
(44)　Kułakowski, *Roman Dmowski w świetle listów i wspomnień*, t. 1, s. 415.
(45)　Dmowski, *Niemcy*., s. 129-145.
(46)　*Ibid*., s. 129-130.
(47)　*Ibid*., s. 131.
(48)　*Ibid*.
(49)　ここで示されているドモフスキの「全ドイツ主義」観は、普く喧伝された全ドイツ主義に対する誇張された一解釈に過ぎない。「全ドイツ主義」といっても、そこに含まれる考えの幅はかなり広範であり、ドイツ人がいない地域にまで、異民族支配としての植民地を拡張しようという志向を含まない場合が主流であったことに注意しなくてはならない。なお、「全ドイツ主義者たち wszechniemcy」という表現は、ドイツ語の alldeutsch から、ポーランド語へ訳出したものと考えられる。「全ドイツ主義」が、ドモフスキの「全ポーランド主義」にも影響を与えたと考えられるが、彼の「全ポーランド主義」は、ポプワフスキを通じてボリシェヴィキから取り入れられたとする見方もある。Bułhak, *Dmowski—Rosja*., s. 46.

（50）Dmowski, *Niemcy.*, s. 130.
（51）*Ibid.*, s. 131.
（52）Dmowski, *Polityka polska.*, t. 1, s. 124.
（53）*Ibid.*, s. 125.
（54）*Ibid.*
（55）*Ibid.*, s. 125-126.　十月党（いわゆる「オクチャブリスト」、正式には「十月十七日連合」は、第三ドゥーマにおいて、全四三〇議席中一四八議席を有していた。アレクサンドル・グチコフ（Aleksandr Ivanovich Guchkov, 1862-1936）はその指導者の一人であり、日露戦争に参加した経歴を持つ。
（56）*Ibid.*, s. 126.
（57）*Ibid.*
（58）*Ibid.*
（59）*Ibid.*
（60）*Ibid.*
（61）*Ibid.*, s. 126-127.
（62）*Ibid.*, s. 127.
（63）*Ibid.*　オーストリア領ポーランドにおけるウクライナ・ナショナリズム運動については、Davies, *God's.*, pp. 115-116 参照。
（64）Dmowski, *Polityka polska.*, t. 1, s. 128-129.
（65）*Ibid.*
（66）*Ibid.*, s. 129.
（67）*Ibid.*
（68）*Ibid.*, s. 129-130.　ドモフスキは一九〇七年一〇月三〇日、ワルシャワから議員として選出された。
（69）*Ibid.*, s. 130.　絶滅、根絶などと訳される Ausrotten は、オストマルク協会によってスローガンとされ、プロイセン東部におけるポーランド人住民に関して、ドイツの新聞や、プロイセンの政治家の一部によって用いられた。

（70）*Ibid.*
（71）*Ibid.*, s. 131.
（72）*Ibid.*, s. 131–132.
（73）Dmowski, *Niemcy*., s. 4.
（74）*Ibid.*
（75）*Ibid.*
（76）*Ibid.*, s. 235.
（77）*Ibid.*, s. 236.
（78）*Ibid.*
（79）*Ibid.*, s. 236–237.
（80）*Ibid.*, s. 237–238.
（81）*Ibid.*, s. 238–239.

第七章　戦争と革命

諸国民の自由のための万国の戦争を
　われらは請う、　主よ
剣と鷲とを
　われらは請う、　主よ
戦場における幸福な死を
　われらは請う、　主よ
われらの土地にわが骨が葬られんことを
　われらは請う、　主よ
われらが国の独立と統一、　自由のために
　主よ、　われらは請う

アダム・ミツキェヴィチ(Adam Mickiewicz, 1798-1855)は、十一月蜂起が失敗した後、これ以上の反乱の無益を悟りパリに留まった。そして、亡命を余儀なくされた人々の心を詩によって力付けようとした。この詩は祈りの形式で書かれ、ポーランドを諸国民の秩序に戻すための、普遍的戦争、万国の戦争を神に求めている。[1]

では、それから八〇年後にヨーロッパひいては世界を巻き込む戦争が与えられたとき、ポーランドは真に独立と統一、そして自由を手にしたのであろうか。

第一次大戦とポーランド再建に関する研究史については、既に述べたとおり、ピシチコフスキの『ポーランド再建　一九一四―一九二一年』(一九六九年)[2]や、一九六〇年代のヴァンディチによる外交史研究[3]、その後一九八〇年代のラタフスキの研究[4]がその主たるものであった。

また、これらのイギリスとポーランドの関係を中心に扱う大局的な研究を背景として、第一次大戦期のドモフスキら国民民主党の活動に焦点をあてた研究が、デイヴィス(一九七二年)[5]のほか、マニヤク(一九七五年)[6]、ヴィトコフスキ(一九八一年)[7]、ラタフスキ(一九九二年)[8]らによりなされた。

これらの先行研究においては、ポーランド再建を決定付けた要因として、特に以下の諸点が重視されている。

一、大戦勃発の予兆(バルカンにおける危機の蓄積)

二、一九一四年八月一四日のニコライ・ニコラエヴィチ大公(Nikolai Nikolaevich, 1856-1929)による宣言

三、一九一六年一一月五日のドイツとオーストリア両皇帝によるポーランド国家復活宣言

四、一九一七年ロシア革命の発生

五、合衆国のコミットメント

まず、一九〇八年のバルカン危機を契機としてヨーロッパ戦争の可能性が現実味を帯びると、各分割領のポーランド人活動家は、戦争になった際の対応について本格的に検討し始めた。

次に、実際に戦争が勃発すると、各交戦国は人的資源補充のため、また後背地の安全確保のために、ポーランド人の支持を得ようとし、従来の政策を転換させた。まずポーランド人社会に呼びかけたのはロシア軍総司令官ニコライ・ニコラエヴィチ大公署名の宣言であり、ロシアとポーランドとの兄弟的和解を説くとともに「自治」と引き換えに共に戦うよう訴えかけた。それに伴い、ドモフスキを含むドゥーマのポーランド・サークルとロシア政府との混合委員会が開かれるが、結果的にポーランド側にとって満足のいく回答は得られなかった。これは一九一五年一一月にドモフスキがロシアを去り、西側に拠点を移す直接的な原因となった。

その後、戦争が予想に反して長期化するにつれ、今度は一九一六年一一月にドイツとオーストリアの両皇帝によって、立憲君主制のポーランド王国の復活が宣言された。この国家はドイツ・オーストリア側と同盟関係に立つとされており、西側諸国やドモフスキらは、これをポーランド人からの徴集を行うためのリップサービスと受け止めたが、しかし形だけではあっても公式にポーランド国家の設立が認められたことで、ポーランド社会に少なからぬ衝撃を与えた。同時に、同じく人的資源を確保したい西側諸国を焦らせた。結果として、フランスは自国軍内にポーランド人軍の創設を認めることとなる。これは、将来ポーランドが独立した際のためにポーランド軍の核を、実戦力はともかく独立国家の象徴として作っておきたいという、ヨーロッパだけでなく、在米ポーランド人社会においてさらに活発化させた。

しかし、まだこの時点において、イギリスや合衆国、とくにイギリスはロシアの対ポーランド政策を尊重しており、ポーランド問題の国際化が同盟国であるロシアの不利になるのを懸念して、在外ポーランド人による軍事組織の創設や独立運動に、明確な支持や承認を与えることを躊躇していた。その膠着状態を最終的に破ったのは、一九一七年のロシア革命であった。一一月七日(ロシア暦一〇月二五日)のボリシェヴィキ革命から一週間もたたぬうちに、合衆国はパリのポーランド国民委員会Komitet Narodowy Polski w Paryżuを公式組織として承認した。[9]そのような迅速な対応を促した背景に、パデレフスキと在米ポーランド人社会による積極的なロビー活動があったことは看過できない。

さて、この一連の経緯においてドモフスキはいかなる立場をとり、どのような判断を下したのであろうか。ポーランド史研究やヨーロッパ国際政治史研究においては、むしろこれ以降の時期、パリ講和会議においてウィルソンの「一四か条」がポーランドに自由な海へのアクセスを認めた点などがポーランドの外交的成果として知られている。そのため、これまで一般に、外交におけるドモフスキの成功や業績は、一九一八年以降を中心に考えられてきた。[10]

しかし、本書は少なくとも一九一七年のロシア革命までに行われた一連のポーランド「外交」が、パリの国民委員会を国際的に承認させる流れを準備し方向付けた、その限りにおいてドモフスキの「外交」は無意味ではなかったと仮定する。[11]なぜなら、パリの国民委員会の西側諸国による承認は、ポーランド国内において国民民主党勢力に後ろ盾(正統性)を付与し、結果として一九一九年一月にパデレフスキ政権を発足させる布石となったと考えられるからである。この政権は、少なくとも発足当初は、国際的に承認されたものの分裂寸前の状態にあったポーランドにおいて、国内をまとめあげる存在となった。

そのため、一九一八年以降の会議における外交的成果を彼の最大の業績とみなす従来の研究と、本書は一線を画している。いわば、最大の外交的成功は、講和会議以前に訪れていた。合衆国をはじめとする連合国に、ポーランド国民委員会を一政府として公式に認めさせたことが、彼の外交の勝利であり、また限界でもあった。

以下本書においては、上述の一九一七年までのクリティカルな瞬間においてドモフスキがどのような反応をし、行動をとったのかを検討する。

その際、主な史料として、一九一四―一五年にドモフスキが西側の有力層にあてて執筆した一連の英語の著作[12]を検討する。また、ドモフスキの回想録『ポーランド政治と国家の再建』（一九二五年）のほか、コジツキの回想録[13]、パデレフスキ史料集[14]など、国民民主党幹部および関係者の著作を参照した。

第一節　大戦勃発の予兆

一九〇八年から一九一七年は、第五章においてみたように、ドモフスキの政治において、思想的にはドイツ脅威論が確立された時期であった。また、政治思想（ナショナリズム）という理念上の論争から、現実の地図上に国境を持つポーランドの再建をかけ、外交という地上の戦いへ転じた時期であるという意味で、重要な一画期をなす。

ドモフスキは一九〇八年に『ドイツ、ロシアそしてポーランド問題』を編集・出版し、ドイツ脅威論を根拠とするロシア志向の政治を明確に世に訴えた[15]。ここで彼が明確にしたドイツ脅威論、また行動様式における変化（具体的にはドゥーマへの参加、後に西欧における外交への転進）が、ヨーロッパ政治における一連の不穏な前兆と連動していたのは言うまでもない[16]。一九〇八年に起こったオーストリアによるボスニア・ヘルツェゴヴィナの併合とそれに伴う軋轢は、一部のポーランド人に大戦の勃発を予感させるものであったためである。

そこで本節においては、このバルカン危機を契機として、ポーランド人諸派がどのような対応を検討したのか、どのような志向が形成されたのかを整理する。なお、そうした志向に基づいて、第一次大戦初期にどのような政治的陣営が発展したのかは、次節において詳述する。それは同時に、ポーランド問題に対する各党派の解の違いを反映するはずである。そして、ドモフスキがこの政治的構図においてどのような位置を占めたのかを確認する。

一九〇八年の危機

一九〇八年時点におけるヨーロッパの国際情勢をみると、露仏同盟（一八九四年）は既に結ばれており、一九〇四年に英仏協商が成立すると、フランスの同盟国であるロシアとの関係改善を余儀なくされたイギリスが一九〇七年に英露協商を成立させ、ドイツとオーストリアを取り囲む形で三国協商が成立した。こうして三国同盟（一八八二年）対三国協商という対立構図が明確になったことは、ドイツとロシアの対立を前提とするドモフスキのドイツ脅威論（およびそれに伴うロシア志向）の成立を促したと考えられる。そこへ一九〇八年にオーストリアによるボスニア・ヘルツェゴヴィナの併合が行われ、一触即発の危機を実感させたのである[17]。このときドモフスキもまた、一九〇七年以降のロシア帝国における公然の政治活動に加え、「ヨーロッパ戦争」を鍵とするポーランド問題の解決を意識するようになったと考えられる。

ヨーロッパ戦争が始まれば、ポーランド人は何をなすべきか。実際に大戦が発生するのは一九一四年である。しかしポーランド人活動家の多くは、一九〇八年のバルカン危機から、分割列強間で戦争が起これば独立の機会になると発想し、「ポーランド問題」の解決につながる公算が高いと考えた点で共通していた。ただし、状況の解釈に応じて、複数の志向が存在した。

各志向の概要

ヨーロッパ戦争の可能性が取りざたされる以前から、分割期ポーランドにおいては、ポーランド問題の解決について、基本的に二つの代表的な志向が存在していた。それは「ロシア志向」と「オーストリア志向」であり、この二つが、一九〇八年以降の政治的陣営形成の背景となった。

第一の「ロシア志向」は、帝政ロシアと融和し、ロシア政治を通じて対ポーランド政策を軟化させ、ひいてはロシア帝国内での自治を獲得しようとする路線であった。一九〇八年から一九一五年のドモフスキの思想はこの潮流に位置付けられる。この志向をもとに、第一次大戦直前の時期には、明確になりつつあった国際的な対立(ドイツ・オーストリア・イタリア対イギリス・フランス・ロシア)に対応して、反ドイツの側に立つ陣営が形成された。(18)

この反ドイツ陣営は、ドモフスキら国民民主党が指導しており、「全ポーランド的」つまり三分割領全てを含むポーランドの再建を目標としていた。かつ、真に独立したポーランドの必須条件として、バルト海への安全な出入り口を挙げていた。ドモフスキはこの陣営において、現実の政治過程における指導者となっただけでなく、国民民主党のイデオロギー上の指導者としても影響を与えた。そのため、プロイセン分割領における文化闘争といった反ポーランド政策が変わらないことを根拠に、ドイツとの和解可能性を否定し、またドイツの政治的目的が段階的な東ヨーロッパの征服にある(従ってヨーロッパ全体の安定にとって脅威になる)とする主張は、この陣営の姿勢に反映されている。(19)

これに対し、第二の志向は「オーストリア志向」と呼ばれる。これは、いわゆる「オーストリア-ポーランド的解決」を目指す志向であり、概要としては、ガリツィアにポーランド会議王国を加え、統一したポーランドが、ハンガリーと同等の地位でオーストリア=ハンガリー二重君主国と同盟し、三重国家の一員として自治を認められるという案である。

この志向を基礎として、第一次大戦初期には、ポーランドの主要な敵はドイツではなくロシアであるとし、三国同盟側（ドイツ、オーストリア゠ハンガリー、それらの東方の同盟諸国トルコとブルガリア）と公然と協働する陣営を形成した。

この反ロシア陣営は、二つの異なる部分で構成されていた。第一の部分を構成したのは、ガリツィアの保守的な諸政党で、絶対的に親墺志向であった。これに対し第二の部分は、左派の運動や、ロシア領ポーランド出身の地下活動をする諸政党、およびガリツィアの公然活動をする諸政党で構成されていた。この陣営において政治的優位を獲得したのは、ガリツィアの右派であった。彼らの当時の政治的展望は、オーストリア゠ハンガリーの国境外へ逸脱しない範囲に収まるものであった。いわば、ガリツィアをポーランドの文化的「ピエモンテ」[20]とみなしていたのである。さらに、ポーランド王としてのフランツ・ヨーゼフのもと、ロシア領ポーランドの大部分（あるいは全体）を加える可能性さえ期待していた。

この考えは当然ながら、ガリツィア出身のポーランド人を惹きつけたが、それ以外の地域においても一定の理解を得た。分割列強の中では、最も寛容であったオーストリアによる支配を望ましいと考える人は少なくなかったのである。当時ヴァチカンがこの案を支持したとされるのも、宗教的理由に加え、支配体制上の理由からであったと考えられる[21]。しかし、ドモフスキはこうした見方に批判的であった。「オーストリアは、前世紀末に既に時代錯誤になっており、ドイツの支援があってのみ引き続き存在しうる。また、ドイツにとってはそうある必要があった。オーストリアは、中欧のより小規模な諸国民を強化する展開を制止するための、ドイツの道具であった。その助けがあったために、より小規模な諸国民はドイツの勢力圏に引き込まれてしまった……[22]」という分析を示している。国際的な力関係からすれば、オーストリアはすでに「ホーエンツォレルンの」ドイツに侵食された領域である、と彼は評していた。

さらに、この第二の陣営は、当初から「独立の」陣営を自認していた。独立への熱望は両陣営に共通していたが、ドモフスキが「独立」を明確にロシアに要求することについて極めて慎重であったのとは対照的であった。当時のロシアに関して言うなら、ドモフスキらは、対ポーランド政策の変化を観取していた。なお根本的な変化は生じていなかったにもかかわらず、ロシア自身の内政上の困難ばかりでなく、戦争の状況をも背景にして、ロシア政府が最終的には大幅な譲歩を強いられることになると彼らは確信していた。さしあたり独立要求は押し出さず、最初は三分割領の統一と、ポーランド人住民への十分な国民的・政治的自由の確保に集中する方針がとられた。とはいえ、将来のポーランドの法的・政治的地位を厳密に確定していないなど、具体性に欠けていた点は否めなかった。

しかし、彼は容易には「独立」という魔法の言葉を無駄遣いしなかったし、最終的なポーランド政治の目標を表現することに慎重であった。後に彼は、自分の立場を反対陣営のそれと対置して、次のように説明した。

独立への政治とは、それについて語る政治ではなく、単に独立を望む政治でもない。唯一、独立へと導く政治のみを、何にせよ成功の展望を持っている政治のみを言うのである。……我々の政治〔陣営〕は、戦争の初期には独立のための政治を宣言しなかった。なぜなら、そのための権利が無かったし、そこにはまともな意味がなかったからである。我々は謙虚に、統一の政治と称した。そうする権利ならあった。なぜなら、ロシアは戦争のプログラムの中にポーランド領土〔諸分割領〕の統一を置いていたし、残りの連合国は〔ロシアの〕宣言を熱烈に受け入れたからである。(23)

この説明からも分かるように、ドモフスキは、会議王国のための自治の獲得を急がなかった。むしろ彼が望んだのは、ロシアが段階的にポーランド独立という考えに慣れることであった。(24)

このほか、上記の二つの志向(陣営)以外に、第三の存在として、伝統的な対ロシア武装蜂起の伝統を受け継いだピウスツキら、徹底して軍事的側面からの独立を想定した集団がいた。[25] ピウスツキは、思想的には、かつてイタリアにおけるポーランド軍団の指導者であったヤン・ヘンリク・ドンブロフスキ(Jan Henryk Dąbrowski, 1755-1818)の影響を受けており、独立を成功させる最良の道は、ポーランド軍の復活にあると考えていた。[26]

彼らは時期によっては「オーストリア志向」の人々に接近するが、常に独自の判断を保っていた。というのも、ピウスツキの計画では、まずドイツとオーストリアがロシアを倒し、しかる後に今度はイギリスとフランスがドイツとオーストリアを倒すことになっていたからである。従って、彼のドイツ・オーストリアとの協調はあくまでロシアを倒すまでであり、その後は反ドイツに転じる予定であった。そのため、ドイツ・オーストリア側にいる間も、独立した指導権の維持に努めた。

ピウスツキは、仮にドイツとロシアの間に戦端が開かれドイツが侵攻してきた場合には、ロシアはヴィスワの対岸へ撤退すると予想し、ロシア軍撤退後からドイツ軍が侵攻してくるまでの空白をついて、ロシア領ポーランドに乗り込んで住民と共に武装蜂起を起こし独立を宣言しようと計画した。これは一月蜂起に倣ったシナリオであり、伝統的な蜂起主義が色濃く見られる。[27] 後述のように、ピウスツキは開戦後、基本的にドイツ寄りの姿勢をとる。ある意味で「ドイツ志向」ともいえるが、あくまでも戦況の展開に合わせた一時的なものであり、その立場は状況に応じて有利に立てるように変化していった。[28]

なお、以上のいずれにも分類されない(あるいは複数の志向と関わりを持つ)諸派が存在したことは言うまでもない。小規模な党派についてここで全てを紹介することはできないが、少数派として、ローザ・ルクセンブルクのように、インターナショナルの立場の一部には戦争反対を訴える人々も存在したことを付言しておく。[29]

こうしてみると、基本的にはロシア志向とオーストリア志向、そして武装蜂起志向とも言うべき三つの構想が、第一次大戦の勃発によって具体化ないし再編、混合され、この時期のポーランド政治の主要な陣営を形成していたことが分かる。三者はそれぞれ、①ロシア志向(つまり親英仏)の「消極派」、②ドイツ・オーストリア寄りの「積極派」、③まずドイツ・オーストリア側に立ち軍事的に優位な状況を形成しようとしたピウスツキら軍志向派、そのほか④反戦を唱えた革命諸派、に発展した。各陣営内においては、戦況の進展や占領政策の変化等によって、常に路線対立が存在していたし、また陣営間での移動も見られた。とはいえ、二月革命までの状況を大まかに捉えるなら、この三つの陣営によってポーランド政治の状況を整理することができるであろう。

興味深いのは、一九〇八年危機への各集団の対処の仕方に見られた差異が、第一次大戦前後においても基本的に維持された点である(30)。先の第一次ロシア革命の影響と合わせ、分割諸帝国に深く関わる一連の国際情勢の変動は、大戦への対応を諸集団に準備させたと同時に、その態度と差異を明確化させ、それぞれに異なる志向と目標とを掲げさせた。ここで明らかになった違いは、彼らが「解決」を目指す「ポーランド問題」の多様性(多義性)をも如実に映し出したのであった。

第二節　ニコライ・ニコラエヴィチ宣言

一九一四年七月三一日――最後の平和な日を、ドモフスキはポーランドを遠く離れスイスのモルジュにあるパデレフスキ宅において過ごしていた。その日は、パデレフスキの守護聖人である聖イグナティウスの祝祭であり、招かれた家族や多くの友人の中にドモフスキもいた(31)。

翌朝パデレフスキは、スイス人の友人たちが動員され、制服を着、任務にあたるのを目のあたりにした。「新しい世界、新しい時代がすぐそこにあると私は確信し、同時に、私はこの新しい時代に入っていかねばならなかった。この予期せぬ、宿命の道の時代に。「これで当面、私の芸術家としての生涯の終わりだ」と私は自分に言い聞かせた。「おそらく永遠に。終わったのだ」と私は完全に実感した。私の心は重かった」と彼は回想している。(32)

さて、同じく戦争勃発の報せを受けたドモフスキの心は、パデレフスキ同様に沈んだのであろうか。おそらくそうではなかったであろう。既に開戦前の一九一四年七月、彼はロンドンに滞在した際、戦争の勃発が近いことを説いていた。(33) 待ち受けていたという方が適切であろう。もっとも、戦争が勃発し予想が的中するのがこんなにも早いとは思っていなかったようである。常の慎重さを欠いた行動に、彼が幾分動揺ないし高揚した様子が現れている。

ドモフスキは報せに接し、軽率にも最短経路でロシア領ポーランドへの帰国を試みたのであった。つまり、ドイツ（ベルリン）経由でワルシャワへ戻ろうとしてスイスを発ったのである。その間、八月一日午後七時、ドイツはロシアに宣戦布告した。当然ながら交戦国ロシアの臣民であるドモフスキは、帰国途上の二カ所で拘束され二晩留置された。最終的には「監視下で」スウェーデンへ送られ、そこからペトログラードへ到着し一応無事にロシア領内への帰還を終えたが、幸運であったといえよう。(34)

こうしてドモフスキが帰国に手間取っている間に、ロシア領内のポーランド政治は動き出していた。一九一四年八月八日、ドゥーマ議員で構成されるポーランド・サークルの名において、ヴィクトル・ヤロンスキ（Wiktor Jaroński, 1870-1931）の宣言がドゥーマにおいて行なわれた。

スラヴ世界が、ポーランドの太古からの敵であるプロイセンに率いられたドイツ世界との決定的戦いに入る歴史的瞬間において、独立を奪われ、独自の役割を演じる可能性を奪われたポーランド国民の地位は悲惨である。戦場となる運命にあるこの国にとっての悲劇は、三分割されたポーランド国民が、自身の息子たちを対立しあう縦陣に、相互の敵の中に見ているがゆえに、深まっている。

領域的に分割されているとはいえ、我々ポーランド人は、我々の感情において、我々のスラヴ性への共感において、一つの国民として立ち上がらねばならない。我々をそこへ導くものは、単にロシアの大義に参加するためだけではない。政治的に合理的な行動をとるためでもある。……

神よ、スラヴ性をして、ロシアの導きの下にチュートン人を撃退せしめよ。五世紀前、ポーランドとリトヴァがグルンヴァルトにおいて彼らを撃退したときのように。

我々の流す血や、我々にとっては戦争において同胞を殺すことになるという、その悲惨さこそが、三分割されたポーランド国民に結合をもたらさんことを。(35)

宣言を読み終えたヤロンスキは、議場の右派、中道そして左派から大喝采を浴びた。これが、前節でみた各陣営(志向)のうち、第一の陣営(ロシア志向)による最初の公式行動であった。

この宣言はポーランド・サークルの採決を経ずに出されたものの、帰国途中でその内容を知ったドモフスキは非常に高くヤロンスキを評価したという。後に彼はヤロンスキの宣言について回想して、「かつて一度も、私たちの政治的な歩みのどれ一つとして、こんなにも私を喜ばせたものはなかった」と述べている。なぜなら、「ヤロンスキはその宣言の中で、あの報せのあった瞬間に述べる必要があったことを述べていた。統一されたポーランド領土を求める我々の熱望を、彼は表明した」のだから、と。ヤロンスキの宣言には、ポーランドとロシアの連携を強調することによって、ロシア国内の親ドイツ派を抑えようという意図が込められていた。ドモフスキはされた。

その点を特に評価したのである。[36] この宣言に対するロシアからの回答は、ほどなくして大仰な表現と共にもたらされた。

ニコライ・ニコラエヴィチ宣言

一九一四年八月一四日、ロシア軍総司令官である大公ニコライ・ニコラエヴィチの宣言が発せられた。その内容を、以下に抄訳する。

ポーランド人よ！　時が告げられた、お前たちに委ねられた父祖の夢をかなえられる時が。一世紀半前、ポーランドの生身はばらばらに引き裂かれたが、しかしその魂は死ななかった。ポーランド国民のため、また大ロシアとの兄弟的和解のために復活の時が訪れるという期待にポーランドは生きている。ロシア軍はお前たちに、和解という喜びに満ちた報せをもたらす。ポーランド国民を切断する境界線を消し去るがいい。ポーランド国民は、ロシア皇帝の笏の下、一体に結びつかねばならない。この笏の下、信仰と言語と自治においてて自由なポーランドがよみがえるであろう。ロシアがお前たちに期待するのはただ一事、歴史によってお前たちと結びついている諸人民の権利の尊重である。率直な心で、兄弟のように手を差し出し、大ロシアは悠然とお前たちとの会合へ向かう。大ロシアは信じている、グルンヴァルトの戦いにおいて敵を打ち破った剣は、なお錆びていなかったのだと。[37]

宣言はすぐにポーランド語に翻訳され、数日後には各地へ伝えられた。[38] 三分割領全てを統一するというポーランドの要求がそこでは言及されていた。また、統一されたポーランドは「信仰、言語、自治において自由」になるであろう、という約束が示唆されていた。

ただし、統一は「ロシア皇帝の笏の下」でなされねばならず、描かれているポーランドの将来はかなり不明瞭であった。宣言の原案にあった“autonomia”という言葉のかわりに、最終的に“samorząd”(同じく「自治」を意味する言葉ではあるが、「自立」という含みもあり解釈に曖昧さが残る)という言い回しを用いたことは、ロシアの決意の不確かさを反映していた。

それでもやはり、戦争の初期においてロシア皇帝の名に匹敵する立場からの宣言が発表されたことは、ドモフスキら第一の陣営(ロシア志向)にとってかなりの成功であった。また、やはり事実として、参戦する列強の中で最初の呼びかけであり、しかも専制的にではなく共感を促す論調で訴えかけた点も大きかったのである。[39][40]

大公の宣言は、ロシアの対ポーランド政策が急速に変化しつつある兆候であると理解され、ロシア分割領において熱狂とともに受け入れられた。国民民主党をはじめとするロシア分割領の諸政党(第一の陣営)は、ペトログラードのポーランド・サークルとともに、ドイツとの戦いにおいてロシアとその同盟諸国の側に立つという宣言を発表した。[41]

第一次大戦初期における諸志向の動向

ニコライ・ニコラエヴィチ宣言以降、第一次大戦初期のポーランドにおいて諸陣営(志向)はどのような政治的行動を組織したのであろうか。[42]大戦の勃発と同時に、ポーランドの人々は、「どちらの側を支援すべきか?」という残酷なジレンマに直面した。分割列強のうち二つの大国つまりプロイセンが支配するドイツとハプスブルクのオーストリアは、同盟国として戦っていた。しかし帝政ロシアは英仏(イギリス・フランスの民主的政府とその背景にある政治的伝統は概してポーランド人に尊敬されていた)と同盟しており、しかもロシアが最大のポー

ランド領土を有していたのである。(43)

ロシア領においてニコライ・ニコラエヴィチ宣言が解読され対応がなされている間に、オーストリア分割領においては、第二の陣営であるオーストリア志向の人々が、いち早くオーストリア寄りの姿勢を表明していた。この宣言の翌日にあたる一九一四年八月一五日に、彼らはクラクフにおいて最高国民委員会を結成した。最高国民委員会は幅広い諸党派から構成されており、ガリツィアの保守派はもとより、ガリツィア社会民主党や、ロシア分割領のポーランド社会党といった左派、さらに農民党(後のポーランド農民党)を含んでいた。この委員会は、オーストリア軍内にポーランド軍団を設置することを共通目標とし、各派の妥協によって結ばれた緩やかな連合体であった。

他方、第三の陣営として反ロシア派を標榜するピウスツキらは、一九一四年九月、最高国民委員会のロシア分割領版にあたるポーランド国民組織を、さらに一〇月末には、ポーランド軍事組織を、非合法に結成した。ポーランド国民組織はまもなく最高国民委員会に吸収されるが、ポーランド軍事組織はピウスツキ派の活動拠点となった。そして、ドイツに対する軍事協力を明確にしていく。

これに対し、第一の陣営(ロシア志向)は、クラクフに遅れること三カ月、一九一四年一一月にようやく組織化を行なう。ロシア分割領において国民民主党を中心とする諸政党がポーランド国民委員会を結成し、最高国民委員会に対抗する陣営が形成された。この陣営は、ニコライ・ニコラエヴィチ大公の宣言に賛同し、ロシア帝国内における自治の獲得を当面の目標としていた。

ロシア志向の停滞

一九一五年に入ると、各分割領のポーランド政治における陣営(志向)の活動は、戦争の進展によって影響を受けた。特に国民民主党の陣営に関して言えば、ロシアの苦戦もあってポーランドの自治へ向けて全てが順調に融和的に進んだわけではなかった。

戦況が進むにつれてロシア軍は敗退を重ね、ロシア分割領における戦線は徐々に東へ推移していった。一九一五年八月にはワルシャワが陥落し、翌九月にはロシア領ポーランド全体がドイツ軍とオーストリア軍によって占領され、南北に分割された(44)。この際、最高国民委員会は活動の拠点をオーストリア分割領のクラクフからロシア分割領のピオトルクフに移し、そこで住民をポーランド軍団に徴募しはじめた。他方、ドモフスキら国民民主党を中心とするポーランド国民委員会は、ロシア軍の撤退に伴いペトログラードへ移動せざるをえなくなった。両陣営の戦況における優劣は、必然的に、ポーランド政治の構図における力関係にも影響を及ぼしたのである。

ドモフスキの協働者ヤブウォノフスキは、一九一五年五月に開かれた国民民主党の大会を次のように回想し、ドイツにより占領される三ヵ月前のワルシャワの様子を伝えている。そこからは、ロシア分割領内にとどまるロシア志向の人々に不安が広がる様子や、ドモフスキらがロシア国内に政治活動継続の可能性を模索した様子がうかがえる。

> 状況は我々にとってあまりにも破滅的に見え、五月半ばにワルシャワへ召集された党の最高会議中には……多くの党員がワルシャワを離脱する可能性があると言われていた。そして、より安全な場所へ党の政治活動を移す可能性があると。……ドモフスキは、状況をよく理解しており、国民委員会の執行部門の代表・党指導者としての自分の役割が、ワルシャワにおいてはもう終わったと考えた。そのため六月末にペトログラードへ向け出発した(45)。

ペトログラードへ出発する前日のドモフスキに、ヤブウォノフスキは別れを告げに行った。そのとき、不確かな未来についての考えで頭がいっぱいであるのはともかく、ドモフスキにふさいだ様子は見られなかったという。ドモフスキは荷物を詰めながら、時々その行動を止めて考え込みつつ、まだそんなに状況は悪くない、「戦争はロシアの敗北では終わらない、戦争では最後にフランスとイギリスが発言権を持つだろう」と話した(46)。

ドイツとオーストリアの両軍に占領されたロシア分割領においては、名目上は民主化が行なわれ、社会主義政党や独立派政党、ポーランド軍事組織が合法化された。社会主義政党のうちポーランド社会党は、独立志向が強く、一九一五年一二月にワルシャワにおいて中央国民委員会を結成する。中央国民委員会はピウスツキを中心に、この時点における彼のドイツ寄りの姿勢を強く反映していた。他方、ドイツとオーストリアによる占領下、ロシア志向グループは、困難な立場に立たされていた。一九一五年一〇月には、ペトログラードへ移ってしまったポーランド国民委員会の活動を、ドイツとオーストリアの占領下で引き継ぐ目的で諸党間政治グループが結成され、ロシア志向の系譜をつないだ。

ペトログラードのドモフスキ

ニコライ・ニコラエヴィチ宣言は、その内容や実現の見込みは不確かながら、かなりの期待を持ってポーランド人住民に受け入れられた宣言であった。しかし、その遂行を阻む人々がロシア政府内において有力であったことも確かであった。明らかなのは、この宣言に含まれていた約束が、ロシアの官僚層においては嫌悪と激しい抵抗を目覚めさせたという点である。ロシアの官僚層は、このロシアとポーランドの接近の試みに徹底して反対した。それは、「ポーランド人に対する宣言において約束された、大公の約束を遂行する方法を練り上げるために」召集された、ロシア-ポーランド混合委員会の活動においても明らかになった。

ロシア-ポーランド混合委員会がドモフスキも含め一九一五年六月三日に招集されたとき、委員会のロシア側の代表であった首相イヴァン・ゴレムイキン（Ivan Goremykin, 1839-1917）は、最初にこう述べた。「大公の宣言において、我々は二つの約束をしている。ポーランド領土の統一と、自治 samorząd である。ここで私は皆さんに言っておくが、これら二つの事柄は互いに密接に結びついており、一方の完遂は他方の達成にかかっているのだ。とはいえポーランド領土の統一は、神の手中にある。もし神が将来これを統一されるなら、自治も生じるであろう。もし統一がなされなければ、自治もまたなくなるであろう」と。ゴレムイキンが表明したこの政府の立場は、委員会の重荷となった。それ以降、実際的な議論が停滞したことは想像に難くない(47)。

こうして、約束された内容が実現されないまま、宣言は事実上形骸化されることになった。さらに、ロシア分割領全域をドイツ・オーストリア軍に占領されるという軍事的不振にあって、ロシア内のポーランド人は、統一はおろか自治に関して積極的に要求できる状況にはなかった。

その後、一旦ワルシャワに戻ったドモフスキは、一九一五年六月半ばにペトログラードへ居を移した。そこでは六月二三日から七月一日まで、ポーランド問題に関して引き続きロシア-ポーランド混合委員会が開かれたが、ポーランド側にとって見るべき成果は得られなかった。ドモフスキは後に、ゴレムイキン政権について「明らかに、政権は最初から戦争に対する熱意に欠けていたし、……いつでも機会があれば戦争から撤退する準備ができていた」と述べている(48)。

国民民主党の主要メンバーであるコジツキの回想においては、ドモフスキがワルシャワからペトログラードへ移った後の時期、とくにロシア-ポーランド混合委員会について述べられている。コジツキによれば、ドモフスキは「将来の統一ポーランドの体制に関するロシア人とのあらゆる話し合いに」反対していたという。彼は、「戦時中の（国民民主党および陣営の）活動が発展するにつれて、状況は我々に有利に変化するだろう。ポーランド問題はロシアの国内問題ではなくなり、国際問題になるであろう。そうなればロシア単独で我々の将来について決定するのではなくなる」と主張した。「反ドイツの連合勝利すれば、ポーランド領土は統一され、統一ポーランドは独立ポーランドとなるであろう」とも述べた。「しかし今はそれについて語る時期でなく、我々に最も友好的なロシア人でさえもが、それを理解する状況にない。また、我々に敵対する人々は、我々を傷つけるためにそれを利用するだろう」と結論付けたという(49)。

「現状において現実的に我々が望みうるものは、ポーランドの世論にとっては極めて小さく、ロシアの世論にとってはあまりに大きい。だから我慢強く待とう。ドイツとの個別講和を望む、我々に敵対的なロシアの有力者層の政策を促すようなことは、さしあたり何もしないように努めよう」というのがドモフスキの当面の立場であった。「我々にとって最も重要なことは、ロシアが連合諸国との同盟を守り通すようにすること、武器を置かないようにすることである」と。こうしたドモフスキの判断は、第一の陣営(ロシア志向)において支配的となり、国民民主党だけではなく、彼らに協働するリアリスト党の支持をも獲得した(50)。

ロシア政府との交渉の遅れの背景には、こうしたドモフスキをはじめとするポーランド側諸政党のロシア政府に対する配慮があった。ましてドモフスキは、戦争を継続できなくなったロシア政府が、ドイツとの単独講和に傾くことを非常に恐れていた。ロシアがドイツと講和してしまい、今のところドイツ・オーストリア軍の占領下にあるロシア領ポーランドが、永久にドイツ支配下に置かれる可能性を恐れたのである。戦時におけるポーランドの重要性(地理的、人的意味での)を失わせないために、ロシアには戦い続けてもらう必要があった。そうしたポーランド側の意図もまた、停滞を生んでいたのである。

ロシア側との一連の交渉が実りなく終わった後、一九一五年の秋にかけ、ドモフスキは、ペトログラードに移ったポーランド国民委員会(一九一五年六月ワルシャワから移動)のメンバーたちに、新聞創刊の必要性を説くようになった。そして、『ポーランド問題 *Sprawa Polska*』というタイトルで週刊紙を出版することを提案した。[51] ロシア領域における委員会の活動に役立てるためであった。雑誌の編集委員会においては、リアリスト党や国民民主党に所属するポーランド人政治家の名前が見られた。編集委員は、ヴァシレフスキ、ボダン・ヴァシウティンスキ(Bohdan Wasiutyński, 1882-1940)、そしてバリツキであった。ペトログラードに到着してすぐに、バリツキらは編集組織に参加した。ドモフスキは一時、ロシアにおける長期的な活動の環境を整えようとしているかに見えた。

しかし、バリツキがペトログラードに到着した頃には、ドモフスキは既にロシアを離れ西側へ渡航する決心を固めていた。その決定について、ドモフスキは理由を次のように説明した。

ここまでの戦争の経過が示すところによると、戦況の決定は西側の前線にあり、ロシア領域にあるのではない。ドイツは間違いなく打ち負かされるであろう。他方、戦争の結果については西方の連合国列強が決定するのであって、ロシアではない。そのときフランスとイギリスによってポーランドの運命が確定されるであろう。他方ロシアは、あまり口を挟めないであろう。だからロシアにおける我々の政治は、調子はずれの一歩を踏んでしまわないようにすること、またそれによってロシア-ドイツ間の単独講和を促進してしまわないこと、これに限定しなくてはならない。ポーランド政治の主たる取り組みは、西側において講じられねばならない。そこには、ポーランド問題の準備領域における、より広範なイニシアチヴへの展望がある。……いかにしてポーランド問題が解決されるべきかについて、西側の連合諸国を説得せねばならない。[52]

そして、「私には、もうロシアでなすべきことはない。西側へ行き、そこでより広範な基礎の上にポーランド政治を組織せねばならない」[53]とドモフスキは締め括った。こうして、ロシア領内においてもドイツとオーストリアによる占領下においても国民民主党の活動が行き詰まる中、一九一五年一一月、彼は新たな展開を求め西側へ旅立った[54]。

第三節　ドモフスキ外交と十一月五日宣言

一九一五年一一月から一九一七年八月一五日[55]までの時期、ドモフスキは、ポーランド独立構想に対する西欧の世論や協商諸政府の支持を獲得するためのプロパガンダと、その拠点の組織化に集中した。この活動目的を、一九一六年二月に、在パリのロシア大使アレクサンドル・イズヴォルスキー(Aleksandr Petrovich Izvol'skii, 1856-1919)を通じロシアに対して公然と示したほか、イギリス、フランス、イタリアにも伝え、さらにヴァチカンを訪問した。そして、ロンドン・パリ・ローザンヌ・ローマで組織された政治的プロパガンダの拠点の支援を受け、西側における最も広範な世論獲得のための効果的な活動を広げた。

この間、政治状況や戦況の変化が彼に有利に働いた上、十一月五日宣言におけるドイツとオーストリアの行動までもが、人的資源としてのポーランド人をドイツ側に取り込まれるのではないかという英仏の考えを刺激し、ドイツ脅威論に説得力を持たせたのである。

しかし、ドイツやオーストリアと交戦するイギリスやフランスは、当初ロシア帝国の利害に配慮し、積極的にポーランドの独立を促そうとはしなかった。そこへ、国際秩序の新機軸たる合衆国が参戦し、ポーランドの大義を積極的に支援したことにより、状況はポーランド独立へと傾く。そして、最終的に一九一七年三月のロシアにおける政治変革が決定打となった。帝政の崩壊により、イギリスやフランスはロシアの利害に配慮する必要がなくなったのである。こうして、既に一九一七年半ばにはポーランド問題が協商国の戦争目的及び政治目的の上位に挙がっているという情勢において、全ての要因が、次節において見るようにロシア革命の後押しを受けて国際的なポーランド独立承認と結びついたのであった。[56]

対連合国外交の開始

第一次大戦の帰趨において連合国の判断がポーランド独立への道筋をつけると最終的にドモフスキが判断したのは、一九一五年の初冬であったと考えられる。開戦当初、彼は、ロシア側(連合国側)がドイツに対して勝利するよう協力するのと引き換えに、ロシア帝国内で統一ポーランドの自治が認められるよう働きかけること、また、ロシアがドイツとの単独講和に傾かないよう極端な要求を控えること、という慎重な行動の見通しを立てていた。しかし、一九一四―一五年にかけてロシア軍が敗れ続け、ロシア領ポーランド全体がドイツとオーストリアの占領下に入ったことに加え、[57] ペトログラードにおけるロシア人政治家とポーランド問題を協議する混合委員会が成果を挙げなかったことから、ロシア国内における活動を通じてのポーランド問題の解決が困難であると判断したのであろう。

ただし、西欧に移った時点(一九一五年一一月)においては、イギリスやフランスにおいてポーランド問題の重要性を訴えることによって、協商国内においてロシア政府に対する圧力を高めることが目的であったという見方もある。[58] ドモフスキ自身、決してロシアを軽視していたわけではなかった。後に回想して、連合諸国の戦争のプログラム(戦争目的)にポーランド独立を盛り込むことは、「何よりもロシアがせねばならぬことであり、私はそれをロシアから引き出したかった」[59]と述べている。いまだロシアに革命が起きるとは多くの人が予想していなかったのであり、[60] 拠点を移したドモフスキの真のターゲットは、なおロシア政府であったといえよう。

一九一五年一一月初旬に西側へ出発した私は、そこでポーランドに関する活動を拡大しようとするあらゆる試みが陥るに違いない困難な状況をよく理解していた。西側諸国の政治家たちから、我々がロシアに対抗して活動していると見られないようにする必要性を私は少なからず認めた。他方で、ポーランドの独立要求の提示は、戦争の成功そのものの観点から見て緊急の問題であると私は理解していた。慎重に進める必要があったが、目標へのまっすぐな道を行くことを躊躇ってはいけなかった。[61]

ロシアはあくまでもイギリスやフランスの同盟者であり、その利益を損なう活動が好意的に受け入れられないことをドモフスキはよく理解していた。しかも、両国のうちフランスはロシアとの関係がより深く、自分の活動が強い批判にさらされることを懸念したのである。[62] これに対し、イギリスにおいては、政治家達は目下の戦争においてポーランド問題が果たしうる役割について知りたがっており、その判断材料の一つとしてドモフスキのような存在を拒まなかった。そこで、彼は当面ロンドンを本拠地として活動することになった。[63]

この時期に彼がイギリスやフランスにおいて展開した議論の主なものとしては、第一に連合諸国に対してなされた、ポーランド問題の解決がロシア及びイギリス、フランスの利益にもなるという主張があった。これは、ロシアにできるだけ長く武器を置かせないという意図からなされた主張であり、具体的には、とくにロシアの戦争目的（プログラム）に、「ポーランド独立」を盛り込ませることを目標としていた。その際に看過できないのが、イギリスやフランスの政治家や外務省職員との接触もさることながら、[64] 両国に駐在するロシア大使との関係であった。

ロシアとの別れ

ドモフスキの思想において、ロシアとの関係の結び方は、彼が公然の政治活動にデビューした一九〇七年以降、常に二つの案が拮抗する形で用意されていたと考えられる。第一案は、第一次ロシア革命の成果としてもたらされたドゥーマの開設など、ある程度認められた政治活動の範囲をできるだけ活用し、対ポーランド政策の柔軟化をはかり、ひいてはポーランド王国の自治を認めさせるという筋書きである。日露戦争の敗北、第一次革命という国内の危機を受けて、ロシアの対ポーランド政策が懐柔的になる可能性は考えられたし、また一部でポーランド語使用が認められるなど、現に従来の抑圧政策の緩和が実施されつつあった。ただし、この案は戦況の進展と共に比重を下げ、やがて第二案に取って代わられることになる。

第一案においては、ロシアが対ドイツ戦争に勝利し、戦後にドイツ領・オーストリア領ポーランドをロシア領のそれと統一した上で、ロシア帝国内での自治を得、更に独立を漸進的に獲得するのが理想である。確かに、対ドイツ戦争のさなかであれば、人的資源や経済的支援と引き換えにポーランド人に対してロシア政府が一定の譲歩をする可能性もあるが、勝利が決定した後で、ロシア政府や連合国にポーランドを独立させるよう説得するのは、ドモフスキ側の論拠に乏しい。さらに、現実のロシアの参戦状況からしても、ロシアが参戦を継続できるかどうかさえ疑われる有り様であり、彼はロシアが戦争継続の負担に耐え切れずにドイツと単独講和を結んでしまうのではないかと恐れていた(65)。戦後の講和会議において、ロシアがポーランドの再建をとりつけてくれる見通しは次第に暗くなる一方であったといえよう。

他方で、一九〇八年のボスニア・ヘルツェゴヴィナ併合に伴う緊張の高まりから、第二の案も検討されていた。これは、分割列強の間で戦争が勃発した場合、つまりロシア対ドイツ・オーストリアを軸とするヨーロッパ戦争になった場合、ロシア側に協力すると同時に、三国協商につらなるイギリス及びフランスに対して働きかけ、ポーランドの独立を国際政治の議事日程に上らせて、戦後処理においてポーランド独立を有利に認めさせるという案であった。この第一案と第二案は、ドモフスキの中で拮抗しており、当初は前者の比重が大きかった。しかし、一九一四―一五年にかけてロシアがドイツに敗れてポーランドがドイツ占領下に入り、また戦況以外の要因に関して言えば、ペトログラードにおけるロシア人政治家との「ポーランド問題」協議(一九一五年夏頃)が何ら成果を挙げなかったことを直接的なきっかけとして、一九一五年以降、はっきり第二案へ傾いたと考えられる。ドモフスキとしては、国際政治の変数としての「ポーランド問題」復活が、最大限の効果を挙げうるタイミングを、ほぼ大局の決する一九一五年秋まで慎重に見定めていたのであろう。

したがって、一九一五年一一月に彼が西側に活動拠点を移した目的は、少なくとも一九一七年より前に関して言えば、英仏に働きかけることによって連合国の枠内においてロシア政府を動かし、ニコライ・ニコラエヴィチ宣言に約束された自治を遂行させ、実績を作った上で独立をも認めさせることにあった。

戦争のプログラムにポーランド独立を盛り込むという提案は、ドモフスキの活動において、新しい時期、つまりロシア内政から外交への移行期をなしていた。彼はイギリス政府に対し、ドイツとの政治的戦いにおいて最も効果的な方策は、戦争のプログラムにおけるポーランド独立の公式な記載であると説いたのである(66)。ただし、このときポーランド独立は「提案」であって、「要求」ではなかった。「要求」できるのは、相手にそうさせる手段を自分たちが持っているときだけだとドモフスキは考えていたからである。ポーランド政治には、そうした手段がなかった、とドモフスキは述べている(67)。

戦争の諸目的にとって、ポーランド国家再建の問題を明確に設定することは、本質的に必要であった。また、西側諸国においてこの問題が理解され始めている、と私は確信していた。しかし、それを実現できるのはロシアのみであり、連合国はロシア抜きにそれができないばかりか、ロシアがドイツに抱きこまれる方向へと押しやってしまうことを恐れて、ロシアに圧力をかけることすらできないのだった。

我々はこの状況を理解せねばならなかった。そのため、自分たちの提案を、公式にロシアへ……向けて打ち出した。それは、すぐに受け入れられると期待してではなく、その後の活動において解決の手がかりとするためであった。(68)

ポーランドの独立を認めるのが最終的にはロシア政府である以上、在パリのロシア大使イズヴォルスキー(69)を通じて、ポーランド独立をプログラム(戦争目的)に盛り込むよう求める覚書を公式にロシア政府に提出したのは、まず定石通りの行動であった。

一九一六年二月一四―一五日、ドモフスキはパリを訪れ、イズヴォルスキーと対談した。話し合いの中で、ドモフスキは、イズヴォルスキーに国際政治状況全般やロシアの情勢に関する自分の見方を説明し、連合諸国は「政治的戦い」に負けつつあり、そのため戦争においても敗北の危機にもさらされている、と説いた。そして結論として、独立ポーランド国家再建を戦争のプログラムにおいて公式に宣言する必要がある、と主張した。(70)

この間イズヴォルスキーは真剣に聞き入り、口を挟まなかった。ドモフスキが話し終えたとき、短くこう答えた。

「あなた〔ドモフスキ〕の仰るとおりで、私はあなたと意見を完全に共にしています。あなたは、これがペトログラードに伝わるようにとの意図で、私に話したのですか?」

対する答えは簡潔であった。

「もちろんです。」

イズヴォルスキーはドモフスキが話した内容をペトログラードの内閣へ正確に伝えるため、また言質として、覚書の作成を求めた。一九一六年二月一八日、ドモフスキは彼に覚書を渡した。(71)

覚書の内容については、「ポーランド国家の設立」の後ろに「ロシアとの王朝的結びつきにおいて w dynasty-cznym związku」という文言をつけてはどうか、とのイズヴォルスキーの提案に、ドモフスキはノーと答え、不要であるとした。留保のない完全な遂行のみが政治的に重大な意味を持ちうると考えたためであった。(72)そう考えた背景には、文言において期待を集めつつも、執行段階において無力化されたニコライ・ニコラエヴィチ宣言の際の経験があったのかもしれない。

覚書がペトログラードへ送られた数日後、在ロンドン大使のベンケンドルフがドモフスキを訪れ、彼が内閣に覚書を届けた旨を告げた。ベンケンドルフは、この覚書が重大な一歩であるとしたが、しかし、ペトログラードにおいて理解されるかは疑っていた。これについてドモフスキは、それがペトログラードで理解されるかどうかについて疑いを抱いていなかった、と述べている。彼はそもそも、覚書が不評をかうと確信していた。しかし、自由な議論をするために、しかもそれがロシアの外で進められる陰謀に見えないように、ポーランド問題を公にすることが絶対に必要であると考えていた。(73)

ペトログラードにおいては、予想どおり覚書が不評を買ったため、ベンケンドルフはドモフスキに、ペトログラードへ行って弁明するよう勧めた。しかし、ドモフスキは説明のために代理を送った。それは、ペトログラードに足留めされて西側へ戻って来られなくなることを危惧したためにほかならなかった。[74]

こうして、「ポーランド問題において最も重要な仕事が開始された」。ロシア政府に提出された覚書は、ポーランド問題を国際化する活動の始まりであり、その活動はもはやとどまることなく展開していった。そして、それによってドモフスキら国民民主党の陣営は、戦時下における「最も困難かつ最も不快な時期」を終わらせたのであった。[75]

また同時に、ロシアとの関係は、既にロシア領ポーランド全域がドイツ・オーストリア側の手に移っていたことによって「ポーランド問題は簡略化され」、「実質的に外的な関係」に変化していた。「実際、我々とロシア政府の間の諸問題は、ほとんど存在しなくなった」とさえドモフスキは述べている。[76]

ポーランドの未来は、ドイツがそれについて決定する必要がない限り、もはやほとんど西側諸国次第になり、形式的にはロシアが引き続きそれに関する排他的な決定を留保していたにもかかわらず、ロシア次第ではなくなった。[77]

皮肉にも、ドイツとオーストリアによるロシア領ポーランドの占領は、一時ドモフスキらの政治活動の領域を奪ったものの、彼らをロシアから切り離す効果をもたらしたのであった。それは、本格的に独自の外交へ踏み出すために不可避の一段階であったといえよう。

結局、ポーランド問題の将来の運命にとって、この時期はもしかしたら最大の意味を持ったかもしれない。

〔戦争の〕最初期における唯一ポジティヴな活動、つまりヤロンスキ宣言におけるポーランド諸領土の統一のプログラムの提示を除いて、我々の役割は、ほぼ専ら、ロシアとの連帯の立場を維持し、この連帯が裂かれない様に、何物もドイツとロシアが和解する原因にならない様に、監視することにあった。これが、どれほど大変な仕事であったか、……決して厳密には言い尽くせないだろう。結局、もしこの活動によって、ロシアが戦争を耐え抜き、同盟諸国との個別講和によって戦争から撤退するようなことがなければ――〔この活動は〕ポーランドを救ったことになるのだから。(78)

ドモフスキ自身、第一次大戦期の政治・外交活動において彼が真価を発揮したのはこの時期であったと考えていた様子がうかがえる。

十一月五日宣言

この間、ロシア領ポーランドを占領した独墺は、ある思惑を持ってポーランド問題の処置を模索していた。その一つの現れが、ドモフスキがロシアを去った約一年後、一九一六年一一月五日に発せられた、ポーランド国家の設立宣言であった(79)。これは、地理的領土も定まらぬ不確かなものながら、一応分割列強のうち二国もが公式に立憲君主国家としてのポーランド建国を認めたという意味で画期的な宣言であった。この日、ドイツ人兵士らはワルシャワ宮殿にポーランド国民の旗を掲揚し、宮殿においてポーランド人政治家たちが列席する中、ポーランド国家創設に関する皇帝ヴィルヘルム二世(Wilhelm II, 1859-1941)とフランツ・ヨーゼフ一世の公文書がドイツ語で読み上げられた。公文書はすぐに翻訳された。皇帝の宣言書の内容の一部を以下に示す。

ポーランドの地を、……ロシア支配からもぎ取り、幸福な未来へ導くために、オーストリア皇帝、ハンガリー王ならびにドイツ皇帝は、これらの地から、世襲王朝と立憲体制を備える自立した〔samodzielne〕国家を創出するために協議した。より詳細な国境の画定を約定する。新王国は、両同盟列強との結びつきのなかに、その力の自由な発達に必要な保障を見出す。独自の軍において、引き続き、古い時代のポーランド軍の誉れある伝統が完全に生き続けるであろうし、現下の大戦における勇敢なポーランドの戦友たちを記憶するであろう。〔自軍の〕組織化、教育、指揮は、共通の合意においてなされる。……自由で幸福かつ自国民の活動を享受しうる国家の復興を認める。(80)

この宣言に対して、ポーランド人活動家の見方は概して懐疑的であり、ポーランド人から新兵を補充することが両皇帝の目的であろうと解釈された。(81) そのため、こうしたドイツとオーストリアの行動は、戦線においてポーランド人からの大規模な補充により独欧軍が増強されることを恐れたフランス、イギリスを刺激する形となり、西側諸国軍内におけるポーランド人軍の創設を促すこととなった。(82)

ドイツ・オーストリアの思惑

第一次大戦勃発後の二年間、ほとんど一九一六年の終わりまで、ドイツはロシアとの個別講和の可能性を捨てずにいた。従って、ドイツとしては、ポーランド問題の解決へ向けた早過ぎる進展によってロシアとの個別講和が妨げられるのは望ましくなかった。(83)

他方のオーストリアは、ポーランドが重要な戦場になる以上、この土地に住むポーランド人の好意を獲得する価値があることをよく理解していた。そして、できるだけ敵軍の背後において、彼らからの支援を手に入れようと考えていた。しかし、ロシア領ポーランドばかりでなくガリツィアの将来の問題が浮上してくると、彼らは「オーストリア-ポーランド的解決」計画に、何よりもガリツィアの最終的な喪失の危険を見るようになった。また同時に、ポーランド王国を加えての三国連合（オーストリア、ハンガリー、ポーランド）という案は、ウィーンにおいて現実味を持っていなかった。(84)

さらに、この問題についてはドイツとオーストリアとの間で対立が生じていた。ドイツにとって特定の利益がなく、同時にプロイセン分割領におけるポーランド人のイレデンティズモを先鋭化させるような、オーストリアとハンガリーの領土的拡大を望ましくないと見ていたからである。(85)

戦争が始まってからの二年間、ピウスツキらは、対ロシア戦線の様々な場所で戦っていた。しかし、それにもかかわらず、結果として同盟国列強は、ポーランド人が満足しうるような決定も進展も行わなかった。(86)

第四節　奇跡は西方から

ドモフスキがロンドンにおいて、ロシアを連合国側に引き止めるべく、英仏に対し慎重な外交を継続している間に、もう一つの重要な、決定的ですらあるファクターが浮上していた。(87) 合衆国——そして、「第四のポーランド」とも称された在米ポーランド人社会、いわゆるポロニア Polonia である。このとき、在米ポーランド人社会の強力な支持を背景に、しかし本人としては悲愴な決意を持って、ドモフスキと協力関係にありつつも独自の政治活動に身を投じたのが、パデレフスキであった。

ドモフスキより四歳年上のパデレフスキは、ピアニストとして成功し、ショパンの演奏に高い評価を受ける音楽家であった。他方で政治とも全く無縁であったわけでなく、一九〇五年革命の際には、親ロシア的な追従に反対する一方、ポーランド社会党のように革命的手段によって帝政と戦うことにも反対していた。従って、もともとは中道の穏健派であったといえる。(88)

パデレフスキはパリでピアニストとしての名声を獲得し、それを足がかりにして一八九一年ニューヨークにデビューした。その後、第一次大戦の勃発まで、九回合衆国で演奏旅行を行い、それと同時に活動の基礎を作っていった。彼の最初の政治活動は、合衆国に移住したポーランド人社会を受け皿として行っており、パデレフスキにとって在米ポーランド人社会は、支持基盤であると同時に活動の場所、手段であり、ドモフスキやピウスツキにとっての政党に匹敵する役割を果たしていた。(89)

一九〇八—〇九年にかけても演奏旅行のため合衆国を訪れ、そうした機会を重ねて在米ポーランド人社会との接触を維持していたと考えられる。国際情勢の緊迫化を背景に、合衆国寄りの立場を取る彼の政治的見解が、結果的にドモフスキのそれに近付いたのはこの時期であった。陣営(志向)としての区分で言うなら、合衆国との関係上、彼はイギリス、フランス、ロシアを支持する側であった。そのため、国民民主党の陣営に賛同し、同党の機関紙に資金を与えるなどの援助を行っている。(90)

その後、単なる資金提供にとどまらず、彼自身が本格的に政治家としての活動を意識し始める契機となったのが、一九一〇年四月二二日にクラクフで行われたグルンヴァルト戦勝記念碑(91)の除幕式であった。このときのパデレフスキの演説に群集は熱狂し、拍手がいつまでもなりやまなかった。その様子は、ドモフスキでさえ嫉妬するほどであったという。(92)ただし、このとき一層大きな喝采を送ったのは、現地のポーランド人よりも、米国から招かれていた在米ポーランド人の諸団体からの出席者たちであった。(93)彼らは、パデレフスキを自分たちの政治的・イデオロギー的指導者とみなし始めていた。

「第四のポーランド」

国民民主党も含め、ポーランド本国の政治家たちにとって在米ポーランド人社会は貴重な資金源であった。また、第一次大戦勃発以降、在米ポーランド人社会は、創設が望まれていたポーランド軍団への志願兵を供給できる人的資源とみなされると同時に、ポーランドの独立を合衆国政府が国際社会に要求するよう大統領に対して政治的な圧力を動員できる存在となった(94)。

この時期、在米ポーランド人社会の諸組織の構成員は安定的に増加していた(95)。また、より小規模な在米ポーランド人社会の組織も、分割占領下の「祖国」へ向けた支援に参加していた(96)。グルンヴァルトの祝祭は、これらの組織全てに大きな反響を与え、在米ポーランド人社会においてポーランド人の教区やポーランド系新聞においても共感を喚起し、パデレフスキの名声のみならず、政治家としての影響力をも高めたのである。

渡米までの活動

パデレフスキは、第一次大戦勃発の勃発をドモフスキと共にスイスで迎えた。そして、ドモフスキが即座にポーランド国内(ロシア領内)に戻ったのに対し、パデレフスキは戦争の初期からスイスおよびイギリス、フランスにおいて、ポーランドの危機を国際的に訴えかける活動を行うことにした。

ただし、基本的な活動路線はドモフスキと共にしていたようである。一九一四年八月のニコライ・ニコラエヴィチ宣言の後、一九一四年一二月に、パデレフスキはスイスに亡命中の知識人・政治家グループと共に、ポーランド問題や、ポーランド王国のための自治計画を起草するべくロシア-ポーランド混合委員会の設置に関して分割列強がどのような姿勢をとっているかを記した覚書を作成した[97]。国民民主党がペトログラードで行った宣言も、同様の論調を保っており、この時期のパデレフスキの活動と連携していたと考えられる。

一九一五年初旬に入ると、パデレフスキはフランスの有力者層を活動の対象とした。一月、彼はレイモン・ポアンカレ大統領（Raymond Poincaré, 1860-1934）に宛てて、フランス-ポーランド関係について述べ、ポーランドの大義にとってフランスの支援がいかに重要かを説いた。そして両国間の伝統的な友好に言及して、戦争のために悪戦苦闘しているポーランドの人々の運命に対してフランスが無関心なままでいるはずはない、という確信を述べた。また一九一五年二月には、パデレフスキは当時のフランスの外務大臣デルカッセ（Théophile Delcassé, 1852-1923）に宛てて、ポーランド王国の自治獲得のために書簡を送った。パデレフスキが用いた論拠は、協商国側におけるポーランド人の軍事的貢献のほか、ベルギーにおける救済活動との比較であった[98]。

こうした活動においてパデレフスキは、パリにおいてポーランド戦災被害者救済委員会 Komitet Generalny Pomocy Ofiarom Wojny w Polsceを組織するために、フランスの元大統領エミール・ルベー（Emile Loubet, 1838-1929）や在パリ英大使フランシス・バーティ（Francis Bertie, 1844-1919）の支持を獲得するなど、一定の成功を収めた[99]。また、パリにおけるパデレフスキの尽力は、在米ポーランド人社会の新聞において非常な共感とともに伝えられた。例えばある記事においては、パリにおけるパデレフスキの尽力によって、「それまでポーランド住民の絶望の嘆きや苦しみに耳を貸さなかったフランスの新聞を、予期せぬほどにポーランドの見方へと転換させた」と評されている[100]。

しかしその後、一九一五年三月末にパデレフスキと妻はロンドンに到着したが、人々は成功裏にガリツィアを獲得したロシア軍に熱狂しており[101]、結果として「著名なピアニスト」による活動は適当な政治的反響を呼ばずに終わった[102]。イギリス滞在が終盤になると、パデレフスキは在米の友人に次のような電報を打ち、ポーランドの政治的・社会的状況を説明し、合衆国の援助をポーランドの人々は必要としていると強調した[103]。

ベルギーより三倍も大きな領域が、完全に荒廃している。都市や町は破壊され、数千の村が焼かれた。全ての馬と牛は持ち去られ、とうもろこしもじゃがいももない。数百万の被災者たちにはほとんど家もなく、皆食料が不足している。

地方行政は、ポーランドの鉄道を修復するための人手をロシア帝国の富裕な諸地域から集めるので多忙を極めており、また、旧来の地方行政はポーランド語と格闘するのに忙しく、いまや私立学校においてさえポーランド人教師の数を制限している……。

ロシアにおける個々人の取り組みは、偉大であり高潔であるが、このような大衆を効果的に援助しえない。救援が必要とされているのに、援助を請い求める不面目を、誰一人として負おうとしない[104]。

パリやロンドンにおける一連のパデレフスキによる活動は、西側世界にポーランド問題の存在を気づかせる効果があったといえよう[105]。それゆえ、戦災への物質的な支援という結果だけでなく、政治的重要性をも持つこととなった。結果的に、一九一五年四月一五日にパデレフスキが合衆国へ到着したときには、政治活動の基盤が用意されていたのであった[106]。

このときのパデレフスキについて、ハウスは、以下のように述べている。

合衆国に上陸した瞬間、パデレフスキの状況は変化した。彼は合衆国のポーランド人にたった一つの目標を示し、誤った、組織だっていない諸潮流に反対した。彼は、合衆国が世界的惨劇において果たすことになる役割を最初に予見した人物であり、その最終的な結果に関する確信を決して失わなかった。パデレフスキの尽力と洞察力が、成功によってどの程度報いられたかは、次の事実から判断することができる。一九一六年末に、合衆国の協働者たちは、全員一致で彼を代表として選んだという事実である。彼らは、パデレフスキに自分たちの名において行動し、あらゆる政治問題に関して彼らの代表として決定する権限を与えた。(107)

在米ポーランド人の人々は、波止場でパデレフスキを厚く歓迎する準備をしていた。彼らはパデレフスキを、「第四のポーランド」を代表する政治家とみなしたのである。多くの組織の代表、聖職者、指導者たちが彼を出迎えた。(108)

奇跡は西方から

パデレフスキは合衆国に到着するとすぐに、著名人との交際を深めた。そして、アメリカのポーランド救済基金 the National American Committee of the Polish Victim's Relief Fund と協働し、元大統領ウィリアム・タフト (William Howard Taft, 1857–1930) をはじめとする支援参加者の獲得に貢献した。(109) 中でも重要なのが、その後パデレフスキと個人的な友情を深め、ウィルソン大統領との関係において強力にパデレフスキを推したハウスとの出会いであった。

一九一五年一一月一二日、パデレフスキは、ウィルソンの親友であり顧問でもあるハウスと対談した。ハウスはそれまで、パデレフスキを「最も暴力的かつ攻撃的なタイプのエゴイスト」だと思っていたが、最初の話し合いが終わるまでには、パデレフスキの魅力とお世辞にすっかり感じ入っていたという。パデレフスキは、ポーランドの人々の目的を明かし、自分は彼らを救済する基金をアメリカにおいて増やしたいが無力なのだとハウスに語った。そのため、ハウスが合衆国政府を説得して、ヨーロッパに居るポーランド人住民のために何らかの公的な行動を起こさせてほしいとパデレフスキは望んだ。パデレフスキの「ポーランドの悲哀に関する愁いを帯びた物語」は、ハウスを深く突き動かした。対談の終わりに、謝意を表すパデレフスキに対して、ハウスは「この問題を熟考した上で来週の木曜日にもう一度会う」と約束した。その後まもなくして、パデレフスキは「大佐のお気に入り」となった。いわばハウスは、パデレフスキの魅力のとりこになったのである。才気煥発で情熱的なポーランド人は、寡黙で冷静なハウスと全く対照的であったために、ハウスはパデレフスキとの知己をどこか普通でないおもしろいこととして楽しんだのだとさえ言われている。(110)

ハウスの行動は早く、この最初の対談の翌日に、イギリス大使にポーランド救済の方法を相談し困惑させているほか、数日後にはウィルソンにもポーランド救済問題への関心を持たせようとした。そしてその日以降、機会があればいつでも、大統領にこの問題を考えるよう提案し続けた。そして、一一月一八日にパデレフスキがハウスに会いに来たとき、ハウスは前回の話し合いの後に自分がしたことを話し、成功するかそれ以上はできなくなるところまでポーランドのための取り組みの手を緩めずに続けると約束した。パデレフスキはそれを聞いて崩おれ、ハウスの手をとって涙を浮かべて「あなたに神の祝福あれ」と言ったという。(111)

その次にハウスとパデレフスキが会ったのは、一九一五年一二月二一日であった。この間にハウスは、戦争で被害を受けているポーランドのために救援資金を集める委員会を組織させていた。また、前日の一二月二〇日に、ウィルソンは一九一六年のニューイヤーズデーをポーランドの人々への支援にあてようと呼びかけていた。(112) パデレフスキはこの尽力に礼を言いたいと思っていたが、ただし、基金が赤十字経由で分配されている点に異議を唱えた。彼は、ポーランド国民委員会が、この救援資金および食料の分配を引き受けてはどうかと訊ねた。そして、ほどなくして彼の願いは容れられた。食糧と政治は、戦時下では必然的かつ不可分の結びつきを持っており、パデレフスキはそれをよく知っていた。在米ポーランド人の間で彼が持つ力と名声は、食糧と大額の救済基金の寄付に分配に関するコントロールにかかっていた[113]。

この日（一二月二一日）、パデレフスキはハウスに宛てて情動に満ちた手紙を書いている。ハウスによればその手紙は、彼が受け取った中で「最も嬉しく感じられる」書簡の一つであったという。そこには、「私があなたに対して感じていることを言葉では表現できません」、「私の国のために神意を受けた方を見つけだす――それが私の生涯の夢でした。今や私は確信しています、むなしく夢を見ているのではないのだと。あなたに出会うという幸福にあずかったのですから……」と記してあった[114]。

数カ月のうちに友情は実を結んだ。ハウスは、パデレフスキが合衆国大統領に近づく機会を与えたのである。一九一六年の夏までに、ハウスの推薦でパデレフスキはホワイトハウスのディナーに一度招かれており、そこでホスト役のウィルソンや来客たちをショパンの音楽で楽しませた。演奏後は専らポーランドについての会話が取り交わされ、そこでパデレフスキは、「分割という犯罪」にウィルソンの注意を向けさせた。公正や人権に関して敏感なウィルソンの感覚は、ポーランド国民になされた歴史的犯罪に深い衝撃を受けた。これは彼を強く惹きつける類の大義であった。彼にとっては、政治的必要性よりも道徳的な正しさが重要であり[115]、ポーランドを再建することには、道徳的任務としての魅力があったようである。こうして、ウィルソンもまた、ハウスとはやや異なる角度からポーランドに関心を持つようになった。パデレフスキは、すべての在米ポーランド人は来るべき選挙において彼を支援すると伝えるのを忘れなかった。ウィルソンの二期目に向けた選挙は、数カ月後に迫っていた[116]。

一九一六年一一月六日、大統領選挙の日に、パデレフスキは再びウィルソンに会う機会を得た。選挙結果を待つウィルソンが、パデレフスキに「選挙キャンペーンの際の支援に感謝したいので会いに来て欲しい」と頼んだためである。折しも、前日にドイツとオーストリアが立憲君主国としてのポーランド独立を認める十一月五日宣言を発したばかりであった。一通りの挨拶の後で、二人の会話はポーランドに転じた。大統領は、ドイツのマニフェストについてどう思うか、と訊ねた。パデレフスキは答えて、ドイツはより多くの兵員補充を望んでいる、という意味に受け取ったと述べた。また、この宣言の結果生じるのは、ドイツに依存する真の自由なき国家であろう、と述べた。[117] それに対してウィルソンは、「この問題について私たちの意見が完全に一致していると分かってよかった」と述べたという。[118]

パデレフスキが辞する前に、ウィルソンは付け加えて、ゆっくりとした威厳のある言い方でこう述べた。「わが親愛なるパデレフスキ、私には分かる。ポーランドは再建され、再び存在するようになろう。ポーランドのために、この復活の奇跡は西側から訪れる――私自身の勝利が西方からの奇跡を通じてやって来るのと同じように」と。[119]

ウィルソンの一月二十二日教書

選挙後の一九一七年一月八日、パデレフスキとハウスの最も劇的な会談が行われた。この日、パデレフスキはハウスを訪問し、ポーランド問題に関する詳細な覚書をできるだけ早く用意するよう求められた。ハウスによれば、大統領は非常に重要な国際的宣言を準備しているということであった。ハウス自身、数日中に大統領に会うためワシントンへ出発する予定であった。すぐにパデレフスキは作成に取り掛かり「三六時間ぶっ通しで」執筆した。[120]

ウィルソンに宛てたポーランド及びその独立回復の必然性に関するパデレフスキの覚書(一九一七年一月一一日)は、全三部で構成され、まず九世紀のポーランド史から説き起こし、ポーランド没落を招いたとされる選挙王制の説明から分割までの歴史を説明している(第一部)。そして第二部において各分割領ごとの概要(地域ごとの宗教的・国民的人口構成など)を示した上で、第三部において、先に出されたドイツの十一月五日宣言を「一時的に要求を満たすだけのもの」と批判すると同時に、ロシアのニコライ・ニコラエヴィチ宣言についても信頼に欠けると批判している(121)。

強大な隣国によって、平和においては遊び場、戦争においては戦場となるよう宿命付けられた、中立の受動的な緩衝国を創設するという考えは、排除されねばならない。ポーランドは、パンドラの箱からの新たな贈り物を受け取ることはできないのだ(122)。

続けてパデレフスキは「調和とは、美ではなく、力関係の基本的状態をいう」と述べ、再建されるポーランドは、分割列強に匹敵する防衛力と自立する力を持つべきだとした。更に、将来のポーランド国家の形態に関し、ポーランド合衆国案“The United States of Poland”を打ち出している。これは、

A. ポーランド王国
B. リトアニア王国
C. ポレシア王国
D. ハリチ-ポドリア王国
E. ヴォリニア王国

以上五つの王国から構成され、ポーランド合衆国の大統領は、五王国の王の称号を兼ねるとされた(123)。近隣諸国とのバランスを保ち、ヨーロッパの勢力均衡を維持するためには、ドイツに匹敵する強国としてのポーランドが必要であるという基本的な考えは、ドモフスキが西側に向けて論じていた趣旨とほぼ一致しているが、ポーランド合衆国案については独自なものといえよう(124)。

一月一一日にハウスがニューヨークを離れたとき、彼は懐に「独立ポーランドの必要性に関する詳細な解説」を潜ませていた。数日後、ハウスはワシントンから戻り、次のように伝えた(125)。

ワシントンへの途上で、私は四、五回〔覚書を〕読みました。重要な文章は暗記しました。その後の数日間、大統領と昼食や夕食を共にしながら、私は絶えずあなたの議論を前面に出しました。何回か、彼はあなたの提案に完全に同意すると言明しました。今日、彼は閉じ込もって一人で教書の準備をしています。爆弾は数日のうちに破裂する――あなたはきっと息をのむよ(126)。

ハウスの言う「爆弾」は、一九一七年一月二二日に明らかになった。覚書がどの程度参照されたかは不明だが、この日ウィルソンは、上院宛の年頭教書において、合衆国大統領という立場において初めて将来のポーランド独立問題について言及し、「……政治家であれば、統一され、自治を持つポーランドが存在すべきだと同意する」(127)と述べた。これは、ウィルソンがポーランド問題の解決に関与するという言質とも解釈できた。そのためこの宣言は、あるいはその曖昧さないし表面上隠された意味ゆえに、在米ポーランド人社会において好意的に受け止められ、ウィルソン大統領は多くの在米ポーランド人の友愛とポーランド史における特別な地位を勝ち得ることとなった(128)。

しかし、この宣言によってウィルソンの親ポーランド政策が実行されると保証されたわけではなかった。すでに述べたように、ロシア、またドイツとオーストリアも、このときまでに既に(形式上とはいえ)ポーランドに自治を与えるという約束をしていた。この宣言は、いわば単に既存の事実を繰り返したのみであった。[129] パデレフスキの合衆国における活動は、選挙の年にあたるという時機を逸せずに、在米ポーランド人社会の圧力を利用してウィルソンの目をポーランドへ向けさせることに成功した。しかし、先に出されたニコライ・ニコラエヴィチ宣言や、十一月五日宣言と同様、ウィルソンの一月二十二日演説もまた、不完全な形でポーランドに自治を認めたに過ぎなかった。本章においてここまでに述べた三つの要素は、ポーランド問題の解決という観点からすれば、全て燃焼しきらないままだったのである。[130] 最終的な解決へ向かうために必要とされた大きな圧力が発生するためには、一九一七年の東からの革命を待たねばならなかった。

第五節　一九一七年革命

一九一七年四月、合衆国は対独宣戦し、戦争に参入した(既に二月には、無差別潜水艦攻撃への批判が高まっていた)。この参戦は、ポーランドに対する連合国の利害関係に新しい局面をもたらした。それまで合衆国は、ポーランドの大義を擁護する主要な中立国であった。それがいまや、積極的な関与者となり、世界の新秩序に関するウィルソンの理想に向け、より大きな影響力を及ぼすようになっていた。[131]

パデレフスキは合衆国において、一月二十二日教書を促すなど一定の成果を上げた。しかし、教書の内容は既に分割列強が承認した自治の追認に過ぎなかった。それを端的に示したのが、ポーランド軍創設問題である。教書の発表後、パデレフスキはポーランド軍の創設を承認するようハウスを通じて依頼したが、ウィルソンは時期尚早であるとしてこれを認めなかった。なお独立国家としてのポーランドを合衆国が承認するには至らなかったことの現れであったといえよう。

この間ロシア分割領においては、ポーランド国民委員会がペトログラードに去った後も独占領下に残った国民民主党を中心とするロシア志向の陣営（いわゆる「消極派」、「諸党間政治グループ」）が、孤立を深めていた。反ドイツ的傾向の強い国民民主党は、十一月五日宣言に沿ってドイツの主導で作られた臨時国家評議会に参加せず、国内の政治状況において、部分的ながら行政への関与を認められた「積極派」の動きから取り残され始めていた。

他方、英仏に活動の場を移していたドモフスキは、協商諸国に対する活動を継続していたが、ポーランド問題を基本的にロシア内政問題と位置付ける英仏の姿勢は変わらず、明確な成果は上がっていなかった。

こうして、西側の協商諸国や合衆国、そしてロシア領ポーランドのそれぞれにおいて停滞していたドモフスキらの状況に変化をもたらしたのが、二月革命であった。

革命期のロシア領ポーランド――二月革命

ロシア軍撤退後のポーランドにおいては、独墺軍による分割と占領統治が行われていた。一九一六年一一月、独墺皇帝によって、立憲君主国家としてのポーランドの設立が宣言されたことは、既に見たとおりである。一二月には、宣言に基づいてポーランド人が行政に参与するための臨時国家評議会が設置された（一九一六年一二月六日）。しかし、経済状況は悪化の一途をたどっており、食料を求める飢餓デモの頻発に歯止めがかからない状態であった。[132] こうした中、一九一七年三月に起こった二月革命の報せは、ロシア領ポーランドにおける勢力関係や、閉塞状態からの解放を期待する住民の政治意識に大きな変化をもたらした。[133]

既に述べたように、この時期、主な政治勢力として、基本的にはロシア志向とオーストリア志向、そして武装蜂起志向とも言うべき三つの構想が成立しており、第一次大戦の勃発によって明確化され、この時期のポーランド政治の主要な陣営を形成していた。①ロシア志向(親イギリス・フランス)の「消極派」、②ドイツ-オーストリア寄りの「積極派」、そして③戦略的に一時はドイツ-オーストリア側に立ち優位な状況を形成しようとしたピウスツキら軍志向派である。十一月五日宣言の後、「積極派」に(真意としては暫定的に)ピウスツキらポーランド社会党や農民党が加わり、積極派側の陣営を構成していた。この陣営は、十一月五日宣言に沿って設置された臨時国家評議会の運営にあたり、占領当局との関係を維持していた。他方で、ロシア志向の「消極派」は、反ドイツ的な立場をとり、占領当局の管理下にある臨時国家評議会への参加を見送り続けていた。

二月革命の勃発は、「積極派」のうち、ピウスツキを支持する左派と農民党の間に、反占領当局の傾向を強めさせた。ポーランド社会党の内部において、ピウスツキら右派は、あまりロシアでの革命に反応せず懐疑的であった。しかし、ポーランド社会党下部の党員からは、積極派の政策に反対する声が上がり、ポーランド社会党幹部の指導力が弱まりをみせていた(134)。結果的に、ピウスツキ派を中心とする③軍志向派は、一九一七年六月に民主諸派調整委員会を結成し、独立左派と呼ばれた(135)。

他方で、ピウスツキらが去った後の「積極派」においては、残る中間派や右派が国民中央派を形成した。国民中央派はあくまで十一月宣言の約束が実行されることに期待をかけていたが、ピウスツキ派や農民党と離れたために基盤は脆弱であった。そこで、対応策として、「消極派」の一部を「積極派」へ引き入れ基盤を強化しようとする動きが生じたのである。

このとき「消極派」としては、二月革命を受けて態度を決定しかねている状況であった。革命の結果、ロシアの帝政が崩壊してよりリベラルな政体へ移行するのは歓迎すべきことであった。しかし他方で、二月革命の余波がポーランドへ及んだ場合、ポーランドにおいても社会革命が起こる可能性があり、それを危惧したのである。さらに、既にドモフスキが認めていたように、戦争の帰趨を決定するのはもはやロシアではなく西欧の連合諸国であることが決定的になっていた。革命は、ロシア帝政の衰弱からドモフスキが感じとっていたポーランド問題に関する主導権の移行を、予想以上に急激な形で明らかにしたのであった。

こうした状況において、「消極派」がとりうる選択肢は限られていた。革命後のロシアに譲歩を期待できるかどうかは未知数であり、臨時国家評議会による行政活動をいつまでも静観できなくなったのである。さらに、ポーランドにおいても社会革命が起こるのではないかという危惧が「積極派」への接近を促進した。ドイツ占領当局にとっても、戦前からロシア領ポーランドにおいて一定の政治的実績を重ねていた「消極派」の一部が協力的になるのは、占領政策を維持する上で望ましかった。しかし実際のところ、占領下での経済的困窮と食糧難に基づく反ドイツ感情が住民の間では高まっており、結果として「消極派」の方針転換は曖昧なままであった。

臨時国家評議会の権威低下が続く中、ポーランド軍創設とその権限をめぐるピウスツキとドイツ占領当局との対立(宣誓拒否事件)、それに続くピウスツキの逮捕[136]は、この流れをさらに速めた。「消極派」取り込みによる建て直しに失敗した臨時国家評議会は、一九一七年八月二六日に解散した。

ローザンヌのポーランド国民委員会

二月革命の勃発を受け、ドモフスキはそれまでのロシア政府をターゲットとする外交からの転換を求められることとなった。イギリス・フランスに働きかけるという姿勢は同じだが、それを通じてロシア政府に圧力をかけ統一と自治(ひいては独立)を認めさせるという方針から、イギリス・フランスそれ自体にポーランド独立を承認させる方向へ転換したのである。ロシア内政をいったん通すのではなく、直接ポーランド問題を国際政治の場へ引き上げ、さらに将来のポーランド国家に対する正統性を獲得しようとする活動が開始された。

新方針に従いドモフスキがまず行ったのは、ワルシャワからペトログラードへ移転していたポーランド国民委員会の再版を、ローザンヌに設置することであった。[137] これは、近い将来戦後の秩序形成を決定づけるのがイギリスとフランスであるとみたドモフスキが、いちはやくポーランド政府の核として設置したものであった。[138] この意図は、イギリスやフランスばかりでなく、ドイツやオーストリアにも正しく受け取られた。

上述のように、ロシア分割領においては、ドイツ占領当局の指示により臨時国家評議会が創設されたが、権威の低下により解散していた（一九一七年八月二六日）。それに対し、この解散のわずか一一日前である一九一七年八月一五日にローザンヌに設置されたポーランド国民委員会は、連合国側に立つポーランド人の支持を集めると共に、ポーランド人の正統な代表として国際社会に承認される可能性があった。そこでドイツ占領当局としては、臨時国家評議会に代わる新たな組織として、「摂政会議」を設置し、ドモフスキの国民委員会に対抗を試みたのである。

摂政会議を構成するメンバー三人は、いずれも元消極派であった。摂政会議には、ドイツ占領当局の承認を経て政府を任命する権限が与えられた。ただし、実際には制限が多く、部分的な自治権が付与されたにとどまった。そのため、摂政会議の設置に対する各陣営の見方は再び分かれ、元消極派の一部や諸党間政治グループ（第一の陣営）が摂政会議にやや協力的であったのに対し、独立左派（第三の陣営）がピウスツキ釈放等の要求をして対立姿勢を見せた。

こうして二月革命の勃発によって陣営間の分化・再編を経たロシア領ポーランドの政治情勢は、ドモフスキによりローザンヌのポーランド国民委員会が設置されたことによって、さらに勢力図を変化させた。ドイツ側の対ポーランド政策は、いずれの陣営を満足させる形にもなりえないままとなり、従ってポーランド国内の政治的統一を欠いたまま、十月革命を迎えることとなる。

十月革命

一九一七年一月二二日の大統領演説は、先述のとおりポーランド社会から非常な期待をもって歓迎された。他方で、ポーランド問題の国際化を嫌う分割列強だけではなく、イギリスもまた否定的な印象を抱いていた。四月二八日のハウスとアーサー・バルフォア（Arthur James Balfour, 1848-1930）の対談からは、ポーランドが独露間の緩衝国となることで、ドイツの目がフランスへ向かうことをイギリスが恐れていた様子がうかがえる。

彼〔バルフォア〕は、まずポーランドについて検討し、その国境がどのようになるべきかの輪郭を描いた。……再建され復活したポーランド、ドイツとロシアの間の緩衝国家として役立つに十分に大きく強いポーランドを、私は熱心に擁護した。……ロシアをドイツから切り離すポーランド国家に対する彼の不服は、それがドイツよりもフランスを害しはしないか、というものであった。ドイツに攻撃された場合、ロシアがフランスを助けに来る妨げとなる、という理由であった。私たちはこれから五〇年間のロシアよりも、むしろ今日のロシアについて考慮すべきであると私は思った。……しかしバルフォアは、ロシアの危険性よりも、ドイツの脅威に、より強い印象を受けていた(139)。

このときのハウスの論法は、ほぼドモフスキやパデレフスキの主張する「強い緩衝国としてのポーランド国家建国」をよく反映していたことが分かる。その根拠となるドイツ脅威論をバルフォアも共有していたが、しかし、ドイツの脅威をより大きく見積っていた（あるいはポーランドが強国となりうる可能性を低く見ていた）ために、ハウスの説得は成功しなかった(140)。ポーランド問題は、西側諸国において伝統的にロシア(及び分割列強)の内政問題であった。それと同時に、イギリスとフランスは、安全保障の観点からしても、ポーランドがロシアの枠内にとどまることを必要としていたのである。

他方で、ウィルソンもまた、一月の演説以降具体的な関与を行おうとはしなかった。先述のようにパデレフスキは、合衆国軍の中にポーランド人の軍を組織する許可をウィルソンに求めたが、時期尚早であるとして拒否された。そこで彼は国務長官ロバート・ランシング(Robert Lansing, 1864-1928)に協力を仰ぎ、地道な働きかけを続けた。パデレフスキの真剣さと魅力に説得されてしまったランシングは、一九一七年六月一二日、ウィルソンに書簡を送っている。その書簡において、彼は大統領に対して、フランスが既に西部戦線で戦うためにポーランド軍設置の骨格を形成するよう取り計らっているという認識を示し、当然東部戦線においても何か組織できるのではないか、と提案した。加えて、アメリカはポーランド軍創設の資金を供給するべきであるとした。そして、もしこの案や、同様の方針の案がウィルソンの賛成を得るなら、このテーマについて連合国の外交代表たちに打診すると締めくくった(141)。

しかし、ランシングがウィルソンに、連合国間の見解を調整する必要はなかった。一九一七年夏、ロシア軍の崩壊がもはや無視できなくなり、ドイツとオーストリアによるポーランド人の軍の使用が現実のものとなるのではないかという恐れが、イギリス外務省に合衆国政府との予備交渉を設けさせた。一九一七年七月二三日、在ワシントンのイギリス国大使は、国務長官に対し、「結論としてイギリス政府は、連合諸国に住んでいる全てのポーランド人(ドイツ・オーストリアいずれかの出身であっても)が、友人であると同時に将来の同盟者として、公然に認められるべきである」と認めると述べた。イギリス外務省によるこのような行動の結果として、各連合国におけるポーランド人共同体を代表するために委員会が設置されるべきであった(142)。

合衆国からの圧力が高まるにつれ、ポーランド問題は、イギリスにおいてより一層大きな重要性を呈していた。そこでは、合衆国においてと同様、帰化したポーランド人やその協力者が強力に組織されていた。ドモフスキらのポーランド国民委員会は、その一つの拠点となったのである。

一九一七年九月三日、イギリス政府とウィルソン及びハウスの間で連携するために、イギリス外務省はウィリアム・ワイズマン(William Wiseman, 1885-1962)を合衆国に派遣した。彼の任務の一つは、合衆国におけるポーランド問題の調査にあった。彼は、合衆国に到着すると即座にハウスとの長時間にわたる話し合いに入った。パデレフスキはワイズマンの任務を知るとすぐにハウスに会うべく急いだ。そして、ハウスにポーランド暫定政府としての国民委員会承認を急がせた(143)。

数日後、パデレフスキはウィルソン大統領に長々とした電報を打ち、フランス政府が政治的・戦略的必要から敵の配置を確認し、ポーランド軍を西部戦線に配備させることを決定した、と述べている。さらに、イギリス・フランス両政府は親ドイツ的な陰謀をやめさせるために、パリで形成されたポーランド国民委員会を「もし合衆国政府が同様に承認するなら」との条件で、「ポーランド問題に関する公式の専門家たち、かつ、ポーランド国民の非公式の代表者として」承認することで同意した、と伝えた。電報は、在フランスのポーランド国民委員会をポーランド人民の公式な代表者として承認するようにと懇願しており、「大統領閣下、この光と闇の……巨大な争いの問題は、あなたにかかっています。諸人民と諸政府の運命は、あなたの手中にあります。巨大な共和国の富と権力が、あなたを統合された人類の取り組みにおける第一の指導者とします。あなたの偉大さと寛容さが、あなたを神の軍 God's forces の最高の指揮者にします……」という、ウィルソンへの請願で終わっていた(144)。

こうして、イギリスとフランスが政策転換に傾きつつある中、合衆国の国民委員会の早期承認にとって唯一障害となっていたのがロシアであった。ロシア外務省は、ポーランド人が個別の軍を持つことを拒絶していた。同盟国がすぐにポーランド人を招集し、その兵力を増大させるのを恐れていたためであった。しかし先述のように、十月革命の勃発が、そうした障害を取り除いた。一九一七年一一月七日、ボリシェヴィキ革命から一週間もたたぬうちに、合衆国はパリのポーランド国民委員会を公式組織として承認した。

合衆国及びイギリスとフランスの承認によって、ドモフスキを代表とするポーランド国民委員会は国際的にポーランドを代表する正統性を認められたといえよう。しかし他方で、先に見たようにポーランド(とくにロシア領ポーランド)においては、二月革命及び十月革命期の政治勢力配置は不安定であり、また各陣営の方針も不明瞭になっていた。そうした中、ドイツの敗戦によって釈放されたピウスツキら第三の陣営は、国内において一定の勢力を保ったものの、各派を統一できず、とくに独立当初の組閣において人選に非常に苦慮することとなった。当初ピウスツキが組閣を依頼したイグナツィ・ダシンスキ(Ignacy Daszyński, 1866–1936)もイェンジェイ・モラチェフスキ(Jędrzej Moraczewski, 1870–1944)も、国内の国民民主党勢力の反対に遭い、それを無視して擁立することはできなかったのである。国内における分裂の危機が深刻化しつつある中、一九一九年一月、折から帰国したパデレフスキが首相に指名されたのは、決して名声のみを頼った偶発的人選ではなかった。国際的にポーランドを代表する立場にあるポーランド国民委員会のメンバーであり、かつその在米支部の代表であるパデレフスキは、国内の国民民主党からの支持を得ると同時に、ピウスツキからの信任によって左派をもまとめられるという稀有な位置に立つ存在であった。彼の就任によって初めて、独立国家ポーランドは動き始めたのである。

(1)　Adam Mickiewicz, "Litania Pielgrzymska," w: Mickiewicz, *Dzieła Adama Mickiewicza: wydanie zupełne przez dzieci autora dokonane* (Paryż, 1876), t. 4, s. 52–54.　パデレフスキはこの詩を好んで引用した。Louis Gerson, *Woodrow Wilson and the Rebirth of Poland 1914-1920*, p. 7.

（2） Piszczkowski, *Odbudowanie.*

（3） Wandycz, *France and Her Eastern Allies 1919-1925* は、戦間期にヨーロッパ外交において重要な位置を占めたとされる、フランス・ポーランド・チェコスロヴァキア関係に注目している。ヴァンディチは、第一次大戦の間に、大陸における古い政治的・社会的・経済的秩序が崩壊し、そこから、従来の関係が多くの異なった形態へ移行したとし、一九一九年のパリ講和会議から一九二五年のロカルノまで（ヨーロッパ外交において重要な位置を占めたとされる、フランス・ポーランド・チェコスロヴァキア関係が「東方のバリア」を作り、それによってドイツやロシア「ボリシェヴィキ」からヨーロッパの平和を確保しようと試みていた時期）を扱っている。

（4） Latawski, "Great Britain and the Rebirth of Poland 1914-1918," pp. 63-102.

（5） Davies, "The Poles in Great Britain 1914-1919," p. 63.

（6） Manijak, "Polish American pressure groups, Woodrow Wilson and the thirteenth point."

（7） Witkowski, "Roman Dmowski and the Thirteenth Point."

（8） Latawski, "Roman Dmowski, the Polish Question, and Western Opinion, 1915-18."

（9） Gerson, *Woodrow Wilson and the Rebirth of Poland 1914-1920*, p. 81.

（10） 講和会議自体が研究上の大きなテーマとなっているため、先行研究が多数存在していることは周知の通りであり、ここでは紹介しきれない。一九一八—一九年のドモフスキの外交活動に焦点をあてたものとして、Piotr S. Wandycz, "Dmowski's Policy at the Paris Peace Conference: Success or Fairure?" in Paul Latawski ed., *The Reconstruction of Poland, 1914-23* (London, 1992), pp. 117-132 等がある。

（11） デイヴィスの指摘にもあるように、講和会議における外交活動は、現実のポーランドの状況を何ら変えるものではなかった。ただし、デイヴィスの主張と本書が異なるのは、少なくとも一九一七年のロシア革命を契機とするパリの国民委員会の承認が、ポーランド国内の政治状況にも影響を与え、パデレフスキ政権を発足させたと考える点である。

パリのポーランド国民委員会は、西側諸国により承認されたあと、それを後ろ盾としてポーランド国内においても国民民主党系の組織を通じ一定の基盤を作り上げた。ドイツ・オーストリア占領下のポーランド国内においては、すでにピウスツキの政府組織が存在していたが、そこへ西側諸国の承認に基づく第二の政府組織が形成されたことになる。なお戦況のゆくえが不明確な中、相対立する外交志向を持った二つの政府が萌芽的に発生したのであった。

一九一八年一一月一一日、第一次大戦は終結する。すでに摂政会議によって軍最高司令官に任じられていたピウスツキは、一九一八年一一月一四日にガリツィアの社会主義運動の指導者ダシンスキに組閣を依頼した。しかし、ここで国民民主党勢力の反発を受け断念する。さらに四日後、穏健派のモラチェフスキを擁立したが、これに対しても反対に遭う。最終的に、戦勝側である西側諸国を無視できなかったピウスツキは、国民民主党を融和するという対応に出ざるをえなかった。そして、一九一九年一月一六日、パリ国民委員会のメンバーであったパデレフスキの政権が発足する。その意味で、西側諸国によるパリの国民委員会承認は、パデレフスキ政権の布石となったといえよう。

その後、一九一九年一月一九日から、同年六月に連合国側とドイツとの間でヴェルサイユ条約が調印されるまでパリ講和会議は続いたが、ポーランド国内の政治状況に対してはほとんど実効的な影響を及ぼさなかった。

(12)　Dmowski, "The Political Evolution of Poland," part I, pp. 54-68; Roman Dmowski, "The Political Evolution of Poland," part II, *The Russian Review*, vol. 3 (1914), pp. 84-99; Dmowski, *Problems of Central and Eastern Europe*.

(13)　Kozicki, *Historia Ligi Narodowej*.

(14)　*APIP*, t. 1-2.

(15)　それと前後して、彼の実践政治における理念実現の試み(ドイツ脅威論に基づき、ロシア帝国の枠内においてドイツからポーランドを守ろうとした)は、一九〇七年以降のドゥーマへの進出において既に始まっていた。第一ドゥーマにおいては、ロシア領ポーランドから議員に指示を与え、第二ドゥーマにおいては自ら議員として参加、ポーランド・サークルの代表となる。非合法活動を前提としていた従来の政治活動において、一部のポーランド人に『全ポーランド評論』の指導者として知られていただけのドモフスキが、一般に広く名を知られるようになり、また、政治家としての地位も確立することになった。

(16)　一九〇五年のロシア革命以降、やはりヨーロッパ戦争の危機を認識させた出来事として、モロッコ事件(一九〇六年)があった。特にインターナショナルにとって、戦争の阻止と、戦争が起こった場合にとるべき態度が、このとき既に問題となっていた。フレーリヒ『ローザ・ルクセンブルク』二〇〇頁。ただしポーランド政治に関して言えば、分割列強の一つが当事者となったモロッコ事件に比べ、分割列強同士が対立したバルカン危機は、自分たちの運命に直接関わる問題であり、全く意味合いの異なる危機であった。後者の場合、戦線がポーランドにおいて展開される恐れをはらんでいたし、実際にそのようになった。

(17)　このときオーストリアとロシアの間に発生した緊張について、ダシンスキは、「ポーランドの独立運動はこれを無視するわけにはいかなかった。いまにも戦争がはじまりそうな様子だったからである。戦争になればポーランドが戦場になることは必須であった。……戦争が始まればポーランド人は何をなすべきか。……戦争に参加すべきである。いかなる形で？　誰も墺軍の兵士になるつもりはなかった」と述べている。宮島『ポーランド近代政治史研究』五六頁。

(18)　この「ロシア志向」が、親ロシア的というより、反ドイツ的な選択に基づく志向であった点に注意が必要である。当時のポーランド社会において、一部のロシア化された文化的なサークルを除き、親ロシア派 rusofile("moskalofile")は、政治的な意味においてほとんど存在しなかったとされる。また、当時は誰一人として皇帝に共感を示しておらず、戦時中に国民民主党やその協働者らが国内の出版において「親皇帝陣営」という言葉を用いた場合があるにしても、表面的な使用に過ぎず、政治的・思想的には全く無意味であった。Piszczkowski, *Odbudowanie*, s. 25.

(19)　*Ibid.*, s. 21-22.

(20)　*Ibid.*, s. 24-25.　イタリア北西部の州ピエモンテは、イタリア統一運動の中心として知られ、一八六一年の統一後には同州のトリノがイタリア王国の首都となった。それになぞらえて、ガリツィアをポーランドの統一・独立運動の中心地とみなした。

(21)　ドモフスキがローマ教皇に謁見するため、ヴァチカンに滞在した際にこのような印象を受けたとされる。Dmowski, *Polityka polska*, t. 1, s. 248.

(22)　*Ibid.*, s. 67-68.

(23)　Piszczkowski, *Odbudowanie*, s. 24.

(24)　*Ibid.*, s. 22.

(25)　ピウスツキがヨーロッパ戦争に向けて準備を始めたのは比較的早い時期であった。ピウスツキは将来のポーランド軍の核にするべく、一九〇四年に社会党戦闘組織(OB)を設置した。しかしロシア領においてはそれが困難であると分かり、活動拠点をオーストリア領へ移した。そして墺領において当局の許可・黙認を受けつつ、積極闘争同盟(ZWC)や射撃手連盟(ZS)といった準軍事団体を創設した(オーストリア領においては射撃目的であれば市民も銃の練習をすることができたため)。一九一四年には、オーストリア領において七〇〇〇名が軍事訓練に励んでいた。戦争が勃発すれば、武装蜂起によって独立を回復できると彼らは考えていたが、全般的に銃の丁数は不足気味であった。従って実戦力としてと言うよりも、ポーランド独自の軍が存在することに、ポーランドを国家として国際的に認めさせるための象徴的な意味があったと考えられる。また、ピウスツキとしては、まずドイツとオーストリアがロシアを破り、しかる後にイギリスとフランスがドイツとオーストリアを破るという筋書きを立てていた。そのため、そのときどきの戦況に応じて優勢な側に移動することになる。伊東『ポーランド現代史』五六—五八頁。

(26) Piszczkowski, *Odbudowanie.*, s. 29.

(27) なおピウスツキは開戦後の一九一四年にこの案を実行したが、蜂起の呼びかけを現地のポーランド人住民に無視され作戦は完全に失敗する。

(28) 当時、ポーランド人のみで構成されるグループにおいて、親ドイツ派は極めて少数であった。これに対し、親オーストリア派つまり率直なオーストリア＝ハンガリーの共感者は数多く存在した。彼らはしばしば、独特のオーストリア・パトリオティズムの自覚すら持っていたという。結局のところ、ガリツィアのポーランド人が享受している自由は、同国人たちが生きる他の二つの分割領における状況と遙かにかけ離れており、多くに人々にとってそれはほとんど理想ですらあったのであり、そうなるのも自然なことであった。Piszczkowski, *Odbudowanie.*, s. 25.

(29) フレーリヒ『ローザ・ルクセンブルク』二三七—二三八頁。トニー・クリフ（浜田泰三訳）『ローザ・ルクセンブルク』現代思潮社、一九七五年、四二—四三頁。

(30) なお、第一次大戦が終結を迎えたときポーランドにおいては幾つかの政治的権威を目指す組織が並存していた。

・ドイツとオーストリアの両皇帝の宣言から設置されたワルシャワの摂政政府。ドイツの敗色が濃くなると次第にその後見を脱した。

・パリの国民委員会。ドモフスキが指導し、協商国の承認を得ていた。国際政治においてポーランド政府とみなされていた。

・オーストリア占領地区のクラクフにつくられたポーランド清算委員会（一〇月二八日組織）。ドイツとオーストリアの敗戦後は、事実上の西ガリツィア政府として機能した。

・ダシンスキを首班とする、ポーランド共和国臨時人民政府。オーストリア占領地区のルブリンにおいて樹立（一一月七日）。

・ロシア革命の影響下にある労働者代表評議会。

これらの準「ポーランド政府」は、いずれも一九〇七—〇八年頃にその萌芽を見いだすことができる。

(31) Drozdowski, *Ignacy Jan Paderewski*, p. 65.

（32）*Ibid.*, p. 66.

（33）Dmowski, *Polityka polska.*, t. 1, s. 174-175; Kawalec, *Roman Dmowski*, s. 144.

（34）Kawalec, *Roman Dmowski*, s. 144.

（35）ここではポーランド語版（原文はロシア語）を参照した。"Deklaracja Wiktora Jarońskiego, posła kieleckiego złożona w imieniu Koła Polskiego w Rosyjskiej Dumie, dnia 8 sierpnia 1914 roku," w: Dmowski, *Polityka polska.*, t. 2, s. 199.

（36）Kawalec, *Roman Dmowski*, s. 144-145.

（37）Piszczkowski, *Odbudowanie.*, s. 38.　ここでは、ポーランド語版を参照した。

（38）イギリスとフランス（とくにフランス）のポーランド人コミュニティにおける熱狂的な反応と、合衆国のそれにおける懐疑的な反応について、Witkowski, "Roman Dmowski and the Thirteenth Point," pp. 152-153.

（39）大公ニコライ・ニコラエヴィチはニコライ一世の孫にあたる。皇帝ニコライ二世自身は、反対に遭って最終的には署名しなかったが、この宣言を承認しており、「それは私の宣言でもある」と述べている。この宣言を主導したのは当時のロシア外務大臣サゾーノフであったと言われている。サゾーノフは、ガリツィアの自治モデルを参考にしていた。加えて、進歩的かつ反ドイツ的な層のロシア人の見解に趣旨が合致していたことが、宣言の背景にあった。Piszczkowski, *Odbudowanie.*, s. 40. これに対しウィッテは辛辣な批判をし、「オーストリア領ポーランド領土とプロイセン領ポーランド領土を我々が併合した瞬間に、我々はロシア領ポーランド全体を失うであろう。何か間違いを犯していないだろうか。領土的統一を回復したとき、……ポーランドは主張するであろう、そして獲得するであろう、その完全な独立を」と警告している。Witkowski, "Roman Dmowski and the Thirteenth Point," pp. 150-151, 153.

（40）Piszczkowski, *Odbudowanie.*, s. 39.

（41）*Ibid.*

（42）第一次大戦から二月革命までのポーランドの全般的な政治状況については、川名隆史「ロシア革命期のポーランド」『東欧史研究』第八号（特集：第一次世界大戦と東欧の再編）、一九八五年、四―二二頁のほか、E・H・カー（原田三郎、田中菊次、服部文男訳）『ボリシェヴィキ革命――一九一七―一九二三（ソヴェト・ロシア史1）』新装版、みすず書房、一九九九年、二三六―二三七頁を参照。

（43）Witkowski, "Roman Dmowski and the Thirteenth Point," p. 144.

（44）ドイツ・オーストリア側の占領の後、ドイツ・オーストリアで管轄区分が分割され、それぞれ異なる施政がなされた。ドイツは、一九一五年八月にワルシャワに総督府を置いた。ドイツにおける労働力不足によって、ロシア領ポーランドにおいては、事実上力ずくの徴募による労働力の強制的な調達が行われた。ポーランド人は主として、ドイツ東部の農業に従事したとされる。ドイツ内部においては、ポーランド問題への対処に関する議論があり、ポーランド国家再建に反対するプロイセンの保守派や、東部のドイツ化推進を求める全ドイツ連盟の要求、ドイツ従属下でのポーランド国家を認める見解などの間で対立が見られた。また、対外的にはオーストリア側の希望とも食い違いが見られた。ドイツの軍事当局がポーランド人住民に対して冷酷に振る舞ったのに対し、オーストリア軍は現地の住民の好意を得ようと努力していた。しかしオーストリア政府は、戦況が不利になるにつれて自信を失い、ロシア分割領における不確かな戦果よりもガリツィア（オーストリア分割領）の維持を、より一層重視するようになる。その関係で、ポーランド人ガリツィア総督は、戦前に就任したヴィトルト・コリトフスキ(Witold Korytowski, 1850-1923)が最後となり、彼の辞職以降はオーストリアのドイツ人のみが総督職に就き、全員がガリツィアのポーランド人の記憶に悪印象を残した。木村靖二、山田欣吾、成瀬治編『ドイツ史三――一八九〇年～現在』山川出版社、二〇〇四年、九一、九四頁。Piszczkowski, *Odbudowanie.*, s. 38.

（45）Kułakowski, *Roman Dmowski w świetle listów i wspomnień*, t. 2, s. 36.

（46）*Ibid.*, s. 36.

（47）Piszczkowski, *Odbudowanie.*, s. 41; Kułakowski, *Roman Dmowski w świetle listów i wspomnień*, t. 2, s. 178.

（48）Dmowski, *Polityka polska.*, t. 1, s. 202.

（49）Kułakowski, *Roman Dmowski w świetle listów i wspomnień*, t. 2, s. 36-37.

（50）*Ibid.*, s. 37.

（51）*Ibid.*, s. 37-38.

（52）*Ibid.*, s. 37.

（53）*Ibid.*, s. 38.

（54）西側へ渡航した当初の意図について、川名隆史によれば、一九一五年一一月時点ではまだポーランド問題の解決主体を西欧と設定するには時期尚早であった。ドモフスキの狙いは、英仏政府を通じてロシア政府に圧力をかけ、ポーランド問題に関する停滞を破ると共に、それが英仏にとっても利益になるという説得を行うことにあったのだとしている。川名隆史「ロマン・ドモフスキの野望」羽場久浘子編『ロシア革命と東欧』彩流社、一〇二―一〇三頁。確かに、西欧に渡った直後のドモフスキの活動に対して、イギリス政府は懐疑的であり、ロシアがこれだけ譲歩している以上、ポーランド問題を国際化させないほうが得策であろう、という見方がなされていた。そうした状況から判断するなら、ドモフスキにとって動かすべき対象は、いずれにせよロシア政府であったといえよう。

(55)　同上、一〇六頁。

(56)　Kułakowski, *Roman Dmowski w świetle listów i wspomnień*, t. 2, s. 22 は同様の分析を示しているが、アメリカの存在について触れていない。

(57)　先述のように、ドイツ軍(およびオーストリア軍)は一九一五年八月五日にワルシャワを占領し、まもなくロシア軍はポーランド全土から撤退した。これに先立ち、一九一四年八月、ニコライ・ニコラエヴィチ宣言において勝利の象徴の地として掲げられたグルンヴァルト(タンネンベルク)において、ロシアはドイツに敗れており、また一九一五年春にはオーストリア領ガリツィアからも撤退していた。

(58)　川名「ロマン・ドモフスキの野望」一〇二頁。

(59)　Dmowski, *Polityka polska*, t. 1, s. 247.

(60)　*Ibid.*, s. 338-339. 革命勃発の数週間前、ドモフスキは知人から革命の勃発が近いという報せを受けていたが、一貫して懐疑的な態度をとっていた。

(61)　*Ibid.*, s. 246.

(62)　フランスにおいては、「大亡命」の結果ポーランド人についてよく知られており(とくに芸術分野の影響が大きい)、ポーランド人がロシアに対して非妥協的な態度を取ることもよく理解されていた。それだけに、ポーランド問題の国際化がロシアを厄介な立場に追い込むのではないか、という懸念を抱かれやすいとドモフスキは判断したのであろう。「最初のうちフランス政府と接触しようと試みさえしなかった」と述懐している。*Ibid.*, s. 246-247.

(63)　ドモフスキは、イギリスにおける活動について一九二五年に回想し、「そこではポーランド問題の土壌が最低限準備されていた」だけでなく、「いずれかの問題に本当に精通し、熱中さえしている多くの優れた人々(多くの人々が私心なくそうしていた)に会うことができるという、イギリス世界の美点をとりわけ尊敬していた」と述べた。そして、「幅広い政治思想や、イギリスの善」をより一層深く理解するにつれて、イギリス政治がポーランドの支援を完全に要求するものであると納得したという。しかし、後に一九三七年になって、このときの見解を改めて「間違いを公然に認め」、「イギリスの支配階層の熱望は、概して、私が想像していたのとは反対であった。……イギリスにとって、概してドイツを弱めることは問題でなく、ただ世界政策からドイツが撤退することが問題だったのであり、ライバルを振り切ることや、プロイセン政治の道へドイツが回帰することが問題だったのである」とし、イギリスに対する一種の幻滅を述べている。*Ibid*., s. 247.

(64) これまでの研究において重視されてきたイギリス外務省との関係については、Davies, "The Poles in Great Britain 1914-1919," pp. 63-89 のほか、Latawski, "Roman Dmowski, the Polish Question, and Western Opinion, 1915-18" 等を参照。

(65) Kułakowski, *Roman Dmowski w świetle listów i wspomnień*, t. 2, s. 37.

(66) Dmowski, *Polityka polska*., t. 1, s. 247.

(67) もしかりに自分たちがドイツ側についていれば、こちらの要求はイギリス、フランス、ロシアにとって脅威となりえたかもしれない、と後にドモフスキは述べている。しかし、それはポーランド政治にとっても、「自殺行為」となりうる諸刃の刃であった。当時ドモフスキにできたのは、提案をし、ポーランド独立が互いにとって必要であり、連合国の利益になると説明することのみであった。*Ibid*., s. 253.

(68) *Ibid*., s. 253.

(69) ドモフスキは一九一五年に西側へ移って以降、在ロンドンのロシア大使アレクサンドル・ベンケンドルフ（Aleksandr Konstantinovich Benckendorff, 1849-1917）や在パリ大使のイズヴォルスキーと多くの関わりを持つようになった。二人の大使は、共に「広い知性と大きな文化を備えた人物で、私の行動に対して慎重な冷静さを維持していた。彼らは私に発言させようとしたり、私に何らかの圧力をかけたりしようとはしなかった。個人的な関係において、彼らは大きな親切や、（私は要求しなかったが）協力性さえ示した。われわれの話し合う言語は、専らフランス語であった。ついでに言うと、我々〔ポーランド〕の外交がすぐにもこの水準を習熟し、彼らの程度の人々を業務に就かせられればよいと、私は願っている」と回想している。*Ibid*., s. 246. 彼らとの頻繁な接触は、ポーランド問題を国際化させないようロシア政府によりドモフスキが行動を監視されていたことを意味している（イズヴォルスキーはドモフスキとの会談について外務大臣サゾーノフへ対談の内容を報告する書簡を送っている）。Kułakowski, *Roman Dmowski w świetle listów i wspomnień*, t. 2, s. 45-47.

(70) Dmowski, *Polityka polska*., t. 1, s. 250.

(71) *Ibid*.

(72) *Ibid.*, s. 251.
(73) ドモフスキは同盟国の諸政府にも覚書の写しを公表した。彼は、一九一六年三月一〇日、覚書のテキストを書簡及び口頭での説明と共に、イギリス外務省次官に手渡している。*Ibid.*
(74) *Ibid.*, s. 251-252.
(75) *Ibid.*, s. 252.
(76) *Ibid.*, s. 256.
(77) *Ibid.*
(78) *Ibid.*, s. 254-255.
(79) 川名「ロシア革命期のポーランド」六頁。
(80) Holzer i Molenda, *Polska w pierwszej wojnie światowej*, s. 197-198. ここではポーランド語版を参照した。
(81) それにもかかわらず、国家創設を認めるというこの宣言は、ポーランド社会に大きな衝撃を与えた。ワルシャワでは「ポーランド万歳！」「皇帝ヴィルヘルム万歳！」という声が上がり、この日のうちに、同様の祝典が、オーストリア軍の占領地域の中心であったブリンにおいて行われた。*Ibid.*
(82) 独自の軍の創設は、戦闘における能力はともかく、ポーランド国家が国際的に承認されるために必須であると考えられていた。
(83) Piszczkowski, *Odbudowanie*., s. 37.
(84) オーストリア政府は、オーストリアの直接の指揮下に、ポーランド人の軍事的組織を創設することに合意したが、ポーランド人の軍事組織は「戦いの直接的な目的」のために必要なのではなく、「諜報活動」のために必要とされていたのである。ロシア政府の下のポーランド人たちと接触し、ロシアの諸部隊がどのようなものか、どこに集まっているのか、どのような方向を目指しているのかを聞き出す、そうした情報の提供が期待されていたのであった。開戦直後には、総司令部や秘密諜報にあたる支部は、ポーランド人の助けを利用するのに十分乗り気であったが、主として念頭にあったのは王国領土や東方国境地帯における秘密諜報的及びサボタージュ的性格の援助であった。しかし、本当のポーランド軍を創設する際の問題や、創設に伴う政治的熱望が生じたとき、総司令部は急速に態度を硬化させた。*Ibid.*, s. 35-37.
(85) *Ibid.*, s. 37.

(86)　ドイツ軍の占領政策、とくに十一月五日宣言以降の臨時政府の設置について、単なる傀儡政権設立とは見ずに、長期にわたり外国に支配される一方であったポーランド人に準国家的組織の運営を経験させたとして、一定の評価を示す見方もある。伊東『ポーランド現代史』六二頁。なお、ロシア領ポーランドの処置に関する主導権をめぐるドイツとオーストリアの間の対立については、今野『マックス・ヴェーバーとポーランド問題』一八九―一九二頁。

(87)　合衆国へのポーランド人移民の概要については、Manjak, "Polish American pressure groups, Woodrow Wilson and the thirteenth point," pp. 62-77.

(88)　一九〇五年革命当時、在米ポーランド人社会の大部分がこの立場をとっていた。Drozdowski, *Ignacy Jan Paderewski*, p. 47.

(89)　宮島「政治家パデレフスキ」八五―八六頁。

(90)　一九〇九年にワルシャワに滞在した際には、ロシア・ドゥーマのポーランド人議員サークル(国民民主党がその中心となっていた)の活動を視察した。Drozdowski, *Ignacy Jan Paderewski*, pp. 52-53.

(91)　この記念碑は、パデレフスキが彫刻家アントニ・ヴィヴルスキ(Antoni Wiwulski, 1877-1919)に直接依頼し作成された。ちょうどこの時期、ロシアに対する懐柔的な対応が成果を上げず批判にさらされていたドモフスキは、活動に愛国的な要素を盛り込むことが必要だと考えていた。そのため、グルンヴァルト戦勝記念式典を組織するというパデレフスキの案を熱烈に歓迎した。式典には、おそらくドモフスキの計らいによりドゥーマのロシア人議員数人が参加し、ポーランドに対する共感と独立への支持を示す演説を行なった。*Ibid.*, pp. 52-56.

(92)　宮島「政治家パデレフスキ」八七―八八頁。その後、二人の関係は二度と温かな友情を取り戻さなかったとさえ言われている。なお、宮島直機が指摘するように、パデレフスキは単にドモフスキの指示に従って行動していたわけではなかったし、思想的に相容れない部分も存在した。その一つがユダヤ人に対する対応である。例えば一九一二年のドゥーマ選挙の際、ドモフスキはワルシャワ選挙区において敗北し、その後、ユダヤ企業に対する経済的ボイコットを宣言した。そのため、国民民主党員に選挙資金を提供していたパデレフスキは、「反ユダヤ主義への協力」を行ったとして合衆国のユダヤ系諸紙において広く批評された。それに対しパデレフスキは説明して、選挙キャンペーンに資金援助を与えたが、それはボイコットのためではないし、そうした行為は自身の見解や信念と相容れないものである、と述べた。また一九一三年末に、パデレフスキは合衆国において演奏ツアーを行ったが、その間にも、彼はドモフスキのユダヤ・ボイコットを支援したとして合衆国の新聞に批判されている。デンバーでのコンサート中にはラディカルな若者の小規模なグループが抗議のデモを組織した。こうした不愉快な経験の後、パデレフスキはツアーを中断し、資金提供はあくまで選挙活動用であってボイコット・キャンペーンに使用することは是認しなかったと反論した。

(93) 同上、五四―五六、六〇―六一頁。

(94) ウィルソン大統領は二期目の選挙を控えており、その際にポーランド系の票の動向が着目された。

(95) あくまで概算ではあるが、主だったもので、次のメンバーを擁しているとされた。Drozdowski, *Ignacy Jan Paderewski*, p. 60.

The National Polish Union（一二五万人）
The Polish Roman Catholic Union（一三万人）
The Polish Society in Chicago（四万人）
The First Association of Poles in Milwaukee（三万五〇〇〇人）
The Union of Polish Women（四万人）
The Polish Sokół organization（三万人）

(96) *Ibid.* 例えば、以下の諸組織があった。

The Polish Union in America（ニューヨーク）
The Polish Union of St. Joseph in Pittsburgh（ペンシルヴェニア）
The Polish Union in the United States（ペンシルヴェニア）
The Polish Army Union in Chicago（イリノイ）
The Union of Poles in America in Cleveland（オハイオ）
The Polish National Union in Scranton（ペンシルヴェニア）
The Life Insurance Society in Philadelphia（ペンシルヴェニア）
The Federation of Poles in America in Milwaukee（ウィスコンシン）
The Polish Delaware Association in Wilmington（デラウェア）
The Polish Roman Catholic Association in Detroit（ミシガン）

The Polish National Union in Brooklyn(ニューヨーク)

(97) *Ibid.*, pp. 71-72.　この覚書の骨子は、以下の諸点にまとめられる。

一、最近の政治的出来事は、ポーランド問題に国際的な性質を与えている。

二、分割列強は、一三〇〇万人のポーランド人に、同胞殺しの戦争において戦うよう強いている。

三、最も激しい反ポーランド的な報復は、ドイツ政府によって実施されている。それは植民地化の活動を企図しており、ポーランド語使用と宗教の実践に関する制約の導入を行なっている。

四、オーストリアがここ五〇年間に実施してきたリベラルな政策は、ガリツィアにおける諸政党から忠誠宣言を獲得している。

五、ロシア分割領のポーランド人は、忠誠を文書で証明した。それは、ニコライ・ニコラエヴィチ大公により宣言されたマニフェストがロシアにおける対ポーランド地域政策の変化の兆候を証明するであろう、と確信している。

六、自治権のあるポーランド行政の速やかな確立や、より一層リベラルな立法の導入や、ポーランド語使用の自由が、両国民〔ポーランドとロシア〕の利益となるであろう。

七、ロシア軍占領下のガリツィアにおいて実施されているロシア化政策は、社会的平穏を失わせる事実である。

八、共通の敵(とりわけ同盟国)に対抗する戦いにおいて、全てのポーランド人が結束する可能性は、ポーランドの自治への権利が尊重されるという条件でならば存在している。

(98) この二点をパデレフスキはしばしば論拠として強調している。例えば、一九一六年春には、ハーバート・ヘンリー・アスキス(Herbert Henry Asquith, 1852-1928)に対して「侵攻されたベルギー全体への食糧供給を実際的に英政府が行なっている一方、私の見る限りでは、侵攻されたポーランドへ送るために帝国中で集められた金額は、ベルギーへのそれに比べると小さいのです。……こうして踏みにじられている群集の家族は、連合国の大義のためにこんなにも勇敢に戦っているというのに」と訴えている。ニューヨークのパデレフスキからアスキス宛の書簡(合衆国からポーランドへ食料を運ぶための輸送手段を提供するよう依頼)。*APIP*, t.1, s.88.　アスキスは、一九一六年一月一五日に、既にベルギーで行っているのと同様の措置をポーランドに対して行なうと約束していた。このときドイツ占領下のポーランドにおいては、全般的な食糧不足のほか、小児の死亡率が非常に高くなっていた。しかし、乳幼児向けのミルクも含め食糧支援物資がそのままドイツ軍への供給になることをイギリス政府が懸念していたこともあり、輸送はまま滞りがちであった。Manjiak, "Polish American pressure groups,"

pp. 80, 100, 113.　なお、英仏におけるポーランド救済基金の活動に尽力したドモフスキの協力者ローレンス・アルマ・タデマ(Laurence Alma Tadema, 1864-1940)は、ベルギー救済基金においても活動しており、その際の経験がポーランドの事例にも応用されたと考えられる。タデマとの協働については Niklewska, "Anglicy przychylni i nieprzychylni Romanowi Dmowskiemu w świetle korespondencji z lat 1915-1917," s. 57-76 を参照。

(99)　その他、パデレフスキはエドワール・ド・ロスチャイルド(Édouard de Rothschild, 1868-1949)にも救済委員会への参加と資金援助を要請する書簡を送っている。ロスチャイルドは数日後に返答し、参加を承諾すると共に一万フランを拠出した。*APIP*, t. 1, s. 59-64.　パデレフスキはまた、作家のコンラッドを始めとする在英ポーランド人にも救済委員会への参加を求めた。しかし、コンラッドはもともとオーストリア=ポーランド的解決を望んでいた。M. B. Biskupski, "Conrad and the international politics of the Polish question, 1914-1918: Diplomacy, Under Western Eyes, or almost The Secret Agent," *Conradiana* 31, no. 2 (1999), p. 86.　それに加え、委員会へはフランス、イギリスのメンバーのほか、両国の同盟者であるロシアからも参加者が見込まれていた。そのため反ロシア感情が協働の妨げともなりえた。コンラッドは "With all deference to your illustrious personality must decline membership Committee where I understand Russian names are to appear. Conrad" という一文を送り、協力を断った。コンラッドからパデレフスキ宛電報(一九一五年三月二七日)について、*APIP*, t. 1, s. 67 参照。

(100)　Drozdowski, *Ignacy Jan Paderewski*, p. 73.

(101)　ただし、前述のように、半年もたたぬうちにロシア軍はガリツィアも含めポーランド全域から大退却することになる。

(102)　イギリスにおける活動の成果としては、パデレフスキに好意的であったアスキスやバルフォアとの対談に続いて、ロシア大使ベッケンドルフとの対談を行い、ポーランド救援基金 Polish Victims Relief Fund を設立している。その委員会には、イギリス社会の上流階層の人々や、政界の人々が加わった。メンバーの詳細については、Drozdowski, *Ignacy Jan Paderewski*, p. 73.

(103)　*Ibid.*, p. 74.

(104)　パデレフスキからアダモフスキ宛の電文(一九一五年三―四月頃)。ロシア領ポーランドにおける戦争被害や、政治状況、人々への支援が必須であることを伝えている。*APIP*, t. 1, s. 67-68.　ロシア軍は大退却の際、ポーランド人住民や工業施設にも強制的な立ち退きをさせたため、ポーランドの経済状況は一九一七年三月までには最悪の状態となっていた。とくにドイツ占領下においては占領当局による食糧や金属の徴発が続き、さらに住民の困窮と飢餓を招いた。Manijak, "Polish American pressure groups," p. 80; 川名「ロシア革命期のポーランド」六頁。

(105) その反面、英仏における活動には限界があった。英仏は苦境にある同盟者ロシアに配慮し、ポーランド問題について一致した態度をとる必要があった。従って、政治的観点からすれば、ロンドンやパリで行えることはほとんどなくなっていた。資金と食料を集めてポーランドへ送ると同時に、合衆国の世論や政策や重要人物の関心をポーランド問題へ向けさせることが、パデレフスキにとって最も火急の課題であった。

(106) ただし、後にドモフスキが行ったように英仏を通じてロシアに圧力をかけるという明確な意図があったかどうかは疑問がある。パデレフスキとしては、戦渦のポーランドに向けた支援活動を一貫して重視しており、対症的措置に比重を置いていた。そのため、既成事実となっている「(ロシア領内における)自治」の形式的追認を得るところから先へは進むことができなかった。

(107) Drozdowski, *Ignacy Jan Paderewski*, p. 77.

(108) *Ibid.*, p. 75. なお、戦争が勃発したとき在米ポーランド人を団結させたのはポーランド系ジャーナリズムであったとマニヤクは指摘している。当時、合衆国のポーランド系新聞は、日刊紙一五、週刊紙一六、発行部数は合計すると一二〇万部を超えていた。Manijak, "Polish American pressure groups," p. 85.

(109) *Ibid.*, p. 96.

(110) Gerson, *Woodrow Wilson and the Rebirth of Poland 1914-1920*, p. 67. ハウスの経歴については、Margaret MacMillan, *Paris 1919: Six Months That Changed the World* (New York, 2003), p. 17.

(111) 先述のように、ハウスとパデレフスキの関係が円滑に進んだ理由としては、在米ポーランド人社会を代表するパデレフスキの存在が、二期目を目指すウィルソンと選挙参謀ハウスにとってそれなりの重要性を持っていたという点が考えられる。ポーランド系の票を重視したのだという説に加えて、ペトログラードに拠点を置くポーランド国民委員会を通じてポーランドの戦争被害を救済する姿勢を見せることで、イギリス・フランス・ロシア側を支援する印象を与え、イギリスとフランスを支持する層の票を取り込もうとしたのだという見方もある。そのほか、同じく重要だったのが、パデレフスキの持つ情熱的な精神性が、ハウスにとって非常に魅力的に感じられたらしい点であったとする説明がある。パデレフスキの言辞はどちらかといえば大仰で時代がかっており、イギリスの政治家であれば口を歪めて微笑したであろう発言も時々見られた。そうした発言を、ハウスの場合は、ある種の素直さと実直さをもって真に受けていた。そして、パデレフスキ(即ポーランド問題)への協力について特有の使命感を抱いたようである。Gerson, *Woodrow Wilson and the Rebirth of Poland 1914-1920*, pp. 67-68; 宮島「政治家パデレフスキ――転換期の舞台で」八九頁。

(112) Manijak, "Polish American pressure groups," pp. 98-99.

(113) Gerson, *Woodrow Wilson and the Rebirth of Poland 1914-1920*, p. 68. 先述のように、パデレフスキは、連合国間の圧力関係に目を向けるドモフスキとは異なり、戦渦に苦しむロシア領ポーランドの住民を物質的に支援する食料・救援基金外交を主とした。その背景としては、彼自身の問題意識のほか、彼の支持基盤となっていた人々が、在外の、特に合衆国へ出稼ぎ移住したポーランド人であったという点がある。彼らの多くはポーランドに親類を残しており、自分につながる人々の具体的な救済が火急の要請であった。そうした在米ポーランド人社会の要求が、パデレフスキの政治活動の方針をある程度規定していたといえよう。

(114) *Ibid.*, pp. 68-69.

(115) MacMillan, *Paris 1919*, p. 6.

(116) このホワイトハウス訪問の日付ははっきりしていない。ハウスの日記には一九一六年三月七日付でホワイトハウスにおける音楽会の記載があることから、三月とする見方もある。例えば宮島「政治家パデレフスキ」八九頁。ただし Gerson, *Woodrow Wilson and the Rebirth of Poland 1914-1920*, p. 69, note 10 は断定できないとし、一九一六年夏としている。

(117) パデレフスキは十一月五日宣言に対するこうした趣旨の抗議文を、救済委員会の名において合衆国のポーランド系新聞に掲載した。また、事前にその内容をアスキスに伝えている。イギリスの世論や政府もまた同意見であるとアスキスは応じている(一九一六年一一月二九―三〇日)。*APIP*, t. 1, s. 94-95, 97.

(118) Gerson, *Woodrow Wilson and the Rebirth of Poland 1914-1920*, pp. 69-70.

(119) ウィルソンが選挙で勝利した後、実際のところ、彼のポーランドに対する興味は先細りになりかけたようである。彼はむしろ、調停による講和に連合諸国の関心を向けさせるという試みに夢中になっていた。それに対し、ハウスをはじめとするウィルソンの顧問たちは大半が親ポーランド的であり、ウィルソンを対ポーランド政策へと向かわせたとされる。*Ibid.*, p. 70.

(120) 宮島「政治家パデレフスキ」八九―九〇頁。Gerson, *Woodrow Wilson and the Rebirth of Poland 1914-1920*, p. 70.

(121) *APIP*, t. 1, s. 100-107.

(122) *Ibid.*, s. 107.

(123) 各王国の地理的範囲については *Ibid.*, s. 107-108. なお、東プロイセンについては、ケーニヒスベルク大公国(ないし共和国または自由都市)とし、引き続きドイツ領とするが、ポーランド領によってドイツ本土と切り離されるとした。「シュテティーンから東プロイセンまでの距離は、シアトルからアラスカまでのそれよりずっと短い」と締め括っている。*Ibid.*, t. 1, s. 108. 東プロイセンに関しては、上述の覚書の他に、別の覚書(東プロイセンとグダンスクを将来のポーランドに認める必然性について)が、一月二二日以前にワシントンで提出されたと見られる。*Ibid.*, s. 109-111.

(124) cf. Dmowski, *Problems of Central and Eastern Europe*, pp. 7-84.

(125) Gerson, *Woodrow Wilson and the Rebirth of Poland 1914-1920*, pp. 70-71.

(126) *Ibid.*, p. 71.

(127) Woodrow Wilson, “An Address to the Senate (22 January, 1917),” in Arthur S. Link et al. eds., *The Papers of Woodrow Wilson* (Princeton, 1982), vol. 40, pp. 533-539.

(128) 宮島「政治家パデレフスキ――転換期の舞台で」八九頁。Gerson, *Woodrow Wilson and the Rebirth of Poland 1914-1920*, pp. 71-72. パデレフスキもまた、ウィルソン発言を促したとして貢献を評価された。例えば *APIP*, t. 1, s. 114.

(129) とはいえ、合衆国の言及によって再びポーランド問題が未解決とされたのであるから、分割列強の政府は否定的な印象を受けた。ドイツは、ウィルソンは講和の場においてドイツから占領下のポーランドを奪うつもりであろうと見ていた。他方、ロシア政府はすぐにフランスと交渉を始め、フランスにアルザス・ロレーヌへの権利および東部国境画定を認める見返りに、西側国境を画定する権利を得てポーランドの大部分をロシアが奪回する、という内容で最終的に合意した(一九一七年三月一一日)。この合意は、帝政ロシアの最期の行為の一つであり、一九一七年革命を乗り切ることができなかった。Davies, *God's.*, p. 286.

(130) *Ibid.* 一九一七―一八年にかけて、西側諸国の対ポーランド政策は見る影もなく一変した。デイヴィスによれば、それは、部分的にはアメリカの参戦の結果であり、部分的にはロシア崩壊の結果であったが、最大の要因は、ドイツを妨害する手段を探して西側諸国が自暴自棄になり、ポーランド独立への従来の強硬な反対姿勢を放棄した点にあるという。確かに、西側諸国の対独政策上の理由は看過できないが、国内の政治状況にも影響を及ぼす形でなされた国際的なポーランド独立への推進は一九一七年のポーランド国民委員会承認にあると考え、最終的に米英仏にその決断を下させる契機となったのが一九一七年革命であったと仮定するため、本書においてロシア崩壊というファクターをより重視するアプローチをとった。

(131) Gerson, *Woodrow Wilson and the Rebirth of Poland 1914-1920*, p. 72.

(132) Manjak, "Polish American pressure groups," p. 80.

(133) 二月革命から十月革命までのロシア領ポーランドにおける政治状況については、川名「ロシア革命期のポーランド」六一一〇頁参照。

(134) 一九一七年六月のポーランド社会党第一三回党大会の決議においては、ドイツ占領当局の政策を非難し、それとの戦いが公言された。さらに、本来は共和制志向であるポーランド社会党は、十一月宣言の立憲王政を否定した。農民党もおおむねこれに賛同した。同上、七頁。

(135) 前掲の川名論文は、この時点をもって「第三の政治ブロック」の形成点と見ているが、ピウスツキ派は「積極派」寄りになっていた間も常に独自の判断を維持しており、その志向は一九〇八年頃からの連続性を持つため、本書においては第三の陣営の形成を第一次大戦勃発前とする見方をとった。

(136) 一九一七年七月、オーストリア軍の指揮下にあったポーランド軍団を含め、ドイツ軍の指揮下にポーランド人の兵士を再編する形で、ポーランド軍が創設された。この際、ドイツ・オーストリア皇帝に対する宣誓文書をめぐってピウスツキが抗議し、宣誓を拒否して臨時国家評議会から脱退した。これに独立左派が同調したため、ポーランド人将兵の多くが宣誓を拒否した。当局はポーランド軍を解体し、ピウスツキを逮捕した。ピウスツキとしては、宣誓そのものの問題ではなく、ポーランド軍創設の際の主導権を当局ではなく自分たちが持つこと、それによってポーランド社会党下部メンバーに対する求心力低下をおさえることが目的であった。結果としてピウスツキは、このとき逮捕されたことで、自らを独立のシンボルとすることに成功し、また戦後は対ドイツ協力の責めを負うのを回避できた。

(137) ローザンヌには、一九一五年末から地下組織が設置されていたため、委員会の組織が容易だったのであろう。この後、国民委員会はパリへ移動する。パリにおいて出された一九一八年八月一二日の宣言文は、創設の目的を「ポーランドに海への出入り口を与える地域も含め、全ポーランド領土を持つ独立ポーランド国家の創出」とし、「西側の隣国であるチュートン人の帝国にも対抗できる強国」の創設にあるとしている。そして、ポーランドは「中欧と東方において、彼ら〔ドイツ〕の拡張を防ぐ砦となる」と述べている。*APIP*, t. 1, s. 483.

(138) Dmowski, *Polityka polska.*, t. 2, s. 25-27.

(139) Gerson, *Woodrow Wilson and the Rebirth of Poland 1914-1920*, p. 73.
(140) バルフォアはすでにドモフスキとも対談しており、その外交活動について、ドモフスキはポーランドのために最も強い言葉で一般へのアピールを熱心に行っており、いまやロシア皇帝がいなくなった以上、協商は公式に、独立ポーランドを建設しつつあると発表するべきである。さもなければ、ドイツはポーランド軍の召集を行い、大きな脅威となるであろう、と主張していると理解していた。そのためバルフォアは、ドモフスキと対談した際、こう疑問を投げかけたという。
「ロシア皇帝は去り、それと共におそらく障害物も去ったが、しかしあなたはこの新しいロシア政府に、ロシア人が自分たちの領土の争う余地のない一部だとみなしているものを引き渡すところからスタートするように、要求できるかね？」

ドモフスキは可能であると考えたが、バルフォアは懐疑的で、次のように結論付けた。

「個人的には、利己的な西側の視点からすれば、私はむしろポーランドがロシア人の下で自治を得る方が望ましいと思う。なぜならもしあなた方がロシアと同盟国の間に完全に独立したポーランドを作れば、あなた方はロシアを西側から全く切り離してしまうからだ。ロシアは西側政治における一要素ではなくなるか、ほぼなくなるに等しい。ロシアは新ポーランド国家によって主としてドイツから分離される。そして、交戦諸国のいずれとも境を接しなくなる。さらに、もしドイツが将来フランスないし西側へ進む計画を持つなら、私が思うに、ドイツはこの新しい国家〔ポーランド〕によってロシア側からのいかなる行動からも守られるであろう。そして、それが西側文明の利害にかなっているか、私には全く分からない。……」*Ibid.*, p. 74.
(141) *Ibid.*, pp. 76-78.
(142) *Ibid.*, p. 78.
(143) このときパデレフスキは、イギリスの対ポーランド政策の転換がハウスのおかげであるとし、ナポレオン一世以来、ハウスが唯一、ヨーロッパの平和におけるポーランド再建の重要性を理解した人物だと述べている。こうした発言は、ハウスを「困惑で黙らせてしまった」。「彼は、もしナイーヴでないとすれば、無邪気 childlike であった」とハウスは日記に述べている。*Ibid.*, p. 80.
(144) *Ibid.*, p. 81.

終　章　パトリオティズムのパトスとロゴス

人生最高の価値の名のもとに、崇高な理想に鼓舞されて、何千何万の人びとが闘争に加わった。この理想のためにたおれた人もいるし、幸運にも生き残った人もいる。ところが、またしてもヒューマニティー、正義、自由、友愛という大仰な言葉から、生活が激しく沸騰し出した。そしてこれらの偉大な高貴な言葉から生まれたのは、悪臭ぷんぷんたる汚物の大きな山。あのなさけない連帯とやらのなれの果てが、これだったのか……(1)。

作家であり政治活動家でもあったイェジ・アンジェイェフスキ(Jerzy Andrzejewski, 1909-83)はその代表作『灰とダイヤモンド』(一九四六年)において、第二次大戦でワルシャワ蜂起を生き延びた青年が終戦を迎え思いに耽る場面をこのように描いた。青年は蜂起において独立をかけてドイツ軍と戦い、今また始まりつつあるソ連による占領と水際で戦っていた。ここに吐露されているのは、ポーランドが――その独立を願い各人の信条に従い行動した人々が、戦争の終結後に手にした日常における幻滅と疲弊であった。しかも、問題はそうした幻滅だけではなかった。かつてドモフスキの唱えたドイツ脅威論という不吉な思想がいまや説得力を持ち、第二次大戦において実現されてしまったのである。「絶対的脅威」による破壊と廃墟の後にやって来たのは、またも「耐えうる脅威」――ソ連による支配の予感であった。

一九一七年、「ロシア史におけるペテルブルク時代に終焉をもたらした」(2)ボリシェヴィキ革命により、ロシア帝政は崩壊した。帝政の消滅とロシア内政の民主化は、ドモフスキの予想以上に急激に、数々の非ロシア人の自治の成立を可能にした。そうしたロシアの変化と同時に、ドイツとオーストリアの敗戦によって第一次大戦が終結するという歴史の偶然が、ポーランドの独立をもたらしたのである。

一九一五年一一月以降、戦後の講和会議に至るまで、ドモフスキは主にイギリスやフランスでの外交活動に尽くし、ポーランド国内において政治の中心に戻ることはなかった。彼の「外交」がポーランド政治において有した真の意義は、十月革命直後の西側諸国によるポーランド国民委員会承認にあった。それが後のパデレフスキ政権成立の布石となったといえよう。一見華々しい国際会議における活躍は、もはや政治的には無意味であった。一九一八年一一月、病床のドモフスキを遠くパリに残したまま、ピウスツキを国家主席とするポーランド第二共和国は再生を遂げた。けれども、一世紀以上にわたる三帝国の支配の後にようやく訪れたこの新しい時代も、ポーランドの人々を平穏な日々へと導くものではなかった。

パデレフスキ内閣は当初、彼が首相と外務大臣を兼ねることにより、国内的統一と国際的正統性の承認とをもって、ポーランド問題の二つの要因を解決したかに見えた。しかしここで、再び旧いポーランドの帝国性である多重の民族集団が表面化し、しかも諸集団それぞれの独立論が一九世紀末からのナショナリズムの流れによって増幅され噴出したのであった。パデレフスキとドモフスキが、ヴェルサイユ講和条約の批准に際し「少数民族保護条約」の締結や東ガリツィア地方の領有権制限といった諸条件を受け入れざるをえなかったのは、必至であった。これらの批准によりポーランドの主権を損なったとして国内から批判を浴びたパデレフスキは、一九二〇年にポーランドを去った。

他方で、第一次大戦が終結し、ポーランドが独立したとき、内政におけるドモフスキの政治生命は既に終わりを迎えていた。彼は、戦前と比較するなら、戦間期には政治家としてほとんど見るべき活動をすることができなかった。それにもかかわらず彼の著作は読み継がれ、現代に至るまで議論を呼んでいる。この議論の持続性や評価の振幅の大きさは、単に第二次大戦後の文脈においてドモフスキが「反ユダヤ主義者」として批判されていることのみに由来するものではない。

一九三九年九月、ドモフスキの死の半年後に、彼が生前恐れ続けたドイツによるポーランド侵攻が起こった。そして一九四四年八月、ついにワルシャワ蜂起において武器をとった市民をナチスは鎮圧し、ソ連が静観する中、同年一〇月、熾烈な抵抗の末にポーランドの「魂の首府」(3)は壊滅した。冒頭の引用にあるように、蜂起のもたらした損害は、その市街を灰燼に帰しただけでなく、知識人層を中心とする甚大な人的被害を伴った。その後、半世紀にわたってポーランドの独立と自由は損なわれた。ポーランドは、ソ連の傘の下に収められ、長い従属のときを過ごすこととなるのである。国際社会が与えた独立の承認によって消滅したはずの、ポーランド問題の国際的要因——ポーランドを分割したもう一つの帝国性は、彼が恐れ続けた「新しい帝国」ドイツの侵攻により、再びポーランドの上に立ち現れたのである。

全ポーランド主義の限界

第一次大戦の終結と共に一世紀以上にわたり分割支配されてきたポーランドが再び国家として再建されたとき、人々は破壊からの復活と、その先にある生活における幻滅の予感を味わった。独立までの段階において、それまでの思想潮流を統合するパトリオティズムの思想として広い支持を集めた「全ポーランド主義」もまた、新たな問題とそれへの対処の限界を露呈しはじめた。

このとき問題となったのは、第一に、それまでは分割諸帝国の支配に抵抗し、批判的であることが基本的な姿勢であったのが、それだけでは理論的にも実際的にも現状の改善につながらなくなった点であった。分割下のポーランド政治において形成されてきた思想や手法は、いずれも独立後には通用しなくなっていたのである。第一次大戦において国際化された「ポーランド問題」は、確かに講和会議の場において「解決」された。しかしそこで再び内政における(ただし今度は外来の支配者の責任ではなく、自分たちの問題としての)「ポーランド問題」が、あらゆる側面において生じた。自力で生活を組み立て、かつては抵抗し批判するだけだった権力を自分たちが手にし、行使せねばならない。あんなにも求めていた悲願は、実現するや重荷となってのしかかった。

それに加えてより深刻なのが、国境策定に絡み生じた第二、第三の問題である。再建されたポーランドは政治・社会・経済的な困難に直面していた。それに加えて、中心的な問題の一つである国境の策定が、長期に及ぶ紛争の要因となった。東方においては大部分が軍事行動を通じて国境が策定され、また西方については列強の決定が顕著に現れた。(4)ドイツ領とりわけ炭鉱地帯が新生ポーランドの経済にとって必須と見たドモフスキは、この地域の獲得を強く求め、国際的な承認を得ようとした。他方で東方領域に強いこだわりをもつピウスツキは、ドモフスキの意図とは無関係に独自の軍事行動によって広範な東方領域の獲得に成功した。こうして、戦間期のポーランドは東西に不用意に拡張する結果となった。

そこで第二の問題は、会議外交の決定が、現実の国際環境における安全をポーランドに約束する実効的影響を及ぼさなかった点にあった。ドイツの敗北によって解決されたかに見えた「ドイツの脅威」は、西側への領土拡大によって、ドイツが持つ新しい帝国性の発現を促すという禍根を将来に残した。

そして第三の問題は、東方領域を大きく抱え込んだことにより、当然ながらそこに住む多数の非ポーランド人集団を包含する結果となり、ポーランドそれ自体の帝国性、つまりマルチエスニックな社会構成の表面化を促進した点にあった。国境自体が不明瞭かつ広域に及ぶ中、「ポーランド国内」に含まれる(ないしその境界線上に存在する)諸国民の存在という「第二の帝国性」が浮上した。しかも、一九世紀末のナショナリズムの洗礼を受け、彼らはそれぞれの統一と独立の論理を展開し始めていた。

これらの問題に対して、ドモフスキの「全ポーランド主義」は有効な解を与えることができたのであろうか。第一の問題については、むしろ階級や地域的な差異を超越し、国民を統合するという主張をどのように実現するのか、具体的な活動(もはや何らの規制もないはずであった)が問われることとなった。

また、第二の問題に関して言えば、彼の思想においてドイツの脅威が消えることは構造的にありえなかったといえる。なぜなら、全ポーランド主義はいわば全ドイツ主義の鏡像であり、全ポーランド主義が国民的統合のためのナショナリズムとして機能し続けるためには、絶えず全ドイツ主義を始めとする域内あるいは隣接する他のナショナリズムとの相互排除・競合を必要としたからである。

これは第三の問題についても同様であった。先述のように、全ポーランド主義の特徴の一つは、他の諸国民との競合において自己を強化・正当化し、国民的統合を図るメカニズムにあった。ポーランド国民は、常に他の国民との競合に身を置き、それによって自己の統合を維持し強化せねばならなかったのである。

以下では、全ポーランド主義が、世紀転換期のポーランドに顕在化した二つの帝国性と直面したときどのような現象が生じたのか、また、上記のうち第二、第三の問題にどのように対応したのかをまとめておく。

全ポーランド主義と二つの帝国性
――第一の帝国性(ドイツ、ロシア、オーストリアによる分割)との関係

まず、ドイツ、ロシア、オーストリアがもつ〈第一の帝国性〉、とりわけドイツのそれに、全ポーランド主義が直面した時、どのような現象が生じたのかを振り返ってみよう。

ポーランドを分割した三帝国が、ドモフスキの思想においてそれぞれどのように位置付けられているかを見てみると、上述のように、ロシアは、暴力的ではあるが文化的浸透力はそう強くは無い、いわば御しやすい帝国と認識されていた。(5)

他方、オーストリアにおいてはポーランド国民など域内の諸集団に配慮した寛容政策がとられており、臣民の満足度や忠誠度は比較的高かったと考えられる。そのため全ポーランド主義がいかにガリツィアのポーランド人を説得するかは、ドモフスキにとって大きな課題の一つであった。彼らは体制の転換そのものを望んだわけではなかったからである。(6)

しかし、オーストリア帝国の衰退が明らかになるにつれ、ナショナリズムが国内において優越していく。国民の平等化を進めるはずであったバデーニの言語令は、帝国内のチェコ人集団とドイツ人集団の対立をかえって昂ぶらせる結果となった。(7) オーストリア革命時には、既にこれまでの形で帝国を存続させることは事実上不可能になっていたのであり、オーストリア=ポーランド的解決を望んでいた人々にとってもその選択肢が消えたことは

認めざるを得なかった。

こうしてみると、ロシアやオーストリアの帝国性は、第一次大戦終結時には帝国の崩壊と共に一応消滅していたといえよう。

これらに対し、第六章において述べたように、ドイツは新しい帝国であった。ドイツはロシアやオーストリアといった旧い帝国の支配原理とは異なり、影響力の圏内にポーランドを取り込んだなら、そこを政治・言語・文化においてドイツ化し、ポーランド性を根絶することを目的とした。これは、ポーランド人に寛容な自治を与えるオーストリアの手法とは全く異なっていたし、表面的には暴力的であるものの文化的な浸透力の弱いロシアによる支配よりも大きな脅威であった。

しかも、第一次大戦における敗戦によって、一時的に消滅したかに見えたドイツの帝国性は、戦後に旧ドイツ領土を独立ポーランドが取り込んだことによって、後年になって再燃する余地を残したのである。

また思想的に見るなら、ドモフスキ自身ビスマルクに対して一定の評価をしているように、ドイツ・ナショナリズム(全ドイツ主義)は、ポーランド・ナショナリズム(全ポーランド主義)にとって一つのモデルとなっていた。そのメカニズムは近似的である(同様の関係が、ポーランドとウクライナ、ユダヤのナショナリズムについても生じた)と同時に、相互に対立を「必要としあう」関係にあった。

第二の帝国性——東方領域における諸国民との関係

ポーランドそれ自体が東方領域において有していた帝国性の帰結として、旧ポーランド領域内には、ユダヤ人やウクライナ人をはじめとする複数の集団が存在していた。先に述べたように、第一次大戦終結後にポーランドが東方領域も抱え込んだことによって、そうした多重の国民性は再び表面化することになった。しかも、ウクライナ・ナショナリズムやシオニズムに代表されるように、それぞれがナショナリズムの論理を持ち、国民的独立を目指していた。

全ポーランド主義は、ポーランド国民内部においては、シュラフタ、農民、労働者といった階級間の格差を超越しようとする国民統合の思想であった。しかし、社会ダーウィニズムの影響を受けた国民観は、国際社会を生存競争の場と認識し、他国民との競合にさらされることで、自己の内的統合を維持し強化するものであった。そして、「旧い帝国」であった共和国時代のマルチエスニックなあり方を否定したとき、彼の理想とする「ポーランド人」観にあてはまらない諸集団と国内において共生するという選択肢は存在しなかった。むしろ、国内や国境地帯における諸集団との対立や紛争の先鋭化は、避けがたい帰結として予定されていたといえよう。

結　論

本書は、「ポーランド問題」の解決に向けられたドモフスキの思想を検討の対象とし、その思想を支える二つの柱である国民形成論と帝国論が経た各段階を追い、彼が導いた最終的な解を明らかにするというアプローチをとった。本書の目的は、第一に、ドモフスキに対する評価の揺れとは別に、彼の著作や同時代人の歴史的・政治的文献や史料をもとにして彼に関する確定可能な事実を確定する点にあった。それは、肯定的にであれ批判的にであれ、ドモフスキという人物を理解する上で不可欠の作業であった。第二の目的は、「ポーランド問題」に対してドモフスキが導き出した解がどのようなものであったか、を示すことであった。それと関連した第三の目的は、彼が導いた解の限界を明らかにすることであった。

既に述べたように、「ポーランド問題」とは、「二重の帝国性」（ポーランドを分割した三国の帝国性と、共和国時代に由来するポーランド自身の帝国性）ゆえに失われたポーランドの独立をいかにして回復するか、という問題であった。「二重の帝国性」は、それぞれ、「ポーランド問題」の国際的要因と、国内的要因をなすものである。

ドモフスキは、彼の政治活動の最初期から、国民形成論と帝国論からなるナショナリズムの思想を構築し、世紀転換期ポーランドに存在する「二重の帝国性」を解消しようとした。一八九〇年代に始まる彼の政治的生涯において、その思想を支えるこれら二つの柱は、彼自身の政治的経験や、空間的・越境的移動に伴って、また国際政治の変動を受けて、大きく三つの段階を経て強化された。

まず、第一の段階である「全ポーランド主義」は、分割時代末期のロシア領ポーランドにおいて、一月蜂起後の弾圧が強まった時代の閉塞感の中で生まれた思想であった。これは、ロシア政府による抑圧的な支配に対する抵抗の思想であり、ポーランド人社会についても、また領土についても、既存の分割状態の回復を目指すものであった。確かに、シュラフタだけではなく、階級を超えた国民の統合が説かれているが、これは新たな国民を創出するというよりは、なお分断されたものを回復するという統合論の範囲にとどまるものであった。また、社会や領土の再統合に関しては、ロシア領ポーランドの会議王国がその中心として想定されており、その他の分割領についての現実的な考察はなおみられなかったといえる。

その後、ドモフスキはより自由な活動の場を求めて、オーストリア領のガリツィアへと入った。初めて異なる政治空間へと越境することによって、彼は、ガリツィアのポーランド人の成熟した議会制度の中での政治と、自身の進める非合法活動としての政治の隔たりを強く認識することとなった。これは、「全ポーランド主義」が理想とした再統合が直面した、最初の現実であったといえよう。

また、これと前後して、ドモフスキは西欧や南米といった海外への渡航を繰り返した。この経験は、より洗練されたヨーロッパ的なポーランド国民像を、彼の中で理想として形成させた。また、この時期には、もともと生物学を専攻していたこともあり、社会ダーウィニズムの思想など新しい知識を貪欲に吸収した。ヨーロッパ的な国民像という理想と、自然界に印象される国際社会における諸国民間の競合という考えは、彼の中で結びつき、ポーランドがどのような位置に置かれているのかを再認識させる契機となり、またその枠組みを与えたのだといえよう。彼の思想的展開の第二段階である社会ダーウィニズムの影響を受けた国民観・国家観は、こうして確立された。

この第二段階において、ドモフスキの帝国論は、ポーランドとロシア、そしてドイツとの関係を、より現実的に検討せざるをえなくなった。「全ポーランド主義」においては、今目の前にある暴力的な敵としてのロシアが主たる非難の対象であったのに対し、第二段階においては、俯瞰して、ドイツとロシアという二つの帝国を比較し、その構成論理を見極めた上で、新しい帝国であるドイツがより深刻な脅威であるという判断に至った。

そして、第三段階である、共和国という枠組みの打破が、「ポーランド問題」への最終的な解として示されることになった。というのも、一九〇八年のバルカン危機以降に、ヨーロッパひいては世界を巻き込む戦争の予感の高まっていたからである。ポーランド人だけではなく、「旧い帝国」内の様々な集団が、支配の終わりを予期し、それぞれのナショナリズムの論理を展開し始めていた。

第三の段階において示された彼の思想は、マルチエスニックな「旧い帝国」であったポーランド=リトアニア共和国時代の国民観・国家観の縛りから離れるという意思表示であると同時に、「二重の帝国性」の解消を意図するものであった。国民形成論からいうなら、シュラフタを支配層として多様な集団を抱え込む構造を脆弱だとして批判し、階級の障壁を取り払うという普遍性と、ポーランド人のみで構成される国民という排他性とを合わせ持つ、生存競争に耐えうる新しい国民の創出が求められた。他方で、帝国論においては、かつての広大な東方領域を大幅に削減し、かつ一七七二年国境にこだわらず、領土をドイツへ食い込む形で西進させることも辞さないという、強硬な案をドモフスキは示した。彼の思想において、ポーランド国民は、常に他の諸国民と切磋琢磨しなくてはならず、それによってのみ生存を維持できるものとされた。

では、こうした解は、「ポーランド問題」の国際的要因と国内的要因を解決したであろうか。第一次大戦において、三分割帝国は崩壊ないし敗北し、ポーランドを支配した第一の帝国性である国際的要因は消滅した。しかし、国内的にみるなら、戦後独立したポーランドは人口の三割を越すマイノリティ人口を抱え、ドモフスキの理念に沿うならば、果てしない闘争が国内や国境地帯において繰り返されることは避け難かった。さらに、ドイツの脅威に関しては、より進化した形で、国際的要因の再現に直面したのである。

本書の結論として、これまでの研究史において高く評価されてきたパリ講和会議におけるドモフスキの外交が、実は最大の業績ではなく、それより早い時期のローザンヌにおける国民委員会の設置こそが評価されるべきであった、という見解を述べた。ただし、ドモフスキ自身も回想しているように、彼の外交活動は、ポーランド独立に直接的な影響を及ぼしたわけではなかった。決定的であったのはロシアにおける十月革命の勃発と、それを受けた連合国(特に合衆国)の反応であった。

そして、彼の思想は、ポーランド人の国民的統合と独立を推進する思想であると同時に、同様のメカニズムを持つ他の国民集団のナショナリズムを排除し、対立を絶えず先鋭化させる思想であった。それは、新しい帝国であるドイツの侵攻や、第二の帝国性であるマルチエスニックな集団との内紛(これはユダヤ人との競合に限らない)など、不吉な将来の予見を含み込んでいた。たとえ全ポーランド主義の理想が実現しても、その先にはダーウィニズム的競合が続くのであり、そこに幸せな未来はなかったのである。それが、彼の思想が現在も批判される要因であり、かつ今日性を失わない理由であろう。

しかも、その不吉な予言は第二次大戦の歴史的事実によってある程度実現されてしまった。つまり、「絶対的脅威」であるドイツが壊滅的ともいえる損害をポーランドにもたらし、その後に「耐えうる脅威」であるソ連・ロシアが再来する、という展開である。これが、彼の思想の価値を高め、ある種の説得力を与えた。

ドモフスキは、一九三九年一月一日深夜、恐れていたドイツによるポーランド侵攻を見ることなく世を去った。夜は徐々にしか明けない、という。(8) 彼が眠りについたポーランドの地は、なお長く模索の時を過ごさねばならなかったのである。

(1) イエジィ・アンジェイェフスキ(川上洸訳)『灰とダイヤモンド(上)』岩波文庫、一九九八年、二三八頁。
(2) Dmowski, *Polityka polska.*, t. 1, s. 347.
(3) Dmowski, *Nasz.*, s. 3.
(4) 独立直後の主だった領土紛争としては、一、ポーランド=ウクライナ戦争、ズブルチ川までの東ガリツィア支配をめぐって(一九一八年一一月—一九一九年七月)、二、ポーランド=ドイツ紛争、ヴィエルコポルスカ支配をめぐって(一九一八年一二月—一九一九年二月)及び上シレジアをめぐって(一九一九年八月、一九二〇年八月、一九二一年五—六月)、三、ソヴィエト=ポーランド戦争、東方国境をめぐって(一九一九年二月—一九二一年三月)が挙げられる。また、比較的散発的に戦闘が続いたものとして、四、ポーランド=チェコスロヴァキア紛争、チェシンをめぐって(一九一九年一月—一九二〇年六月)、五、ポーランド=リトアニア紛争、ヴィルノをめぐって(一九一九年七月—一九二〇年一〇月)。Latawski, *Great Britain and the Rebirth of Poland 1914-1918*, p. xvii.
(5) Dmowski, "Nasze stanowisko.", s. 158.
(6) Adam Wątor, *Narodowa Demokracja w Galicji do 1918 roku* (Szczecin, 2002), s. 15.
(7) 福田宏『身体の国民化——多極化するチェコ社会と体操運動』北海道大学出版会、二〇〇六年、八六—八七頁。
(8) 岡義武「戊辰戦争終結後における攘夷の風潮」篠原一、三谷太一郎編『国民的独立と国家理性(岡義武著作集　第六巻)』岩波書店、一九九三年(初出一九三九年)、七九頁。

あとがき

ドモフスキの墓を訪ねたのは、二〇〇五年の初夏のことであったと思う。ワルシャワ市街からヴィスワ川を挟んだ対岸にあるプラガ地区へ電車を乗り継いで行ってみたものの、思いのほか広大な墓地は人影もまばらで、彼の墓所がどこにあるのか見当もつかない。赤や黄色のビンに入った蠟燭などを売る露天の人に訊いても、ドモフスキを知らないという。涼しい風の吹く中、戦前のものであろう古めかしい墓標の間をあてもなく歩いた(後に知ったが、このブルドノフスキ墓地は埋葬者数上ヨーロッパで最大規模といわれる墓地であった)。しばらくして初老の婦人に声をかけられ、電車に乗っていたときから危なっかしいと思って見ていたのだと言われた。人気のない墓場でひったくりにでもあったらどうするのか、という。そして、ほぼ四角い敷地の中で、私が入ったのと対角線上にある入り口近くに、彼の墓所があることを教えてくれた。

その墓碑はシンプルなプレートとレリーフでできており、取り立てて目立つところもない。他にも誰か来ていったらしく、すでに臙脂紫と白の芍薬《しゃくやく》の花束がそなえてある。一本だけ携えてきていた白の花を加えて、そこを後にした。すぐ傍には彼の両親らが葬られている。おそらく激動続きであったろう生涯を終えて、生まれ育ったプラガに眠る親しい人々の元へ帰ったのであろうと思った。

本書は、博士論文「国民的独立のパトスとロゴス――ドモフスキとポーランド問題　一八九三―一九一七年」(二〇〇八年三月に北海道大学より学位を取得、主査中村研一教授、副査遠藤乾教授及び吉田徹教授)に加筆・修正を施したものである。本文の大半は改めて書き下ろしたものだが、一部は、二〇〇六年七月から二〇〇七年一月にかけ『北大法学論集』に断続的に掲載された「国民的独立のパトスとロゴス(一～三)」に基づいている。ただし、こうした部分についても大幅な加筆や修正を行った。

本書の執筆途上においては、本書のもととなった博士論文の審査、コメントをしていただいたのをはじめ、法学研究科の先生方より多くの示唆を与えていただいた。本書第Ⅰ部の執筆を準備するにあたっては、福田宏先生(現在スロヴァキア日本大使館)から、チェコの例と対比しつつ、世紀転換期という時代がどのような意味と空気をもっていたのか、ポーランド・ナショナリズムの背後にあったものを教えていただいた。同僚の板橋拓己氏には、ドモフスキの思想の初期段階である全ポーランド主義の起源と特徴を検討していた際、全ドイツ主義についての知見を与えていただいた。また、本書第Ⅱ部において論じた諸点については、ドモフスキが目指した国家像について、権左武志先生より、第二帝政との対比を意識するようにとのご指摘を頂いた。さらに、ドモフスキの帝国論に関する筆者の解釈については、空井護先生より、国民国家を目指すナショナリズムと、新しい帝国の論理との異同をより明確にする必要があるとのご批判を頂いた。そのほか、ポーランド=リトアニア共和国の帝国性に関連して、五十嵐元道氏より、ポーランド・ナショナリズムとウクライナ・ナショナリズムが並行して先鋭化する構造にあった可能性を示唆していただいた。

そして、古矢旬先生(現東京大学)には、博士論文の提出直後から、幾度か拙稿に目を通していただき、特に合衆国におけるウィルソン研究の歴史と論点とを教えていただいた。

各先生より頂いたご批判やコメントは、いずれも論考の根幹に関わる問題に向けられているが、本書の中では、筆者の力不足ゆえにこれらのご指摘を十分に反映させることができなかった。諸先生に深く感謝を申し上げ、今後の課題としていきたい。

学外においても、主にポーランド史を研究されている諸先生より多くの知見を加えていただいた。伊東孝之先生、宮島直機先生より、『全ポーランド評論』など貴重な文献に接する機会を与えていただいたほか、会議王国における政治過程の基本的な見方を教えていただいた。そこから進んで、吉岡潤先生、安井教浩先生、小山哲先生、白木太一先生、梶さやか氏、井上暁子氏から多くのことを学び、分割期においてポーランド=リトアニア共和国の記憶が有した重要性についての考察の糸口を頂いた。

ポーランドでの在外研究の際には、グジェゴシュ・クシヴィエツ氏（ポーランド科学アカデミー歴史研究所）やヴワディスワフ・ブーハク氏（国立記憶院）の薫陶を受けた。両氏は、「国民国家ポーランド」の観点から狭く歴史をとらえがちであった筆者に、「マルチエスニックな共和国」の空間的な広がりを意識するよう諭してくださった。また、ワルシャワの独立博物館においては、ヨランタ・ニクレフスカ氏（現ワルシャワ歴史博物館）のご協力により、ロンドン滞在期を中心に一九一〇年代のドモフスキ関係の書簡類を閲覧させていただいた。本書に直接引用する機会はなかったものの、数カ月間に及んだ閲覧を通じて彼の人間像を広げることができたように思う。

「我々のパトリオティズム」などドモフスキの著作を訳出するにあたっては、工藤正廣先生のご指導を受け、折に触れて温かい励ましのお便りを頂いた。本文中の誤訳はひとえに筆者の不勉強によるものとして、予めお詫びしておく。

論文指導をしていただいた林忠行先生には、本書の草稿も含め、精度の安定しない原稿や中間報告の数々に対して、常に建設的な助言をしていただいた。

他にもお世話になった方々は多数いらっしゃり、全てのお名前を挙げることはできそうもない。この場を借りて感謝申し上げたい。

これまで研究を行うにあたっては、本学スラブ研究センターより、有形無形のご支援をいただいてきた。記して感謝を申し上げたい。

この拙い書の出版に際しては、日本学術振興会より研究成果公開促進費(平成二一年度科学研究費補助金)を頂いた。匿名での審査であったが、北海道大学出版会の査読委員の方より詳細なコメントを頂いた。未完成な原稿に対して改善すべき諸点を丁寧にご指摘くださり、修正を後押ししていただいた。深く感謝を申し上げたい。

なお、口絵の地図について、創土社より転載を快くお許しいただいた。また、写真についてはワルシャワ独立博物館より使用を許可していただいた。改めてお礼を申し上げたい。そして、北海道大学出版会の皆様、担当の滝口倫子氏には、大変お世話になった。ご尽力に感謝したい。

最後に、博士論文の執筆過程を通じて中村研一先生より日々与えられたご教示には、何を申し上げても不足になると思う。

二〇一〇年二月一五日

執筆を応援してくれた家族に

宮崎　悠

Żebym wszakże mógł dać wskazówki drukarni, muszę mieć wzory wszystkich druków: na tekst, przypiski, tytuły, rozdziałów, podrozdziałów (są u mnie i podrozdziały).

Pan wie, jak dbam o to, żeby moje twory były porządnie drukowane i jak się polegam pod tym względem na drukarni. Zawsze daję szczegółowe wskazówki, co do każdego rodzaju druku, rozumie się, czcionek.

Napisałem, żeby mi drukarnia wysłała wzory wszystkich z rozm.

身体の国民化
―多極化するチェコ社会と体操運動―
福田宏著
A5判・二七二頁
定価 四六〇〇円

一九三〇年代英国の平和
―レナード・ウルフと国際連盟体制―
吉川宏著
A5判・三九八頁
定価 五〇〇〇円

ドイツ社会民主党日常活動史
山本佐門著
A5判・三八四頁
定価 六四〇〇円

近世ハンガリー農村社会の研究
―宗教と社会秩序―
飯尾唯紀著
A5判・二三四頁
定価 五〇〇〇円

複数民族社会の微視的制度分析
―リトアニアにおけるミクロストーリア研究―
吉野悦雄著
A4判・一九二頁
定価一二〇〇〇円

ロシア帝国の膨張と統合
―ポスト・ビザンツ空間としてのベッサラビア―
志田恭子著
A5判・二九八頁
定価 三二〇〇円

ロシア革命と東方辺境地域
―「帝国」秩序からの自立を求めて―
西山克典著
A5判・四八四頁
定価 七二〇〇円

ロシア帝国民族統合史の研究
―植民政策とバシキール人―
豊川浩一著
A5判・五八四頁
定価 九五〇〇円

〈定価は消費税を含まず〉

北海道大学出版会

宮 崎　悠(みやざき はるか)
1978 年　北海道小樽市生まれ
2008 年　北海道大学大学院法学研究科博士後期課程修了
　　　　博士(法学)
現　在　同法学研究科助教
専　攻　国際政治，ポーランド近代史

ポーランド問題とドモフスキ――国民的独立のパトスとロゴス

2010 年 2 月 28 日　第 1 刷発行

著　者　宮 崎　悠
発行者　吉 田 克 己

発行所　北海道大学出版会
札幌市北区北 9 条西 8 丁目 北海道大学構内(〒 060-0809)
Tel. 011(747)2308・Fax. 011(736)8605・http://www.hup.gr.jp

アイワード／石田製本

ISBN978-4-8329-6721-2

事項索引

や　行

ら　行

わ　行

人名索引

あ 行

アブラハモーヴィチ(Dawid Abrahamowicz, 1839-1926)　170, 175, 185
アレクサンドル一世(Aleksandr I Pavlovich, 1777-1825：在 1801-25 年)　34, 59
アレクサンドル・ベンケンドルフ(Alexander Konstantinovich Benckendorff, 1849-1917)　260
アレント(Hannah Arendt, 1906-75)　108
アンジェイェフスキ(Jerzy Andrzejewski, 1909-83)　303
イズヴォルスキー(Alexandr Petrovich Izvolsky, 1856-1919)　254, 259, 260
ヴァシウティンスキ(Bohdan Wasiutyński, 1882-1940)　253
ヴァシレフスキ(Zygmunt Wasilewski, 1865-1948)　54, 253
ウィェイスキ(Kornel Ujejski, 1823-97)　167
ヴィッテ(Sergei Yulievich Vitte, 1849-1915)　138
ヴィトス(Wincenty Witos, 1874-1945)　2
ウィルソン(Woodrow Wilson, 1856-1924)　1, 43, 270-276, 281-282
ヴィルヘルム二世(Wilhelm II, 1859-1941)　262
ウェーバー(Max Weber, 1864-1920)　193

か 行

カチコフスキ(Zygmunt Kaczkowski, 1825-96)　167
カール一世(Karl I, 1887-1922)　162
グウォンビンスキ(Stanisław Gąłbiński, 1862-1943)　178, 186
グトリー(Aleksander Guttry, 1813-91)　167
クロパトキン(Aleksei Nikolaevich Kuropatkin, 1848-1925)　138, 145
グロホルスキ(Kazimierz Grocholski, 1815-88)　168, 169
ゴウホフスキ(Artur Gołuchowski, 1808-1893)　167
ゴウホフスキ(子)(Agenor Gołuchowski (jr.), 1849-1921)　170
ゴウホフスキ(父)(Agenor Gołuchowski (st.), 1812-75)　167
コジツキ(Stanisław Kozicki, 1876-1958)　54, 64, 237, 251
ゴレムイキン(Ivan Goremykin, 1839-1917)　251
コンスタンティン・パヴロヴィチ(Konstantin Pavlovich, 1779-1831)　34
コンラッド(Joseph Conrad, 1857-1924)　296

さ 行

サピエハ(Adam Sapieha, 1828-1903)　167
ザレスキ(August Zaleski, 1883-1972)　42
ザレスキ(Wacław Michał Zaleski, 1799-1849)　164
ジェドゥシツキ(Wojciech Dzieduszycki, 1848-1909)　185
ジェミアウコフスキ(Florian Ziemiałkowski, 1817-1944)　164, 166, 168
ジェロムスキ(Stefan Żeromski, 1864-1925)　225

シェンキェヴィチ(Henryk Sienkiewicz, 1846-1916)　83, 84, 93
シフィエントホフスキ(Aleksander Świętochowski, 1849-1938)　93, 114
シマンスキ(Roman Szymański, 1840-1908)　159
シュミット(Carl Schmitt, 1888-1985)　115
スヴャトポルク=ミルスキー(Pyotr Sviatopolk-Mirskii, 1857-1914)　139
スタインチク(Stańczyk, ca. 1480-1560)　100
スタディオン(Franz Stadion, 1806-53)　165
ストルイピン(Pyotr Arkad'evich Stolypin, 1862-1911)　175
ストロバッハ(Antonín Strobach, 1814-56)　166
スペンサー(Herbert Spencer, 1820-1903)　89, 106
スモルカ(Franciszek Smolka, 1810-99)　164, 165
セイダ(Marian Seyda, 1879-1967)　159, 160

た　行

ダーウィン(Charles Darwin, 1809-82)　113
ダシンスキ(Ignacy Daczyński, 1866-1936)　283
タフト(William Howard Taft, 1857-1930)　269
チャルトリスキ(Adam Jerzy Czartoryski, 1770-1861)　4, 13, 195
デンビツキ(Zdzisław Dębicki, 1871-1931)　91, 189, 190
ドゥナイェフスキ(Julian Dunajewski, 1821-1907)　169
ドゥルノヴォ(Piotr Nikolajewicz Durnowo, 1844-1915)　213
トラウグット(Romuald Traugutt, 1826-64)　35
ドンブロフスキ(Jan Henryk Dąbrowski, 1755-1818)　242

な　行

ナウマン(Friedrich Naumann, 1860-1919)　200
ナポレオン・ボナパルト(Napoléon Bonaparte, 1769-1821)　34, 155
ニコライ一世(Nikolai I Pavlovich, 1796-1855：在 1825-55 年)　34, 35
ニコライ・ニコラエヴィチ(Nikolai Nikolaevich, 1856-1929)　235, 246
ネーミア(Lewis Nemier, 1888-1960)　52, 161
ノヴィツキ(Franciszek Nowicki, 1864-1935)　101

は　行

ハウス(Edward House, 1858-1938)　43, 268-272, 274, 276, 280, 282
バーティ(Francis Bertie, 1844-1919)　267
バデーニ(Stanisław Badeni, 1850-1912)　174, 175
バデーニ(Kazimierz Badeni, 1846-1909)　169, 170, 308
パデレフスキ(Ignacy Jan Paderewski, 1860-1941)　1, 43, 236, 237, 264-275, 280-283
パーマストン(Henry John Temple Palmerston, 1784-1865)　195
バリツキ(Zygmunt Balicki, 1858-1916)　82, 156
ハルトグラス(Apolinary Hartglas, 1883-1953)　77
バルフォア(Arthur James Balfour, 1848-1930)　280
ピウスツキ(Józef Piłsudski, 1867-1935)　2, 20, 41, 46, 58, 69, 74, 134, 141, 224, 242, 248, 250, 265, 277, 278, 283, 306
ビスマルク(Otto von Bismarck, 1815-98)　61, 156, 209, 217, 309
ピニンスキ(Leon Piniński, 1857-1938)　185
ビューロー(Bernhard von Bülow, 1849-1929)　157, 216
ビリンスキ(Leon Biliński, 1846-1923)

169, 170
フェルディナント一世(Ferdinand I, 1793-1875)　162, 164, 166
フシャノフスキ(Bernard Chrzanowski, 1861-1944)　157, 159
ブジョゾフスキ(Karol Brzozowski, 1821-1904)　167
フランツ二世(オーストリア皇帝フランツ一世)(Franz II, 1768-1835：オーストリア皇帝位 1804-35)　162
フランツ・ヨーゼフ一世(Franz Joseph I, 1830-1916)　162, 166, 240, 262
フリードリヒ二世(Freidrich II, der Große, 1712-86：在 1740-86)　154, 217
プルス(Bolesław Prus, 1847-1912)　83, 93
プレーヴェ(Vyacheslav Konstantinovich Pleve, 1846-1904)　138, 145
ヘイデンライヒ(Michał Kruk-Heydenreich, 1831-86)　167
ベゾブラーゾフ(Aleksandr Mikhailovich Bezobrazov, 1855-没年不明)　138
ポアンカレ(Raymond Poincaré, 1860-1934)　267
ポトツキ(Andrzej Potocki, 1861-1908)　174, 175
ポブク-マリノフスキ(Władysław Pobóg-Malinowski, 1899-1962)　44, 127
ポプワフスキ(Jan Popławski, 1854-1908)　4, 64, 65, 156, 157, 160, 172, 173

ま　行

マブリ(Gabriel Bonnet de Mably, 1709-85)　225
マリア・テレジア(Maria Theresia, 1717-80：在 1740-80)　154, 160, 162, 163
ミウコフスキ(Zygmunt Miłkowski, 1824-1915)　126, 200, 201
ミツキェヴィチ(Adam Mickiewicz, 1798-1855)　4, 234
メッテルニヒ(Klemens von Metternich, 1773-1859)　162

や　行

ヤヴォルスキ(Apolinary Jaworski, 1825-1904)　169
ヤヴォルスキ(Władysław Leopold Jaworski, 1865-1930)　186
ヤヒモーヴィチ(Hryhorii Iakhymovych, 1792-1863)　166
ヤブウォノフスキ(Władysław Jabłonowski, 1865-1956)　72, 90, 249, 250
ヤロンスキ(Wiktor Jaroński, 1870-1931)　244, 245
ヨーゼフ二世(Joseph II, 1741-90：在 1765-90)　162
ヨトコ-ナルキェヴィチ(Witold Jodko-Narkiewicz, 1864-1924)　134

ら　行

ラブスキ(Władysław Rabski, 1865-1925)　157
ランシング(Robert Lansing, 1864-1928)　281
リボー(Théodule-Armand Ribot, 1839-1916)　90
ルクセンブルク(Rosa Luxemburg, 1870/71-1919)　74, 242
ルソー(Jean-Jacques Rousseau, 1712-78)　225
ルナン(Ernest Renan, 1823-92)　90
ルベー(Émile Loubet, 1838-1929)　267
ルボミルスキ(Jerzy Lubomirski, 1817-72)　164
レイモント(Władysław Reymont, 1867-1925)　92-94
レオポルト二世(Leopold II, 1747-92：在 1790-92)　162

わ　行

ワイズマン(William Wiseman, 1885-1962)　282

参考文献

〈未公刊資料〉

I. Biblioteka PAN w Krakowie

Teka Zielińskiego

1. Stanisław Kozicki, *Pół życia politycznego. Pamiętnik*, t. 3, Biblioteka PAN w Krakowie, Rkps, Sygn. 7849.
2. Włodzimierz Bartoszewicz, *Wspomnienia 1900-1919*, Sygn. 7841/Mikro 1474.
3. Listy Romana Dmowskiego, Sygn. 7808-9.

II. The National Archives London

"The National Democrats and the Jewish Boycott" in Memorandum on the Present Condition of Political Parties in the Kingdom of Poland (The National Archives London: Cabinet Foreign Office, PRO, FO 371/3279-169676).

III. Muzeum Niepodległości w Warszawie

Listy Romana Dmowskiego〔zbiory Fundacji Narodowej im. Romana Dmowskiego, bez sygn.〕

〈公刊資料〉

Edgar Jones ed., *Selected Speeches on British Foreign Policy 1738 to 1914* (Montana, 2004).

Arthur S. Link et al. eds., *The Papers of Woodrow Wilson* (Princeton, 1982-1984), vol. 40, 45.

Andrzej Wyczański et al. eds., *Historia Polski w liczbach: państwo, społeczeństwo* (Warszawa, 2003).

〈ロマン・ドモフスキ著作〉

Roman Dmowski, *Nasz patriotyzm* (Berlin, 1893).

Roman Dmowski, "Ojczyzna i doktryna (maj 1902 r.)," w: Dmowski, *Dziesięć lat walki* (Częstochowa, 1938), s. 45-56.

Roman Dmowski, "Dziwna koalicja (grudzień 1902 r.)," w: Dmowski, *Dziesięć lat walki* (Częstochowa, 1938), s. 109-115.

Roman Dmowski, "Wobec kryzysu rosyjskiego (luty 1903 r.)," w: Dmowski, *Dziesięć lat walki* (Częstochowa, 1938), s. 302-314.

Roman Dmowski, *Myśli nowoczesnego Polaka* (Warszawa, 1934) 〔1903〕.

Roman Dmowski, "Nasze stanowisko wobec Niemiec i Rosji (lipiec 1903 r.)," w: Dmowski, *Dziesięć lat walki* (Częstochowa, 1938), s. 148-159.

Roman Dmowski, "Wobec wojny rosyjsko-japońskiej (czerwiec 1904 r.)," w: Dmowski, *Dziesięć lat walki* (Częstochowa, 1938), s. 358-364.

Roman Dmowski, "Doktryna i realizm w polityce (sierpień 1904 r.)," w: Dmowski, *Dziesięć lat walki* (Częstochowa, 1938), s. 208-216.

Roman Dmowski, *Niemcy, Rosja, i kwestia polska* (Częstochowa, 1938) 〔1908〕.

Roman Dmowski, "The Political Evolution of Poland," part I, *The Russian Review*, vol. 2 (1913).

Roman Dmowski, "The Political Evolution of Poland," part II, *The Russian Review*, vol. 3 (1914).

Roman Dmowski, *Problems of Central and Eastern Europe* (London, 1917).

Roman Dmowski, "Poland, Old and New," in J. D. Duff ed., *Russian Realities & Problems* (Cambridge, 1917).

Roman Dmowski, *Polityka polska i odbudowanie państwa* (Warszawa, 1988) 〔1925〕, t. 1-2.

〈二次文献〉

外国語文献

Gary A. Abraham, "Max Weber: Modernist Anti-Pluralism and the Polish Question," *New German Critique*, no. 53 (1991), pp. 33-66.

Benedict Anderson, *The Spectre of Comparisons: Nationalism, Southeast Asia, and the World* (1998; repr., London, 2002).〔ベネディクト・アンダーソン（糟谷啓介ほか訳）『比較の亡霊：ナショナリズム・東南アジア・世界』作品社，2005 年。〕

Marek Białokur, Mariusz Patelski i Andrzej Szczepaniak red., *Roman Dmowski i jego współpracownicy* (Toruń, 2008).

M. B. Biskupski, "Conrad and the international politics of the Polish question, 1914-1918: Diplomacy, Under Western Eyes, or almost The Secret Agent," *Conradiana* 31, no. 2 (1999), pp. 84-98.

Robert E. Blobaum, *Rewolucja: Russian Poland, 1904-1907* (Ithaca, 1995).

Marek Borucki, *Konstytucje polskie 1791-1997* (Warszawa, 2002).

Władysław Bułhak, *Dmowski—Rosja a kwestia polska: u źródeł orientacji rosyjskiej obozu narodowego 1886-1908* (Warszawa, 2000).

Władysław Bułhak, "The Road to Głęboczyca: Polish Historical Culture at the Crossroads," in Klas-Göran Karlsson and Ulf Zander eds., *Holocaust Heritage: Inquiries into European Historical Cultures* (Malmö, 2004), pp. 143-156.

Władysław Bułhak, "Maciej Łagoda, *Dmowski, naród i państwo. Doktryna polityczna „Przeglądu Wszechpolskiego" (1895-1905)*, Poznań 2002, Agencja eSeM, ss. 287," *Kwartalnik Historyczny* CXII, nr 2 (2005), s. 155-162.

Józef Buszko, *Polacy w parlamencie wiedeńskim: 1848-1918* (Warszawa, 1996).

Norman Davies, *Heart of Europe: The Past in Poland's Present*, rev. ed. (Oxford, 2001).

Norman Davies, *God's Playground: A History of Poland*, rev. ed. (Oxford, 2005), vol. 2.

Norman Davies, "The Poles in Great Britain 1914-1919," *Slavonic and East European Review* 50, no. 118 (1972), pp. 63-89.

Marian Marek Drozdowski, *Ignacy Jan Paderewski: zarys biografii politycznej*, wyd. 3cie (Warszawa, 1986). 〔Marian Marek Drozdowski, *Ignacy Jan Paderewski: A Political Biography in Outline* (Warsaw, 1981), trans. by Stanisław Tarnowski.〕

Piotr Eberhardt, *Polska i jej granice: z historii polskiej geografii politycznej* (Lublin, 2004).

Piotr Eberhardt, *Twórcy polskiej geopolityki* (Kraków, 2006).

Alvin Marcus Fountain, *Roman Dmowski: Party, Tactics, Ideology 1895-1907* (New York, 1980).

Alison Fleig Frank, *Oil Empire: Visions of Prosperity in Austrian Galicia* (Cambridge, 2005).

Louis L. Gerson, *Woodrow Wilson and the Rebirth of Poland 1914-1920: A Study in the Influence on American Policy of Minority Groups of Foreign Origin* (New Haven, 1953).

William W. Hagen, *Germans, Poles and Jews: The Nationality Conflict in the Prussian East, 1772-1914* (Chicago, 1980).

Christopher Hann and Paul Robert Magocsi eds., *Galicia: A Multicultured Land* (Toronto, 2005).

Dirk Hoerder, *Cultures in Contact: World Migrations in the Second Millennium*

(Durham, 2002).

Jerzy Holzer i Jan Molenda, *Polska w pierwszej wojnie światowej* (Warszawa, 1967).

Alexander V. Issatschenko, "Russian," in Alexander M. Schenker and Edward Stankiewicz eds., *The Slavic Literary Languages: formation and development* (New Haven, 1980), pp. 118-142.

Andreas Kappeler, *The Russian Empire: A Multiethnic History* (Harlow, 2001), trans. by Alfred Clayton.

Krzysztof Kawalec, *Roman Dmowski: 1864-1939* (Wrocław, 2002).

Bohdan Klid, "Volodymyr Antonovych: the Making of a Ukrainian Populist Activist and Historian" (PhD diss., University of Alberta, 1992).

Stanisław Kozicki, *Historia Ligi Narodowej (okres 1887-1907)* (Londyn, 1964).

Grzegosz Krzywiec, *Szowinizm po polsku: Przypadek Romana Dmowskiego (1886-1905)* (Warszawa, 2009).

Mariusz Kułakowski, *Roman Dmowski w świetle listów i wspomnień* (Londyn, 1968-1972), t. 1-2.

Paul Latawski, "Great Britain and the Rebirth of Poland 1914-1918: Official and Unofficial Influences on British Policy" (PhD diss., Indiana University, 1985).

Paul Latawski, "Roman Dmowski, the Polish Question, and Western Opinion, 1915-18: The Case of Britain," in Latawski ed., *The Reconstruction of Poland, 1914-23* (London, 1992), pp. 1-12.

Maciej Łagoda, *Dmowski, naród i państwo. Doktryna polityczna „Przeglądu Wszechpolskiego" (1895-1905)* (Poznań, 2002).

Margaret MacMillan, *Paris 1919: Six Months That Changed the World* (New York, 2003).

Paul Robert Magocsi, *A History of Ukraine* (Toronto, 1996).

Władysław Pobóg-Malinowski, *Narodowa Demokracja 1887-1918: fakty i dokumenty* (Warszawa, 1933).

Erez Manela, *The Wilsonian Moment: Self-Determination and the International Origins of Anticolonial Nationalism* (Oxford, 2007).

William Manijak, "Polish American pressure groups, Woodrow Wilson and the thirteenth point: the significance of Polish food relief, the Polish vote in the 1916 presidential election, and European events in the eventual self-determination for Poland" (PhD diss., Ball State University, 1975).

Jerzy Marczewski, *Narodowa Demokracja w Poznańskiem 1900-1914* (Warszawa, 1967).

Andrzej Micewski, *Roman Dmowski* (Warszawa, 1971).

Adam Mickiewicz, *Dzieła Adama Mickiewicza: wydanie zupełne przez dzieci autora*

dokonane (Paryż, 1876), t. 4.

Jan Molenda, *Piłsudczycy a Narodowi Demokraci 1908-1918* (Warszawa, 1980).

Witold Molik, "Wokół „Przeglądu Poznańskiego": Próby politycznego usamodzielnienia się inteligencji polskiej w Poznańskiem w końcu XIX w.," w: Ryszard Czepulis-Rastenis red., *Inteligencja polska XIX-XX wieku: studia* (Warszawa, 1981), s. 209-241.

George Mosse, *Confronting the Nation: Jewish and Western Nationalism* (Hanover, 1993).

Marian Mroczko, *Ziemie dzielnicy pruskiej w polskich koncepcjach i działalności politycznej 1864-1939* (Gdańsk, 1994).

Konrad Niklewicz red., *Roman Dmowski 1864-1939 w pięćdziesięciolecie śmierci* (Londyn, 1989).

Marja Niklewiczowa, *Pan Roman: wspomnienia o Romanie Dmowskim* (Warszawa, 2001), oprac. Tomasz Wituch.

Jolanta Niklewska, "Anglicy przychylni i nieprzychylni Romanowi Dmowskiemu w świetle korespondencji z lat 1915-1917," *Niepodległość i Pamięć*, nr 21 (2005), s. 57-76.

Andrzej Nowak, "From Empire Builder to Empire Breaker or There and Back Again: History and Memory of Poland's Role in East European Politics," *Ab Imperio*, no. 1 (2004), pp. 255-288.

Andrzej Nowak, "Between Imperial Temptation and Anti-Imperial Function in Eastern European Politics: Poland from the Eighteenth to Twenty-First Century," in Kimitaka Matsuzato ed., *Emerging Meso-Areas in the Former Socialist Countries: Histories Revived or Improvised?* 21st Century COE Program Slavic Eurasian Studies, no. 7 (Sapporo, 2005), pp. 247-284.

David Ost, "Introduction," in Adam Michnik, *The Church and the Left* (Chicago, 1993), trans. by Ost, pp. 1-28.

Tadeusz Piszczkowski, *Odbudowanie Polski 1914-1921: historia i polityka* (Londyn, 1969).

Tadeusz Piszczkowski, *Anglia a Polska 1914-1939 w świetle dokumentów brytyjskich* (Londyn, 1975).

Antony Polonsky, "Roman Dmowski and Italian Fascism," in R. J. Bullen, H. Pogge von Strandmann and Polonsky eds., *Ideas into Politics: Aspects of European History 1880-1950* (London, 1984), pp. 130-146.

Brian Porter, *When Nationalism Began to Hate: Imagining Modern Politics in Nineteenth-Century Poland* (Oxford, 2000).

Peter D. Stachura, *Poland, 1918-1945: An Interpretive and Documentary History of*

the Second Republic (London, 2004).
Witold Stankiewicz i Andrzej Piber red., *Archiwum Polityczne Ignacego Paderewskiego* (Wrocław, 1973-1974), t. 1-2.
Andrzej Stwarz red., *Roman Dmowski (1864-1939): W 140. rocznicę urodzin* (Warszawa, 2004).
Roman Taborski, *Polacy w Wiedniu* (Kraków, 2001).
Piotr S. Wandycz, *France and Her Eastern Allies 1919-1925: French-Czechoslovak-Polish Relations from the Paris Peace Conference to Locarno* (Minneapolis, 1962).
Piotr S. Wandycz, *Soviet-Polish Relations, 1917-1921* (Cambridge, 1969).
Piotr S. Wandycz, "Dmowski's Policy at the Paris Peace Conference: Success or Failure?" in Paul Latawski ed., *The Reconstruction of Poland, 1914-23* (London, 1992), pp. 117-132.
Roman Wapiński, *Roman Dmowski* (Lublin, 1988).
Adam Wątor, *Narodowa Demokracja w Galicji do 1918 roku* (Szczecin, 2002).
Charles Webster, *The Foreign Policy of Palmerston 1830-1841: Britain, the Liberal Movement and the Eastern Question* (London, 1951), vol. 1.
Peter A. Witkowski, "Roman Dmowski and the Thirteenth Point" (PhD diss., Indiana University, 1981).
Tadeusz Wolsza, *Narodowa Demokracja wobec chłopów w latach 1887-1914: programy, polityka, działalność* (Warszawa, 1992).

邦語文献

ハナ・アーレント(大久保和郎訳)『全体主義の起原 I　反ユダヤ主義』新装版，みすず書房，1999 年。

井内敏夫「シュラフタ共和政とポーランドのお国柄」和田春樹，家田修，松里公孝編『スラブの歴史(講座スラブの世界 3)』弘文堂，1995 年，99-125 頁。

井内敏夫「14-15 世紀前半のポーランドにおける王と国家と社会：共和主義の起源に関する一考察」『スラヴ研究』37 号，1990 年，155-173 頁。

池本今日子『ロシア皇帝アレクサンドル一世の外交政策：ヨーロッパ構想と憲法』風行社，2006 年。

伊藤定良『異郷と故郷：ドイツ帝国主義とルール・ポーランド人』東京大学出版会，1987 年。

伊藤定良『ドイツの長い一九世紀：ドイツ人・ポーランド人・ユダヤ人』青木書店，2002 年。

伊東孝之『ポーランド現代史(世界現代史 27)』山川出版社，1988 年。

宇山智彦「歴史学，民族，中央ユーラシア：今後の研究のための問題提起」『東欧・中央ユーラシアの近代とネイション I (スラブ研究センター研究報告シリーズ 80 号)』ス

ラブ研究センター，2001 年，1-13 頁。

岡義武，木村毅，遠山茂樹，吉野源三郎「国難の外交：幕末外交を担った人々」(座談会)『世界』1950 年 10 月号，74-96 頁。

岡義武『国民的独立と国家理性(岡義武著作集第 6 巻)』岩波書店，1993 年。

岡義武『国際政治史(岡義武著作集第 7 巻)』岩波書店，1993 年〔初出 1955 年〕。

E・H・カー(原田三郎，田中菊次，服部文男訳)『ボリシェヴィキ革命：1917-1923(ソヴェト・ロシア史 1)』新装版，みすず書房，1999 年。

加納格『ロシア帝国の民主化と国家統合：二十世紀初頭の改革と革命』御茶の水書房，2001 年。

川名隆史「ロシア革命期のポーランド」『東欧史研究』第 8 号(特集：第一次世界大戦と東欧の再編)，1985 年，4-22 頁。

川名隆史「ロマン・ドモフスキの野望」羽場久浘子編『ロシア革命と東欧』彩流社，1990 年，97-112 頁。

ステファン・キェニェーヴィチ(加藤一夫，水島孝生訳)『ポーランド史(1，2)』恒文社，1986 年。

木村靖二，山田欣吾，成瀬治編『ドイツ史 3：1890 年～現在』山川出版社，2004 年。

トニー・クリフ(浜田泰三訳)『ローザ・ルクセンブルク』現代思潮社，1975 年。

小山哲「われらもまたインドに至らん：近世ポーランドにおける「新世界」認識とウクライナ植民論」『人文学報』85 号，2001 年，1-25 頁。

小山哲「闘争する社会：ルドヴィク・グンプロヴィチの社会学体系」阪上孝編『変異するダーウィニズム：進化論と社会』京都大学学術出版会，2003 年，192-236 頁。

小山哲「よみがえるヤギェウォ朝の記憶：ヨーロッパ統合と東中欧史の構築」谷川稔編『歴史としてのヨーロッパ・アイデンティティ』山川出版社，2005 年，172-196 頁。

レオニード・ゴリゾントフ(山本健三，松里公孝訳)「ロシア帝国の「致命的問題」群におけるポーランド問題(1831 年～20 世紀初頭)」『ロシア史研究』74 号，2004 年，60-72 頁。

ハンス・コーン(稲野強，小沢弘明，柴宜弘，南塚信吾訳)『ハプスブルク帝国史入門』恒文社，1993 年。

今野元『マックス・ヴェーバーとポーランド問題：ヴィルヘルム期ドイツ・ナショナリズム研究序説』東京大学出版会，2003 年。

今野元『多民族国家プロイセンの夢：「青の国際派」とヨーロッパ秩序』名古屋大学出版会，2009 年。

篠原琢「「長い十九世紀」の分水嶺」南塚信吾編『ドナウ・ヨーロッパ史(新版世界各国史 19)』山川出版社，2002 年，176-217 頁。

カール・シュミット(上原行雄訳)「フーゴー・プロイス：その国家概念およびドイツ国家学上の地位〔1930 年〕」長尾龍一編『カール・シュミット著作集 I：1922-1934』慈学社，2007 年，217-245 頁。

ジェームズ・ジョル（池田清訳）『第一次大戦の起源』みすず書房，1987年。

白木太一『近世ポーランド「共和国」の再建：四年議会と五月三日憲法への道』彩流社，2005年。

アントニー・D・スミス（高柳先男訳）『ナショナリズムの生命力』晶文社，2000年。

高橋進「一九一四年七月危機：「現代権力政治」論序説」坂本義和編『世界秩序（世界政治の構造変動1）』岩波書店，1994年，109-181頁。

田中陽兒，倉持俊一，和田春樹編『ロシア史2：18世紀-19世紀』山川出版社，1994年。

エーリッヒ・ツェルナー（リンツビヒラ裕美訳）『オーストリア史』彩流社，2000年。

土肥恒之「近代の閾に立つツァーリ権力：一七世紀末のロシア」網野善彦，樺山紘一，宮田登，安丸良夫，山本幸司編『統治と権力（天皇と王権を考える2）』岩波書店，2002年，127-150頁。

J・S・ナイ（田中明彦，村田晃嗣訳）『国際紛争』有斐閣，2005年。

中井和夫『ウクライナ・ナショナリズム：独立のディレンマ』東京大学出版会，1998年。

永見文雄「解説「ポーランド統治論」」ルソー（永見文雄，浜名優見，清水康子，阪上孝，作田啓一，遅塚忠躬訳）『ルソー全集（第5巻）』白水社，1979年，500-511頁。

野村真理『ウィーンのユダヤ人：一九世紀末からホロコースト前夜まで』御茶の水書房，2000年。

野村真理「恩讐の彼方：東ガリツィアのポーランド人・ユダヤ人・ウクライナ人」望田幸男，村岡健次監修『民族（近代ヨーロッパの探求10）』ミネルヴァ書房，2003年，11-67頁。

野村真理『ガリツィアのユダヤ人：ポーランド人とウクライナ人のはざまで』人文書院，2008年。

H・ハウマン（平田達治，荒島浩雅訳）『東方ユダヤ人の歴史』鳥影社，1999年。

馬場優『オーストリア=ハンガリーとバルカン戦争：第一次世界大戦への道』法政大学出版局，2006年。

早坂真理「ヴァレリアン・カリンカの保守主義思想：農民解放とホテル・ランベール（1852～1861）」『スラヴ研究』22号，1978年，191-214頁。

早坂真理『革命独裁の史的研究：ロシア革命運動の裏面史としてのポーランド問題』多賀出版，1999年。

早坂真理「分割と蜂起の時代」伊東孝之，井内敏夫，中井和夫編『ポーランド・ウクライナ・バルト史（新版世界各国史20）』山川出版社，2002年，175-210頁。

早坂真理，中井和夫「近代民族の成立」伊東孝之，井内敏夫，中井和夫編『ポーランド・ウクライナ・バルト史（新版世界各国史20）』山川出版社，2002年，211-250頁。

阪東宏『ポーランド革命史研究：一月蜂起における指導と農民』青木書店，1968年。

阪東宏『ポーランド人と日露戦争』青木書店，1995年。

林忠行「パリ平和会議の期間におけるチェコスロヴァキアと「ロシア問題」」『スラヴ研究』30号，1982年，71-92頁。

林忠行『中欧の分裂と統合：マサリクとチェコスロヴァキア建国』中公新書，1993年。

I・バーリン(河合秀和訳)「L・B・ネーミエ」バーリン(福田歓一，河合秀和編訳)『時代と回想(バーリン選集 2)』岩波書店，1983年，106-140頁。

平田武「オーストリア=ハンガリー君主国における政治発展の隘路(1)」『法学』71巻，2号，2007年，193-236頁。

フリッツ・フィッシャー(村瀬興雄訳)『世界強国への道 I：ドイツの挑戦，1914-1918年』岩波書店，1972年。

福田宏『身体の国民化：多極化するチェコ社会と体操運動』北海道大学出版会，2006年。

ヴワディスワフ・ブーハク「近代初期のポーランド民族と新しい近代ポーランド人」宮崎悠編『世紀転換期におけるポーランド政治(研究推進ボード主催公開ワークショップシリーズ No. 4)』北海道大学法学研究科「魅力ある大学院教育」イニシアティヴ研究推進ボード，2007年，5-29頁。

パウル・フレーリヒ(伊藤成彦訳)『ローザ・ルクセンブルク：その思想と生涯』御茶の水書房，1987年。

松里公孝「19世紀から20世紀初頭にかけての右岸ウクライナにおけるポーランド・ファクター」『スラヴ研究』45号，1998年，101-128頁。

チェスワフ・ミウォシュ(関口時正，西成彦，沼野充義，長谷見一雄，森安達也訳)『ポーランド文学史』未知谷，2006年。

宮島直機『ポーランド近代政治史研究』中央大学出版部，1978年。

宮島直機「政治家パデレフスキ：転換期の舞台で」羽場久浘子編『ロシア革命と東欧』彩流社，1990年，81-96頁。

武藤真也子ほか訳「ハプスブルク君主国19世紀原典資料 I：1849年」「クレムジール憲法草案」「シュタディオーン(欽定)憲法」『東欧史研究』26号，2004年，59-79頁。

安井教浩「ポーランド・ナショナリズムの形成：ドモフスキ『近代的ポーランド人の思想』をめぐって」『東欧史研究』19号，1997年，5-27頁。

矢田俊隆『ハプスブルク帝国史研究：中欧多民族国家の解体過程』岩波書店，1977年。

山本健三「オストゼイ問題における「ロシアの辺境」の衝撃：1860年代後半のユーリー・サマーリン」『ロシア史研究』76号，2005年，99-117頁。

山本有造編『帝国の研究：原理・類型・関係』名古屋大学出版会，2004年。

ルソー(永見文雄訳)「ポーランド統治論」ルソー(永見ほか訳)『ルソー全集(第5巻)』白水社，1979年，359-472頁。

和田春樹，和田あき子『血の日曜日：ロシア革命の発端』中公新書，1970年。

割田聖史「19世紀前半プロイセンにおける国家と地域：ポーゼン州議会の分析から」『歴史学研究』787号，2004年，1-18頁。

イェジ・ルコフスキ，フベルト・ザヴァツキ(河野肇訳)『ポーランドの歴史』創土社，2007年。

Haruka Miyazaki, *Kwestia Polska a myśl Romana Dmowskiego* (Sapporo, 2010)

"Kwestia Polska" od momentu pierwszego zaboru Rzeczypospolitej Królestwa Polskiego i Wielkiego Księstwa Litewskiego była jątrzącą się raną w Europie, nie tylko w państwach zaborczych, ale i na Zachodzie (choć tam niekiedy o niej zapominano). Zagmatwane koleje losów Europy sprawiły, że kwestia ta przez ponad 120 lat nie mogła doczekać się rozwiązania. W okresie zaborów Polacy wielokrotnie upominali się o swój "byt narodowy": najpierw w Kongresówce, a potem w Galicji—w polskim Piemoncie.

Ziemię tę jednak od najdawniejszych czasów zamieszkiwały także inne narodowości: Niemcy, Rosjanie, Litwini, Ukraińcy, Żydzi, Ormianie. Położenie geopolityczne między Zachodem i Wschodem, zasoby naturalne, odmienne tradycje historyczne i kulturowe, dążenie do politycznej wolności—wszystkie te elementy mogły prowadzić do napięć między tymi narodami. Niewątpliwie jednak jedną z najistotniejszych przyczyn konfliktów była rodząca się ideologia nacjonalistyczna, która rozprzestrzeniała się od Francji przez całą współczesną Europę do Polski i dalej na wschód. "Kopiowanie się" teorii nacjonalistycznych przyczyniało się do pogłębiania konfliktów. Na przełomie XIX i XX wieku w narodach zamieszkujących ziemie wschodniej Polski, tzw. Kresy, obudziły się gwałtowne dążenia nacjonalistyczno-niepodległościowe.

Status Polaków na dawniejszych ziemiach polskich miał podwójny charakter. Po zaborach z końca XVIII wieku Polacy znaleźli się pod rządami trzech imperiów. W trzech zaborach istniały co najmniej trzy społeczeństwa polskie, które funkcjonowały w odmiennych sytuacjach politycznych. Z tego punktu widzenia można powiedzieć, że Polacy byli ofiarą imperialistycznej polityki trzech zaborców. Z drugiej strony jednak, przed zaborami Rzeczpospolita stanowiła "imperium" dla niepolskich mieszkańców ziem wschodnich, gdzie wpływy polskie tak polityczne jak i społeczno-kulturowe były bardzo mocne. Te pierwsze przetrwały do powstania styczniowego. Wpływy społeczno-kulturowe okazały się znacznie

trwalsze. Tak więc Polska na przełomie XIX i XX wieku, mimo że zawłaszczona przez trzy mocarstwa, wciąż zachowywała dominującą pozycję wobec żywiołów niepolskich.

W tym historycznym kontekście, gdy Roman Dmowski zaczął swoją pracę polityczną od *Naszego Patriotyzmu* (1893), Polska stała przed podwójnym problemem; z jednej strony pragnęła odzyskać niepodległość, działając przeciw zaborcom, z drugiej zaś musiała budować nowoczesny naród polski, rozumiany jako zjednoczona całość. Innymi słowy, kwestia polska miała dwa wymiary: międzynarodowy i wewnętrzny.

Dmowski jako pierwszy podkreślał tę dwoistość kwestii polskiej i wskazywał na ideę wszechpolską, polską wersję idei nacjonalistycznej, jako sposób na jej rozwiązanie, tworząc Stronnictwo Narodowej Demokracji jako ośrodek propagandy tejże idei. Idea wszechpolska miała dwa cele: klasowościowy i geograficzny. Według Dmowskiego, naród polski musiał się rozszerzyć w klasowościowym sensie. Dotychczas jedynie szlachta pretendowała do reprezentowania narodu polskiego. W tej koncepcji brakowało miejsca dla chłopów. Z tego powodu naród polski miał mniej sił niż zaborcy i nie mógł przemienić się w nowoczesne jednonarodowościowe państwo. W sensie geograficznym ziemie polskie miały zostać zjednoczone. Dla Dmowskiego granice z 1772 roku były już nie aktualne. Jeśli zrezygnuje się z ziem wschodnich, w Polsce zostaną jedynie "rdzenne" polskie tereny. Dmowski chciał również przyłączyć do Polski ziemie zachodnie, szczególnie przydatne z gospodarczego punktu widzenia.

W mojej publikacji chciałam ukazać, jak kształtowało się stanowisko Romana Dmowskiego wobec kwestii polskiej od początku jego politycznej działalności do załamania się jego planów dyplomatycznych w 1919 r. Rzeczywiście, odzyskanie przez Polskę niepodległości na konferencji pokojowej w Paryżu było jego wielkim sukcesem. Z drugiej strony jednak, Polska ta nie była Polską odpowiadającą do końca idei wszechpolskiej. Ziemie Rzeczypospolitej były nadal zamieszkiwane przez inne narodowości, które coraz częściej organizowały oddzielne grupy nacjonalistyczne.

W szczególny sposób pragnę podziękować Pani mgr Marcie Piber (PAN), Panu dr. Janowi Kozłowskiemu (CBPNiSzW UW), Panu dr. Grzegorzowi

Krzywcowi (PAN), Panu dr. Władysławowi Bułhakowi (IPN), Pani dr Jolancie Niklewicz (Muzeum Historyczne miasta stołecznego Warszawy), a także Panu mgr Andrzejowi Koteckiemu (Muzeum Niepodległości w Warszawie), bez pomocy których publikacja ta nie mogłaby powstać.

Haruka Miyazaki, adiunkt wydziału prawa Uniwersytetu Hokkaido, obecnie zajmuje się badaniami nad historią Polski.

Zainteresowania badawcze: dzieje polityczne Europy w XIX-XXw., syjonizm w Europie środkowo-wschodniej.